懐かしさは未来とともにやってくる

―地域映像アーカイブの理論と実際―

原田健一・石井仁志 編著

学文社

執 筆 者

＊原田　健一　新潟大学人文社会・教育科学系人文学部教授(第1, 2章)
＊石井　仁志　20世紀メディア評論，メディアプロデューサー(第3, 10章)
　石田　美紀　新潟大学人文社会・教育科学系人文学部准教授(第4章)
　髙橋由美子　十日町市教育委員会生涯学習課(第5章)
　中村　隆志　新潟大学人文社会・教育科学系人文学部教授(第6章)
　古賀　　豊　新潟大学人文社会・教育科学系人文学部准教授(第7章)
　松本　一正　東京光音取締役所長(第8章)
　渡辺　一史　東京光音所長補佐(第8章)
　榎本千賀子　新潟大学人文社会・教育科学系人文学部助教(第9章)
　金子　隆一　東京都写真美術館専門調査員(第11章)
　佐藤　守弘　京都精華大学デザイン学部准教授(第12章)
　北村　順生　新潟大学人文社会・教育科学系人文学部准教授(第13章)
　水島　久光　東海大学文学部教授(第14章)

(＊：編者)

I 今成家

今成家写真　時期は幕末から明治5～6年頃の間，場所は南魚沼市六日町

図1　IF-P-001-055

図2　IF-P-001-007

図3　IF-P-001-012

図4　IF-P-001-051

図5 IF-P-001-022

図6 IF-P-001-049 今成新吾

図7 IF-P-001-050 今成無事平

上:図8 IF-P-001-023　下:図9 IF-P-001-033

上:図10 IF-P-001-025　　　　　　　　下:図11 IF-P-001-010

Ⅱ 高橋捨松

高橋捨松写真　時期は明治末から昭和初年代　場所は南魚沼市六日町

上：図12　魚野川で遊ぶ子供たち　　下：図13　1912年の洪水

上：図14　魚野川，渡し船　　下：図15　船着き場で遊ぶ子供たち

図 16　TS-P-001-015　魚野川，雪山を背にし川舟上での集合写真

左
上：図17　TS-P-002-014　出初め式
中：図18　TS-P-002-001　1915年　御大典祝賀行列
下：図19　TS-P-004-016　千葉県白浜　高橋隆三家

右
上：図20　TS-P-003-002　八巻矯哉老
下：図21　TS-P-003-004　人形を抱く腰越キク

上：図22　TS-P-007-002　せんべい屋　　中：図23　TS-P-007-010　まんじゅう屋
下：図24　TS-P-009-012　上越市いかや旅館

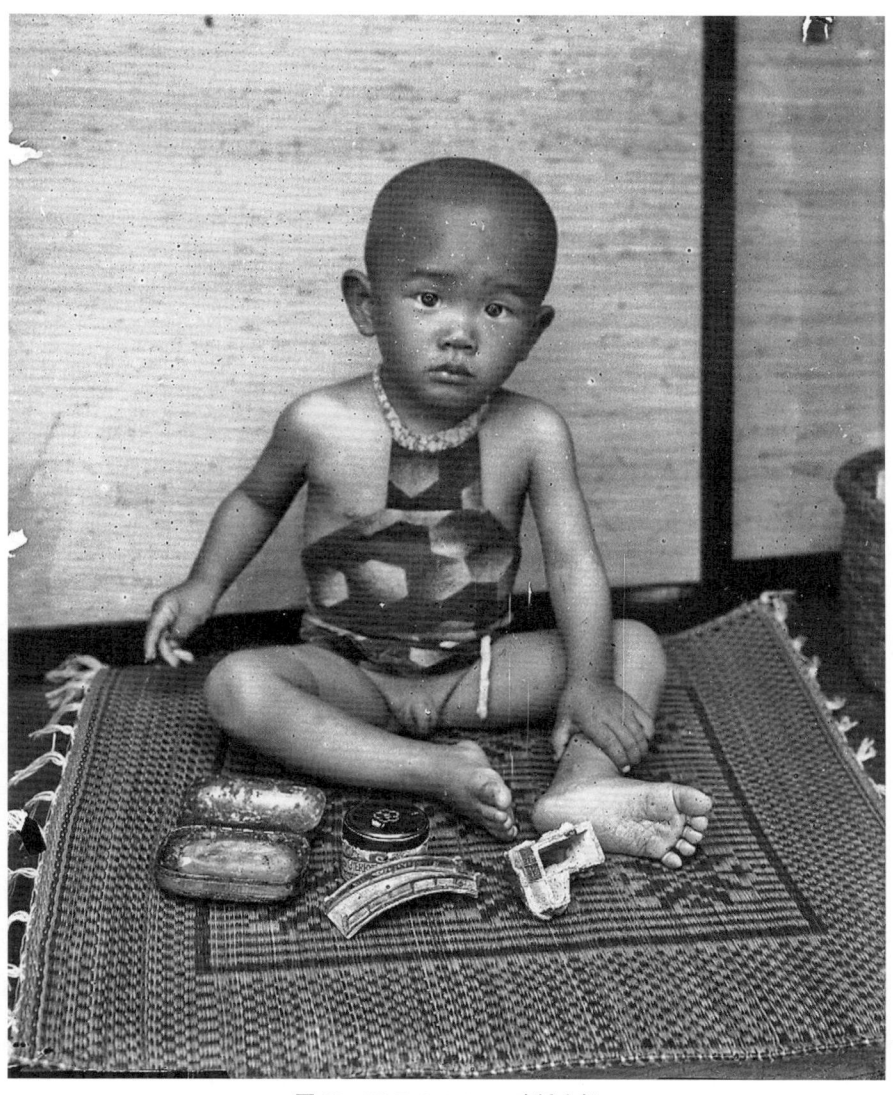

図25　TS-P-012-014　高橋文朗

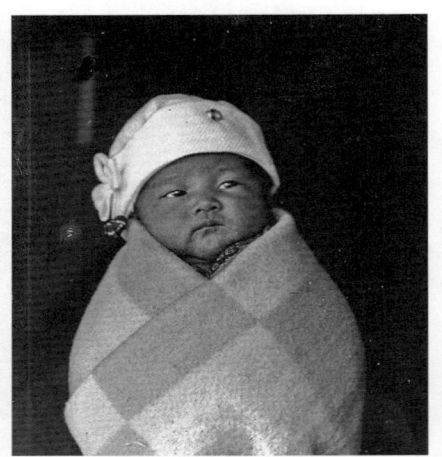

図26 TS-P-059-003 高橋溥(推定)

図27　TS-P-078-019

III　中俣正義

図28　NM-P-014-098-21　1978年6月15日　佐渡市羽茂町　つぶろさし

図29　NM-P-014-096-14　1978年7月　佐渡市宿根木　たらい舟

図 30　NM-P-001-001-02　1955 年 1 月　魚沼市小出町　小出駅ホーム

図 31　NM-P-001-001-07　1955 年 1 月　魚沼市小出町　雪道を一列で歩く人びと

図32 NM-P-001-066-24 1957年5月23日 長岡市寺泊町 砂丘

図33 NM-P-001-006-01 1955年4月15日 南魚沼市欠之上，ちぢみ機で機織りをする女性

雪崩の記録
1957年4月18日
十日町市津南町樽田
上：図38
NM-P-001-062-04
下：図39
NM-P-001-062-08

18頁
1956年2月7日〜9日
妙高市新井
左上：図34
NM-P-001-030-01　街路
左下：図35
NM-P-001-030-16
水路で洗濯
右上：図36
NM-P-001-030-05
子どもを負ぶった女
右下：図37
NM-P-001-030-18
雪上の魚売り

新潟地震
上：図44　NM-P-040-003-20
1964年6月17日　昭和大橋
右：図45　NM-P-040-006-08
1964年6月16日　白山駅付近

20頁
左上：図40　NM-P-001-073-26
1957年10月5日　中之口村
左下：図41　NM-P-001-080-18
1957年12月29日　南魚沼市欠之上
右上：図42　NM-P-001-078-22
1957年12月30日　六日町
右下：図43　NM-P-001-084-16
年不明2月初旬　湯沢町

Ⅳ 「にいがた 地域映像アーカイブ」データベースより映画サムネイル画面

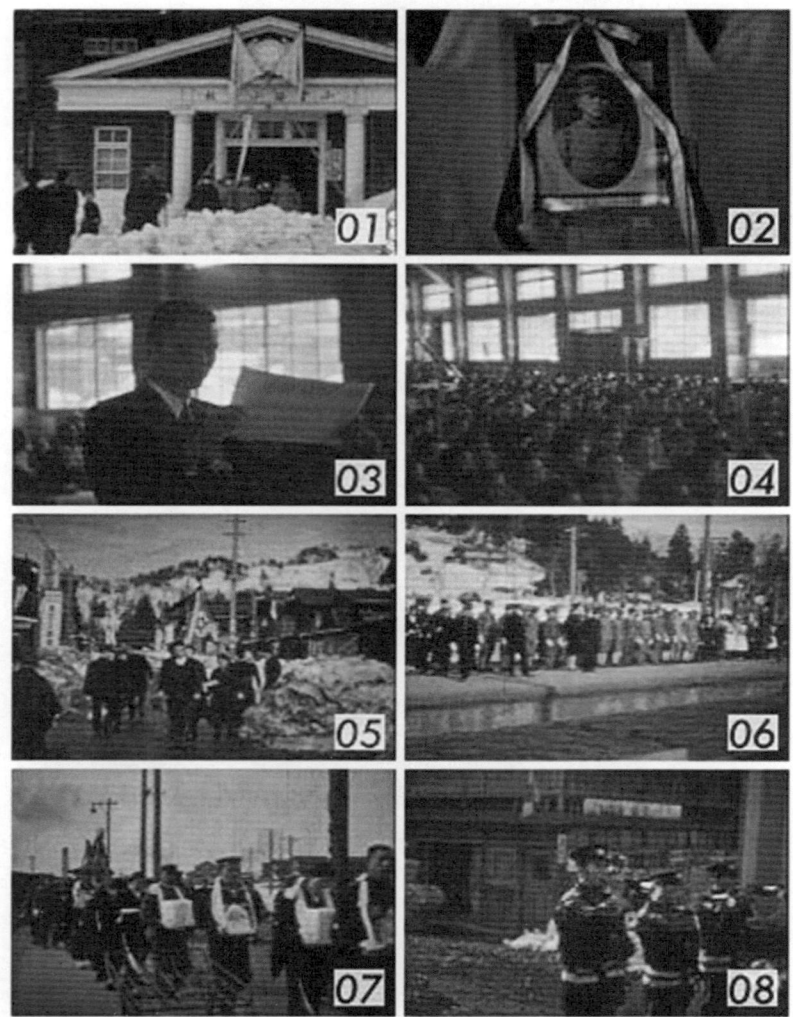

図46　OC-M-002　「町葬」1943年4月15日　小千谷市土川
3人の戦死者の遺骨の出迎えと，小千谷小学校での町葬

図47　NML-M-022　『なつやすみのくらし』1957年　新潟市
　　　子供たちの夏休みの生活

図 48 NPS-M-006 『佐渡』

図49　KC-M-003　『郷土の芸能　うしろ面』1965年　加茂市
　　　長唄『柳雛諸鳥囀　うしろ面』を，市正七十梅の踊りで演じる

V 小冊子『にいがた 地域映像アーカイブ』

第一号

図50 表紙

図51 10頁

図52 15頁

第二号

図53　表紙

図54　11頁

図55　12頁

第三号

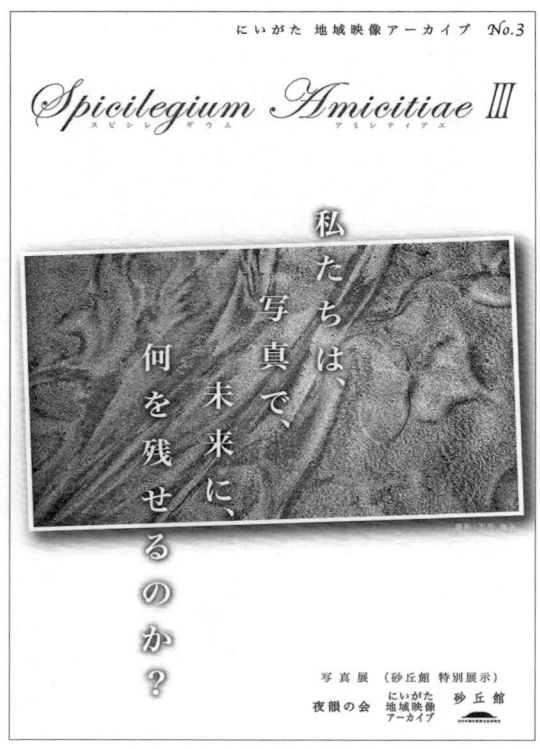

上：図 56　表紙
右：図 57　1頁

にいがた 地域映像アーカイブ [Sep. 2012, No.3]

砂丘館特別展示によせて

ここに、『にいがた 地域映像アーカイブ』のNo.3を、お届けいたします。

　地域に埋もれている身近な映像の再発見と再評価を掲げた私たちの取り組みは、地域のみなさんから暖かく迎えられ、おかげさまで多くの成果をあげることができました。

　発掘され、デジタル化された映像の一部は、すでに学内で公開されるなど、取り組みは着々と進んでいます。人文学部の研究プロジェクト「地域映像アーカイブ」も、今年度より、新潟大学コアステーション「地域映像アーカイブセンター」となり、さらに、地域の関連機関との連携を深め、公開を進めていくことになると思います。

　ところで、今回の刊行は、砂丘館、ならびに写真家集団「夜韻の会」のご協力を得て、この9月に開催されるはこびになった「Spicilegium Amicitiae Ⅲ ── 私たちは、写真で、未来に、何を残せるのか？」にあわせて企画されました。新潟県の写真家である高橋捨松、牛腸茂雄、中俣正義の写真と、若手の写真家「夜韻の会」の写真とのコラボレーション展示とシンポジウムによって、写真からは隠された、地域の人びとの響き合うさまざまな〈声〉を聞こうとする、新たな試みです。

　No.1でも触れておりますが、私たちの教育・研究の営みは、地域の皆さんのご支援なくしては成し遂げることができません。またその成果を皆さんに披露して、ご感想やご意見をいただくことも重要なことだと思っております。今回の企画は、人文学部の地域連携事業の一環であり、教員と学生の協働の成果でもあります。どうか忌憚のないご感想やご意見を賜りますよう、切にお願い申し上げます。

新潟大学人文学部長　高木　裕

「にいがた 地域映像アーカイブ・データベース」
第一期公開のお知らせ

地域映像アーカイブセンター公式サイト　http://www.human.niigata-u.ac.jp/ciap/

　映像は日々の生活のなかのコミュニケーション・ツールとして、私たちの社会を構成する一方で、その写された膨大な映像は、普段はその価値を見過ごされ、忘却され、消えていくものとなっています。私たちは、新潟という地域を通して、生活のなかにある映像を発掘し、整理・保存を行い、デジタル化をするだけでなく、その内容を分析し、インデックスをつける作業をすることで、映像のもっている関係性や、さらには、映像の社会的あり方を考え直し、新たな社会の文化遺産として映像を甦らせたいと思っています。

　現在、デジタル化した映像や音源のアーカイビングは着々と進んでいますが、今回、それらのうち、写真約1万点と動画約140本を、2012年5月から、第1期公開として、新潟大学内で試験的に公開をすることになりました。

　この公開は、「研究・教育普及目的」の利用ということで、著作権者、あるいは所蔵者の了承を得て行っております。研究者だけでなく、学生の皆さんにも利用してもらい、これらの映像をどんな風に使ったらよいのか、一緒に考えたいと思っています。なお、学外の方で閲覧を希望する場合は、上記、公式サイトより、申請をお願いしています。

　今後は、新潟大学内での公開のみならず、新潟大学外の小中高等学校、あるいは博物館、資料館、美術館、図書館などと連携し、利用できるようなシステムを構築することを目指しています。

　是非とも、「にいがた 地域映像アーカイブ・データベース」をみなさんの研究、教育などにご利用いただき、映像の利用のしかたや、映像検索などについてのご意見、さらには、こうした映像公開の規準についての、建設的なご意見をいただきたくお願い致します。

新潟大学 地域映像アーカイブセンター　原田　健一

V さまざまな機関と連携した調査・研究・講義・イベント

「地域映像アーカイブ」プロジェクトでは，さまざまな機関や個人宅の映像資料の調査を，研究者が行うだけでなく，学生たちと一緒に，映像資料がある現場におもむき，まだ整理されていない資料を発見し，その内容を調べ，さらには，その成果を展示して公開することも行っている。社会と連携したGP授業の一つとして，地域のさまざまな機関や，人びとと連携して，学生が直接，社会と関わり，勉強し，社会に成果を還元していくことの意味を体感してもらっている。このプロジェクトでは，そうした発見と体験を，地域の人びとと一緒にしたいと考えている。

図58　シンポジウム「地域映像の力」
2008年2月7日　新潟県民会館小ホール

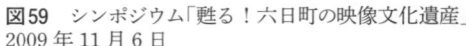

図59　シンポジウム「甦る！六日町の映像文化遺産」
2009年11月6日

図60　2010年2月7日～3月7日　新潟市美術館「新潟への旅」における映像展示

図61　シンポジウム「発掘!!　中俣正義と県観光課の映画」2011年6月4日　県立生涯学習推進センターホール　ホール前ロビーの展示

図62　同シンポジウム(左より水島久光，金子隆一，原田健一，石井仁志)

図63　松本一正(東京光音所長)による動画のデジタル化の実際
2010年11月9日　県立生涯学習推進センターにて，センターとの合同講義

上：図64　左：図65　学生に指導する石井仁志　右：図66
2009年9月より，毎年2回(5月と11月頃)，北方文化博物館において，絵葉書調査

2011年6月16日〜7月3日　ときめいと
左：図67　細江英公人間写真展「気骨」
右：図68　今成家写真展「明治人」展示準備

図69 2010年12月3日 行形亭での調査 左より行形和也,原田健一,石井仁志(後ろ姿)

図70 2012年9月19日～10月4日 砂丘館「私たちは,写真で,未来に,何を残せるのか?」展示準備

図71 2012年11月11日 加茂市高橋家での8mmフィルムの調査

Ⅵ　共有化される映像展示の場所

写真　石井仁志

細江英公人間写真展「気骨」・今成家写真展「明治人」ジョイント展
2011年6月16日〜7月3日　ときめいと多目的ホール＋ミーティングルーム B
上：図72　中：図73　下：図74

細江英公人間写真展「気骨」
2011年7月8日〜18日　砂丘館

図 75

細江英公人間写真展「気骨」・今成家写真展「明治人」ジョイント展
2011年9月15日〜10月1日　新発田市生涯学習センター多目的ホール

図 76　　　　　　　　　　　図 77

新潟―2011 地域映像アーカイブ・イン・パリ "Le Japon vu de Niigata"
新潟発・日本の発見　映像と記憶のアルケオロジー　1865〜2011
2011年10月17日〜21日　パリ国際大学都市日本館

図78

図79

図80

伊藤家明治の絵葉書展「軌跡」・細江英公人間写真展「気骨」・今成家写真「明治人」
2011年11月3日〜11月29日　北方文化博物館

上：図81　下：図82　屋根裏ギャラリーでの「軌跡」展

上：図83　下：図84　台所での「明治人」展

図 85　大広間での「気骨」展

私たちは，写真で，未来に，何を残せるのか？
2012 年 9 月 19 日〜10 月 4 日　砂丘館

図 86　玄関

上：図 87　下：図 88　和室

図 89

図 90 蔵ギャラリー

まえがき

新潟大学「地域映像アーカイブ」プロジェクト
北村　順生

　現代に生きるわれわれの日常は，テレビや映画，そしてネット上に氾濫する映像など，多様でかつ膨大な量の映像に囲まれた生活のなかで営まれている。しかし，放送や映画，映像コンテンツ産業などの中央一極集中の社会構造を反映して，われわれを取り巻く映像は東京を中心とした大都市からの映像情報に偏っている。たとえ映像の対象として地域の社会や文化が取り上げられることがあっても，それらは，大都市の視点から描かれたステレオタイプ的な紋切型の地域の姿であることが多いのが現状だ。

　ところが，地域に残された写真やフィルム，テープのなかには，地域社会で暮らす人びとや風景，出来事について地域の視点から捉え，伝えていこうとする映像が数多く存在する。そうした映像資料は，地域社会の過去の姿を伝える貴重な文化財であると同時に，地域に対する現在のわれわれの認識を捉え直し，さらには未来の地域の進むべき方向を指し示す重要な材料にもなっていくはずである。地域の映像アーカイブは，地域社会の過去と現在，未来をつなぐ文化的紐帯になりうる存在なのではないだろうか。

　以上のような問題意識のもとで，地域の映像資料の収集や保存，整理，公開，活用についての実践を進めているのが，新潟大学人文社会・教育科学系地域映像アーカイブセンターを中心とした「地域映像アーカイブ」プロジェクトである。本書は，2008年度より活動をはじめた同プロジェクトのこれまでの成果をまとめた中間報告ともいえる書だ。プロジェクトのメンバーのみならず，さまざまな形でプロジェクトと連携を進めている研究者やアーキビスト，キュレーターからの論考も加えて，地域の映像アーカイブについてのさまざまな角度から

の議論を集めた内容となっている。

　以下，本書全体の構成を概説していく。地域映像アーカイブについての総論となる第1章に続いて，第2章から第4章では，にいがた地域映像アーカイブで保存，収集，公開されている映像資料の分析をもとにした，個別テーマによる研究成果をまとめている。地域に残された写真や映画，絵葉書を通じて，地域社会の新たな姿を再発見していく醍醐味が感じられる内容となっている。第5章から第8章までは，映像アーカイブを構築する際の技術面や制度面，運用面での問題について具体的事例をあげつつ検討している。映像資料のアーカイブ化は端緒に着いたばかりであるが，文字資料とは異なる映像資料特有の問題や可能性について明らかにされている。第9章から第11章では，構築された映像アーカイブの活用について，とりわけ美術館やギャラリーでの展示を中心に触れている。単なる過去の保存ではなく，新たな未来を創造していくために映像アーカイブをどのように活用していくのかは，今後の議論すべき重要なポイントであろうが，具体的事例を含めて議論が展開されている。第12章から第14章では，さまざまなタイプや地域の映像アーカイブを相互につなげていく連携の意義と可能性について検討されている。写真や映像が撮影された当初の文脈を離れ，他の映像資料との比較対照のなかで新たな解釈や価値が生み出されていくことは，各種の映像アーカイブの広がりとともに実現が期待されるところであるが，その可能性や課題について検討されている。

　データベースとしての映像アーカイブには最終的な完成形というものはなく，常に進化を続ける現在進行形の存在である。同様に，映像アーカイブについての実践や研究も，決して終わりを迎えることのない不断の営みであるといえるであろう。本書が，今後の映像アーカイブの振興や映像アーカイブ研究の発展にいささかなりとも貢献するところがあれば幸いである。

2013年7月28日

目　次

まえがき ……………………………………………………………………… i

第1章　地域・映像・アーカイブをつなげるための試論 …………… 2

　第1節　映像を日常生活の場から考える　2
　第2節　社会のなかの映像　6
　第3節　残されるものと残されないもの　16

第Ⅰ部　「にいがた」という地域の映像を分析する

第2章　事例としての「にいがた」
　　　　　―地域の映像をめぐる4つのフェーズ―………………… 26

　第1節　新潟という地域　26
　第2節　「私」と階級　28
　第3節　「家」とジェンダー　36
　第4節　社会関係資本と政治　52
　第5節　地方自治体と広報　65
　おわりに　76

第3章　小さなメディア？，絵葉書 ………………………………… 77

　第1節　郵便と絵葉書　77
　第2節　絵葉書とコレクター　80
　第3節　北方文化博物館の絵葉書コレクション　83

第4章　地域の肖像―新潟県観光映画と中俣正義 ……………… 88

はじめに　88
第1節　観光のための映画　89
第2節　観光映画の広がり　99
おわりに　109

第Ⅱ部　映像をデジタル化し共有化する

第5章　地域の映像をどのように整理し使うか ……………… 112

第1節　新潟県中越地震を機にスタートした写真整理事業　112
第2節　写真群の保存整理の考え方　113
第3節　市民ボランティアによる写真整理と写真データベースの構築
　　　　―個人の記憶から，地域の記録へ―　119
第4節　写真整理の意義と活用―写真の公開が何をもたらすか―　125
おわりに―過去・現在・未来をつなぐ写真整理に向けて―　126

第6章　映像のインデキシングの実際 ……………… 130

第1節　データベース作り　130
第2節　データ整理　131
第3節　インデキシング作業　133
第4節　カテゴリ構成　135
第5節　多義性・多層性・多解性　136
第6節　インデキシングの時間　139
第7節　対　　話　140

第7章 デジタル映像アーカイブをめぐる知的財産としての権利 …… 146

第1節 デジタル映像アーカイブには, どのような権利が関係しているか?　146
第2節 「著作者等の権利」とは　147
第3節 デジタル映像アーカイブと「著作者等の権利」　151
第4節 著作権の利用許諾をめぐる問題　153
第5節 デジタル映像アーカイブと著作権　157

第Ⅲ部　映像をデジタル化し創造する

第8章 動画, 音声のデジタル化の実際 …… 162

第1節 映像メディア・音声メディアのデジタル復元について　162
第2節 フィルム劣化の実際　166
第3節 映像保存の媒体　172
おわりに　173

第9章 デジタル映像の展示の可能性 ―「今成家写真」展における映像アーカイブ資料の活用を事例として― …… 174

第1節 ブロイラースペースにおける「今成家写真」展　174
第2節 「今成家写真」展の展示構成　176
第3節 「今成家写真」展におけるデジタルデータの利用の背景　179
第4節 デジタル映像が展示にもたらす可能性　188

第10章 共有化される映像展示の場所 …… 191

第1節 展覧会の現今と問題性　191

第2節　新潟における実践，地方からの発信　193
　第3節　共有化される映像展示の場所，その実体化　196
　第4節　映像展示の場の共有化がもたらす効果など　202

第11章　美術館において写真のアーカイブは成立するのか？ … 203

　はじめに　203
　第1節　美術館における写真　204
　第2節　作家性について　205
　第3節　美術館における写真原板　206
　第4節　美術館における写真のアーカイブ　207

第Ⅳ部　アーカイブでつなげる

第12章　写真とアーカイブ——キャビネットのなかの世界 …… 212

　はじめに　212
　第1節　美術館とキャビネット
　　　　　—クラウス「写真のディスクール空間」　213
　第2節　アーカイブとしての横浜写真アルバム　215
　第3節　キャビネットのなかのポートレート
　　　　　—セクーラ「身体とアーカイブ」—　218
　第4節　鉄道写真—コレクションからアーカイブへ—　223
　おわりに—にいがた地域映像アーカイブ—　228

第13章　地域メディアと映像アーカイブをつなげる ……………… 231

　はじめに　231
　第1節　コミュナルな映像空間と地域映像アーカイブ　233
　第2節　地域メディアの諸相と映像アーカイブ　237
　第3節　地域メディアによる映像アーカイブの可能性と課題　242

おわりに　246

第14章　アーカイブとアーカイブをつなげる
　　　　　―連携の諸相・その必然性― ……………………………… 247

　第1節　「小さなアーカイブ」と「大きなアーカイブ」　247
　第2節　そもそもアーカイブは分断されていた　248
　第3節　アーカイブ体験とは何か
　　　　　―コンテンツの「集積」,「群」との出会い―　251
　第4節　アーカイブはいかにして生まれるか
　　　　　―本質的な課題としての「連携」―　253
　第5節　さまざまな連携の可能性
　　　　　―アーカイブを結ぶ「縦糸／横糸」―　262

あとがき……………………………………………………………………… 267

参考文献……………………………………………………………………… 269

オンライン記事……………………………………………………………… 275

索　　引……………………………………………………………………… 277

凡　例

1. 映画の作品名について,『　』は作品タイトルが映画についているもの,「　」の題名は,フィルム缶などに記載された題名,特に記載がないものは〈　〉で暫定的な題名を示した。

2. 映画,写真などに記載されている番号(例：IF-P-023)は,「にいがた　地域映像アーカイブ・データベース」の資料番号である。
　　・「にいがた　地域映像アーカイブ・データベース」
　　　(http://arc.human.niigata-u.ac.jp/db/)には,
新潟大学人文社会・教育科学系「地域映像アーカイブ」
　(http://www.human.niigata-u.ac.jp/ciap/)より,「映像データベース」をクリックすると,入ることができる。
　　なお,「映像データベース」を閲覧するには申請が必要となっている。閲覧が許可されると,IDとパスワードが発行される。

懐かしさは未来とともにやってくる

第1章
地域・映像・アーカイブをつなげるための試論

原田　健一

第1節　映像を日常生活の場から考える

1　映像メディアが生み出したもの

　自然のなかに散在する映像がメディア化，あるいは産業化され，写真，映画，放送といったモノになったのは，近代に入ってからである(原田，2012b：2〜7)。
　映像のメディア化は，1つに日常生活に写すものと写されるもの，そして，できあがった映像を見るものという新しい人と人との関係性をつくり出すことになった。また，2つに，映像がモノになることで，人びとの外部記憶装置として，心の領域を外在化させた。それは，時間と記憶をモノとして産業化し複製化することであり，それまでの言葉によって編成された知の領域を，組み込み直すものだった。
　この2つは表裏のように不即不離の関係にあり，映像をアーカイブするものは，いやおうなく関係性と記憶という領域に関わり，また，過去と未来を現在形で蝶番のように繋げ，意識的にせよ，無意識的にせよデザインすることになる。

2　「写すもの，写されもの，その映像を見るもの」

　ロラン・バルトは，写真(映像)には，「事物がかつてそこにあったということを決して否定できない」現実性である痕跡があるとする。「それはかつてそこにあった，がしかし，ただちに引き離されてしまった」ものだとする(Barthes,

1980, 訳 93)。その痕跡が示す「それは＝かつて＝あった」とは，今，目の前の写真には，過去に写すものと，写されるものとの関係性があり，その関係性を内包した写真というモノを，今，現在，見る人がいるという関係性のユニットがあることを表す。

　映像のもつ関係性，ユニットを理解するために，まず，ひとりの人間が，映像を写すことから考えてみよう。映像を写すには，カメラなどの撮影する器械をもたなければ，映像を撮ることはできない。その意味で，映像を誰が撮るのかは，誰がその器械をもつのかということであり，そのこと自体が１つの社会的な文脈を成している。しかし，映像を撮る者は，写すことをすべてコントロールすることはできない。撮影器械は，器械が内包しているシステムによって，三次元を二次元に移し，フレームという枠によって世界を切り取り，写す。撮ることには，人と器械との関係性が含まれている。撮る者は何より器械のシステムを受け入れ，目の前の物や出来事を肯定しなければならない。それは，映像メディアの身体技法とでもいうべき態度のひとつであり，それを拒絶することは，映像を撮ることを拒否することにつながる。

　また一方で，映像を写すことは，写されるものの存在なしに成り立たない。あらゆる映像は，写すものと，写されるものとの関係性を含み，撮る者が器械をもつという有利な条件にもかかわらず，主導権は写すものより，写される側にある。「それは＝かつて＝あった」という現実性の痕跡は，通常，写されたものの現実性として示される。

　次に，写すものと写されるものとの関係の後に現れる，その写された映像を見るものについて考えてみよう。映像を見るとは，目の前にある映像に，過去に写すものと，写されるものとの関係性があり，その関係性を内包した映像を見ることを意味する。それは日常生活のなかで，モノとしての映像がある限り，不断に可能性として関係性をつくり続ける。

　通常，できあがった写真(映像)を最初に見るものは写した人であり，写した人が写された人に渡し，それを見る。さらには写された人が，その映像を他の人と一緒にみたり，贈ったりする。映像というモノは，他者とのコミュニケー

ションの関係性を違った形で開き，人と人との関係を綴じ直していく。

　ところで，映像が私的な性格をもつのは，写される対象，人間の個別性，生の痕跡性にある。日常生活に散在する映像は，一瞬一瞬のさまざまな場所での人びとの生の主張でもある。しかし，これらの現実から切り取られメディア化された映像から聞こえてくる声を，何も知らない他者が聞き取ろうとすることは難しい。なぜなら，それらの大半の映像は，関係性のなかではじめて社会的意味がみえてくるヴァナキュラーなものであり，ひとたび，写すものと写されるものとの関係性が見失われてしまうと，その場のもつ社会的意味を理解することが難しくなるからだ。

　映像を産業化し，マスのレベルに流布するためには，「写す，写される」関係性と，見るものとをつなげておくために，あらかじめ映像に解釈コードを埋め込んでおく必要がある。それが，一般化するための作法であり，またマス・コミュニケーション化するための技法でもあるからだ。

　ところで，日常生活に散在する映像には，こうした一般化のための解釈コードが敷設されていない。こうした映像を理解しようとするならば，写すものと写されるもの，さらには見るものとの関係性のユニットが成り立っていた場へと降りていかなければならない。そこには，人と人とがコミュニケーションする場があり，さらには家や共同体などのコミュニティが関係性のユニットを支えている。そして，それらの共同性のなかで培われた意識の堆積が記憶として，さらには文化の力として，「写すもの，写されるもの，その映像を見るもの」のユニットに作用し，起動させている。「それは＝かつて＝あった」ことを示す映像を撮る行為には，写すものと写されるものによる，未来に痕跡を残そうとする意思が底意としてある。その堆積は，時を経て，不断に「今」その映像をみる人の現在へと繋げ，ひとつのコミュニティとして「記憶の共同体」(Bellah, 1985：186)を編成する。

　つまり，こうした映像に関わろうとするものは，メディアのグローバルな展開だけでなく，ローカルな人びとの「記憶の共同体」へと入り込む必要がある。グローバルからローカルへ，一般的なものからヴァナキュラーな特殊で固有な

ものへ入り込み，社会学的想像力を駆使し，映像を「記憶の共同体」のなかで参与観察しなければならないのだ。

3　「地域」という準拠枠

　通常，マス・コミュニケーションの研究は送り手と受け手というモデルにしたがって分けられる。マスとしてのコミュニケーションが産業化されているからだが，有山は，読者・視聴者を研究するには，こうした送り手と受け手という図式から脱却し，読者・視聴者などの日常生活の振る舞い，あり方へと降りていかなければ，新聞や雑誌を読み，ラジオを聞き，映画やテレビをみる経験の意味を捉えることはできないとする（有山，2009：2～3）。具体的には，特定の地域社会を事例とし，これらのメディアが日常生活のなかに入り込んでいる現場へ，経験が堆積する記憶の暗闇へと「段々おりてゆく」ことを意味する。

　ここで，「地域」というひとつの枠を設定するのは，マスとパーソナルなコミュニケーションに分裂した研究状況のなかで，もう一度，日常の中でマスもパーソナルなものもさまざまなメディアを使うオーディエンスが受け手にもなり送り手にもなる，その身体性を取り戻し，映像が本来もっているヴァナキュラーな固有性を意識化し，メディアが介在し結びつけている日常生活の共同的な次元のありようを再発見するためである。マスとパーソナルな間を，グローバルとローカルの間を，一般性と固有性の間を，研究的に埋める作業でもある。

　ところで，この「地域」は村や町，さらにはより大きな市や県といったものも含んでいる。伸縮自在に適応しているといえるが，日常生活を問題にするために，さまざまな関係性によって結ばれた社会のありようを問題にする必要がある以上，適宜，内容に合わせて一定の「地域」の範囲を設定するしかない。メディアがさまざまな関係性を媒介していくものである以上，具体的な場を前提とした共同性を規準としながらも，映像メディアのもつユニット，共同性がどう現実の共同性と関わり接合し，「想像の共同体」（Anderson, 1991，訳 25）を現出させているかをみる必要がある。

　ここで，調査，研究するうえで，ひとつのとっかかりは，モノの蓄積には偏

りがあるという現実だ。日常生活のなかで，写された映像の何を残すかは，「写す，写される，その映像を見る」ユニットのなかでの判断と，残すことができるような環境を備えているかなど，映像を所有している側の必然とさまざまな偶然が作用する。どちらにしても，それはなんらかの理由で残り，集められたかたまりとして，コレクションとして扱うことができる。地域で映像をアーカイブすることは，こうしたコレクションを集積することであり，映像だけではない文章などを含むさまざまな資料群のひとつとして包括的に扱い，「写す，写される，その映像を見る」ユニットの社会的関係性を見出していく必要がある。

第2節　社会のなかの映像

1　今成家と写真

　具体的な，例をみてみよう。図1-1, 2, 3は，幕末から明治5年頃にかけて撮影された湿板写真である。撮影者は，今成家十九代目の今成無事平（1837〜81）とその弟の新吾である。今成家は江戸時代，年寄役を務める家柄であり，無事平は1873（明治6）年に戦前の六日町区域の戸長となり，後に村会議員，県会議員も務めた。無事平が，幕末，江戸に遊学したときに，横浜の写真をみて自らも学び器械を買い入れ，六日町で撮影したものである。

　ところで，今成家の写真をみると，写されている人びとは，股旅者や侍などさまざまな役を演じているようにみえる。また，明らかに芝居がかった場面を撮ったものもある。なぜ，こんな写真を撮ったのだろうか。今成家の湿板写真53枚を1つのまとまりのあるコレクションとしてみると，写すものと写されるものとの関係性がみえてくる。

　六日町は山間部にあり，現在の状況からみると，僻地にみえるが，実際には，陸路をつたって三国峠を越えれば江戸へ，水路で魚野川を下れば新潟湊を経て，さらに外へとつながる陸路と水路が交差する要所として，かつては多くの人びとが交通する場所であった。また，商品の運搬による賃労働，冬の縮（ちぢみ）の生産に

第1章　地域・映像・アーカイブをつなげるための試論　7

図 1-1　今成家写真　IF-P-023

図 1-2　今成家写真　IF-P-022

図 1-3　今成家写真　IF-P-024

よる現金収入，新田開発によって米を増産し，大阪や江戸といった消費都市への輸出をし，さまざまな職種の人びとが活躍する，物と情報が行き交う場所でもあった。さらには，霊山八海山をひかえ，古くから修験の地としてもある。

魚沼地方はこうした社会経済状況や宗教性を背景に江戸の文化を吸収し，歌舞伎芝居，なかんずく地元の人間が演じ催す「地芝居」が極めて盛んな地でもあった。この地芝居は7月から10月の間，夏場のお盆や村の祭礼の時に行う「法楽芝居」と，冬の1月から2月にかけて，雪の降る寒冷な時期に行う「春芝居」があり，中心は後者の春芝居であった(滝沢，1997)。

鈴木牧之は『北越雪譜』で「雪中の劇場」として，芝居小屋の地所の雪を踏み固め，舞台・花道・楽屋・座敷のすべてを雪で形づくる様を描き，「一夜の間に凍て鉄石の如くなるゆゑ，いかほど大入にてもさじきの崩る気づかひなし」とし，「ぶたい花みちは雪にて作りたる上に板をならぶる，此板も一夜のうちに氷つきて釘付にしたるよりも堅し」(鈴木，1837-1841：183)と書いている。つまり，「春芝居」は，雪だからこそ短い時間で劇場を設営することが可能であり，またすぐに解体できる冬の楽しみな村の行事であり儀礼なのだ。こうした地芝居は村の有志者が集うことからはじまり，運営を若者組が行い，その費用は花代(祝儀)と有志者・役者などの負担，一部は村で賄うことが一般的であった(滝沢，1998：306)。芝居の内容，役者の割り当てなどが決まると，村総代から警察などへ興行願が出され，正式に動き出すことになる。春芝居の場合，秋か初冬には，芝居や語りの師匠を決め，稽古に入り，貸衣装や貸鬘などの確保をする。つまり，地芝居に関連した職業が成り立つほど，地芝居は盛んであった。

今成家の湿板写真は，今成無事平と新吾が地芝居の仲間と演じていた芝居を再構成して撮ったものといえる。ここには，地域の地芝居仲間という遊戯的なコミュニティが存在している。芝居を実質的に行っている村の若者組を中心に，芝居や語りの師匠，貸衣装屋や貸鬘屋，花代を出してくれる文化人でもある地主，知識人である僧侶，村役人，奉公人，博徒や被差別民などが加わるだけでなく，芝居を通した若者組の村と村とのやりとり，連携もある。当然のことながら，見に来る人びとは，老若男女，本家分家に関係なく，村のほとんどの人

びとが参加する一大イベントとなる(滝沢, 2009：45)。

　R・D・パットナムは，個人が家族や，友人，知人，近隣関係，仲間，団体活動などさまざまな社会関係をもち，そうした相互の長期的な関係性のなかで互いに信頼し支えあうことで，すぐに帳尻合わせをしないで物事を円滑に進めていく互酬性が形成された社会的ネットワークを，ソーシャル・キャピタル(社会関係資本)とした。こうした互酬的な社会的ネットワークは，さまざまな集団との関係性をもち，思ってもみないような「『外部性』を有していてコミュニティに広く影響するので，社会的つながりのコストも利益も，つながりを生み出した人のみ」(Putnam, 2000：16)だけでなく，さまざまな人に何らかの利益を生み出すことになる。その意味で，社会関係資本は，全体社会と個人とをつなぐ中間集団である共同性や共同体の関係を基盤としながら，経済的な関係である社会的ネットワークへと転化することで1つの社会資源となっているとする。魚沼地方の地芝居を媒介とした村の若者組のネットワークは，こうした社会関係資本の1つとして村社会で機能していることは明らかだ。

　西洋から移入された写真(映像メディア)は，こうした地域の関係性の網目に着地し，自分たちの姿を写すだけでなく，自分たちの地芝居の広報，宣伝，時には参考にするために，人びとに利用され，村々へと普及していった。

2　灌漑水利慣行と映像

　ここで，村社会にはどんな関係組織があるかを整理しておこう。集落の基本を近隣集団とし，家との関係でみれば，本家・分家の同族団の関係と親族関係がある。集落のなかで家の関係を媒介としない近隣関係としては，組と講がある。組と講については，竹内利美にしたがって，講は集団の機能に即した名称であり，組は組織に即した呼称とする。組には，村組や近隣組といったものがある一方で，若者組・子供組といった年齢階梯制にもとづく集団がある。また，講には，宗教的な講，経済的な講，社交的な講がある(竹内, 1990：185〜210)。

　魚沼地方における地芝居は，若者組が中心となり，ハレの行事として春をよぶ宗教的な儀礼としての側面をもった講として，あるいは，俳句やアソビなど

の社交的な講として機能した可能性もある。どちらにしても，地芝居をすることは，自分たちが楽しむだけでなく村全体，地域全体のためのものであった。

　こうしたハレの行事と写真などの映像メディアが結びつくことは,「写す，写される，その映像をみる」関係がもつ遊戯性から，たやすく推測できる。しかし，日常生活の通常の状態であるケにおいて，映像メディアは結びつくことはないだろうか。県の治山課が作成した「簿冊番号第2号　大正11年度～昭和25年度　治山事業・写真」(1)は，こうした日常生活のケの局面を明らかにする。

　ところで，先に述べた村組は，家単位では対応できない村全体で協同で生活を補わなければならない仕事をになうものだが，その内容は，道路修理，山道の手入れ，用水路・溜め池の改修，揚水，水番，共有林の手入れなどがある(竹内，1990：195)。どれも生活を維持していくのに必要な仕事であるが，とくに，潅漑水利はそのまま田畑の生産に関わるものであり，村にとって最も重要な仕事となる。

　「治山事業・写真」で写されているのは，主に山村の山際の砂防のための小堰の建築の時のものだ。こうした山村では，水の管理はそのまま水源である山の管理と密接に関わっており，用水の組は，森林の山組と重なる場合が多く(竹内，1990：348)，小堰の建設は，村組総出のものとなる。

　これら道路や治水など村の協同作業と，県や市町村など自治体との関係を整理すると，次の4段階に分けることができる。

　①村が自己財源をもとに自主的に行う。

　②村が主体的に行うが，県市町村も負担金を出す。

　③村に代わって県市町村が行い，村人は賃労働をする。

　④県市町村が単独で行う(川本，1983：33)。

　この段階を踏まえつつ図1-4，5，6をみると，現在よくみる工事の記念写真のように，予算施行者である県役人，工事を請け負った会社役員を中心に写したものではなく，実際に作業を行った村人が配置され，男女問わず，村人総出の工事であることが分かるものになっている。県治山課の帳簿によれば，写真E-0809-2-135-1は工事費：5,157円，141は1,633円，157-1は2,560円の支

第 1 章　地域・映像・アーカイブをつなげるための試論　11

上：**図 1-4**　写真：E-0809-2-135-1
　　（現十日町市）中魚沼郡中條村大字新座 1343 よしだ 2
　　期間　1933 年 5 月 26 日〜8 月 31 日　工事費：5,157 円
下：**図 1-5**　写真：E-0809-2-141　台帳番号 5-S08-0003
　　（現魚沼市）北魚沼郡上條村大字西名新田字廻り池 106
　　期間　1933 年 8 月 27 日〜10 月 8 日　工事費：1,633 円

図 1-6　写真：E-0809-2-157-1　台帳番号 4-S09-0010
（現長岡市）古志郡上塩谷村大字本所字浦澤 1251
期間　1934 年 7 月 3 日～9 月 9 日　工事費：2,560 円

出が記載されており，治山課の設計のもと竣工され，請負人にとくに記載がないところからみて村が実施し，工事完成を確認するために記念写真が撮影された。つまり，この写真は②の段階で，まだ工事が村のためのものであり，自分たちの協同仕事であるという強い意識，主張をもっている時のものといえる。これらの写真には人物の微妙な配置があり，工事における実際の役割の軽重，あるいは村での社会的な地位などが反映している。自分たちの村の姿，仕事を映像に残そうとし，撮影する側である県治山課もそれを受け入れている。

　しかし，こうした記念写真は，戦後，影をひそめることになる。これらの治水工事は県営事業として，行政主導のもと村人たちはしだいに下請的な位置へと身を置くことになり，映像に写ることはなくなる。4 段階にしたがって述べれば，②から③へと写される側の意識，態度が推移し，写す側も変わったのである。この変容には農地改革など戦後のさまざまな施政があり，村のあり方そのものが変わったことがある。どちらにしても，日常生活の関係性を，県の治

山課が撮影者として，記念写真という形で村組の人びとを記録し，集積した。

さらに，こうした水路における村の水利慣行については，戦後1950年代末に，8ミリフィルムで図1-7『灌漑水利慣行に於ける堰の研究』[2]が，佐渡の新保川流

図1-7　映画『灌漑水利慣行に於ける堰の研究』
　　　RS-M-004

域や大野川流域などで撮影されている。この村の水利慣行を研究・企画した両津高校社会クラブ，ならびに撮影・作製をした両津高校図書館の背景には，占領期に行われた教育改革である六・三・三・四制の実施と，それにともなって視聴覚教育が積極的に推し進められ，また社会科教育が新たにはじめられたことがある。

　占領軍は，日本の民主化を推し進める上で，既存の広報体制に依拠せず，新たに視聴覚教育というシステムを立ち上げ，活用することで，より幅広く日本社会に影響を与えることができると考えた。1948年3月，CIE（GHQに置かれた民間情報教育局）より文部省に対しナトコ16ミリトーキー映写機1,300台，ベスラー35ミリ幻灯機650台を無料で貸与することになり，各都道府県教育委員会に視覚教育係が新設され，受け入れ場所として視聴覚ライブラリーが設置され，さらに視聴覚教育の講習会，映写機操作の実習などが開かれた。アメリカより映写機が到着して受け入れ体制が整いはじめると，1949年にはナトコ映写機によって，CIEが用意した短編映画の上映が各市町村ではじめられる。

　こうした視聴覚教育，CIE映画の上映の場となったのが，1つは，図書館であり，1946年に文部省の設置奨励の通牒によって全国的に普及をみた公民館であった。公民館は，敗戦後の日本社会の民主化のため，地域住民の自主的な教育・学習・文化・スポーツ・レクリエーションなどの活動を行う場として，青年会，婦人会，復員した人びとの学習，農業技術研修の場として，あるいは，保健衛生普及の場として，各地につくられた（原田，2012c）。

　また，2つ目は，小中学校であった。これらの学校では，教具として映画だけが扱われるというより，視聴覚教育として映画，スライド，写真を使用した紙芝居などを使い，さらに，1948年9月から番組編成が一定化した学校放送などと一緒に，相互に関連性をもって展開された。さらに，こうしたなか，1947年9月からはじめられた社会科は，子どもに自主的，建設的，批判的な能力を身につけさせるために，社会生活を総合的に理解し事実にもとづいた知識を得ることを目的とし，生活の場で学習するという方針を打ち出された。映画やスライド，写真などの視聴覚教育は，こうした社会科の授業の一環として

活用されることになる。

　教育委員会が組織的に統括する社会教育と学校教育が連環的に活発化したのは，戦前から映画や幻灯などの視聴覚教育が試みられていただけでなく，地域の篤志家や小中学校の教員が郷土教育として民俗学の研究を行っていたことがある。戦後，こうした動きが，社会科教育のなかへ持ち込まれ（日本民俗学会，1989），視聴覚教育と結合することになる。

　水利慣行は，日本の各地の村々で用水路の多くが三面コンクリート製になる1960年代頃まで，村々の長い間の取り決めにしたがって，水不足の時に水路に草や莚，空俵に土を入れた土嚢などで堰をつくり，堰の番をする村人が桶時計などで時を計って水を止めるなどして，水量の分配をしていた（飯島，2004：162）。こうした日常生活の慣行を映像化するには，自らの日常生活を客観的に捉え直し，その社会的意味や価値を理解し，目にみえにくい慣行を記録として留めておかなければならないことを，意識化しなければならない。村々に形成されつつあった，こうした自らの行為・姿，日常生活を残したいという，写される側の欲求は村の篤志家や教員，行政職員などを中心に，戦後，各地につくられた公民館，視聴覚ライブラリーなどをハブにして，映画やスライドなどの制作として結実することになる。

　こうした映像からは，村々にあったさまざまな共同性が，教育行政と結びつくことで，ある一定の公共性を確保していたことがみえる。

3　地域の共同性と映像

　映像メディアのもつ「写す，写される，その映像を見る」ユニットの社会的関係性は，公的なものと私的なものとの間にある，地域の社会にある共同的なものに——それは，さまざまな共同性を含みしばしばあいまいなものなのだが——不時着し，それを基盤とし，私的なものと公的なものを繋げる根を広げていた。

　通常，戦前の映像メディアを扱う時，撮影器材の高額さ，手に入りにくさなどの理由によって，写される映像は，営業写真館などの専門家によるものか，一部の地主や資産家といった富裕層によるものであり，そうした人びとの階級

性なり，世界の限定性が指摘されることが多い。また，映像(写真)が残される形が家族アルバムといったモノになる場合が多く，家族写真として扱われる場合が多い。

　日向市の家族アルバムの調査・研究を行った有馬学は「ここでいう家族写真とは，写真館や写真技師に撮影させることができる階層の人びとが，私的空間で消費する目的で写させたものを想定すればよい」とし，「被写体が厳密に家族である必要はない」(有馬，2012：119)と用意周到に書いている。通常，こうした家族アルバムをみると，家族でない人びとの写真が必ず入っている。もっといえば，アルバム化されていない写真には，家族以外の誰なのか分からない人びとの写真がある。幕末に日本社会に写真が移入されてから，写真は家族だけでみるものではなく，通常，複製として関係する人に贈られ渡され，見られるものであった。アルバムが作成された時に，排除と選別が行われるのは普通である。どちらにしても，ここで捉えられるべき単位は，親族としての家族ではない。家という社会的な単位であり，ある共同性に組み込まれ，さまざまな社会的な関係，人脈をもつものであり，映像もこうした関係性を媒介することで，社会へと普及し広がっていることに目をとめる必要がある。

第3節　残されるものと残されないもの

1　記憶の共同体と想像の共同体

　人は関係構造であるなんらかの共同性のなかで生きている。そして，それは具体的な場所をもち，ある共通した価値や規範，認識や関心，感情といったものを共有する集団として現れる。人はそうした集団に複数同時に所属し，異なるさまざまな集団的な枠を多層的に交差させながら，社会におけるおのおのの集団のもつ多元性やその過去の多様性を取り込み，あるいは集団を通して生きる者と死した者とを繋げ，空間軸と時間軸を交錯させた集合的記憶というべき網の目をたぐりよせ，また，自らもそれを生み出すことで社会を生きる。その

意味で、「すべての個人は共同で考え、想い出している」(Halbwachs, 1950：86)。

　近代になって現れた写真や映画、テレビといった映像メディアは、記憶の外部装置として社会に潜在するこうした人びとの心に隠された集合的記憶の網の目である「記憶の共同体」を媒介し、顕在化させる。映像メディアは、時間と記憶を外化したモノとして残存し、また保存されることで、不断に人びとの感情や感覚を増幅し、個人の意識や記憶の世界を拡大する。

　しかし、現在、デジタル化の大きな波のなかで、従来のアナログ型の映像はつぎつぎと破棄されはじめている。「それは＝かつて＝あった」という映像のもつ現実性を、写す、写される行為によって表出したものとして捉えれば、何を写すのか「写す、写される」関係性の社会的文脈を問うことができるように、写され残された映像と残されなかった映像との関係性もまた、同じような社会的文脈－排除と選別のあり方を問うことができる。つまり、映像の破棄という現実は、私たちの時間と記憶の再編が、社会のなかで起きていることを表している。

　また一方で、「記憶の共同体」は、映像メディアが生み出す地域性を超えた共同性である「想像の共同体」と密接な関係をもつ。

　映像を写すには、撮る器材であるカメラが代表するシステムが必要であり、その歴史的転変は、そのまま映像の産業化の歴史としてグローバルな展開となって現れる。たとえば、写真であれば、1871年の写真乾板の発明、1900年のイーストマンによるフィルムベースのカメラブローニーの発売、1925年35mmフィルムのライカの発売が写真のマス化、産業化の1つの指標となる。映画であれば、1921年にパテ社の9.5mm、コダック社の16mm、1932年コダック社の8mmの発売が、テレビであれば、1976年のVHSのビデオの発売が、マスからパーソナル・メディアとして広がる1つの区切りとなる。そして、2000年代に入り、映像メディアは全体にデジタル化へと移行する。

　どちらにしても、映像メディアが産業として成り立っていることは、そのまま、グローバルな市場として、同時多発的に展開していることを意味し、ローカルな個々の日常生活を撮る行為も、そのまま、グローバルな市場のなかに位

置づけられることを意味している。撮る者は写す器材なしに，映像を残すことはできない。確かに，写真，映画，ビデオなどの映像メディアの出現は，飛躍的に日常を記録することを可能にした。しかし，写すものは，自由に日常を写せるわけではない。そこには，映像メディアが配置するシステムと知のあり方，さらにはそれがもたらす意識の偏りがある。パーソナルな人びとも，あるいはマス・メディア各社も，日常生活のある一部分だけを，写す行為と結びつけているにすぎない。

現在，メディア・テクノロジーはデジタル化されることで高度化している。日常生活にはさまざまなメディアが入り込み，さらにはメディアとメディアが互いに媒介しあい，複合的に組み込みはじめている。映像メディアに限ってみても，写真，映画，放送，インターネットとあり，モノとして，プリント（紙），フィルム，ビデオ，DVD，ハードディスク，携帯，パソコンと，さまざまな姿，形となって混在している。パーソナル・メディアとマス・メディアは接合し混淆としているだけでなく，メディアの市場状況のなかで，何で写し，何をどう残すか，個人だけでなくマス・メディアも含め，消費者としての立場を強いられている。

こうしたデジタル化という急激な展開，変容のなかで，メディアとメディアとが互いに横断的に結びあい機能し，いかに日常生活の人びとの行為を結びつけ，グローバルとナショナル，ローカルを連鎖させた「想像の共同体」を形づくっているのか，そのことを捉えることはできていない。

どちらにしても，現在進行形で大きな知の編成－変動が惹起していることは間違いない。私たちは，岐路に立っている。メディアの市場原理に，私たちの記憶と時間，あるいは公－共－私のあり方の行方をゆだねるのか，それとも，自ら——さまざまな試行錯誤を含むにしても——介入し，再編するデザインに手を染めるか，である。

2 ヴァナキュラーな共同性から公共性へ

第1節で述べたように，幕末以来，日本社会に映像メディアが普及してから，

地域のさまざまな共同性のなかで，自らの地域やその文化を表象し，社会をデザインしようとする試みは行われてきた。しかし，こうしたヴァナキュラーな共同性からヴァナキュラーな地域の公共性が形づくられることはなかった。田中重好は，日本社会に「現実に，共同性から公共性をつくり出していく回路がほとんど開かれていなかった」(田中，2010：168)とする。こうした問題は，映像メディアにおいても同じである。

　現在，地域の映像アーカイブに求められていることは，まず1つに映像が内包する「それは＝かつて＝あった」現実の痕跡を，デジタル技術によって甦らせ，集積することで，「写す，写される，その映像をみる」ユニットを媒介し，培養するさまざまな社会的な関係性を発掘することである。現実から切り取られメディア化された映像は，みかけとは違い，実際は単体では成り立たないヴァナキュラーなものであり，さまざまな関係性のなかでなければ社会的意味がみえてこないものだからだ。本書でいえば，第Ⅰ部(第2章〜第4章)がこの内容に該当する。

　そして2つ目は，こうした映像をどう共同的な次元から，地域の公共性へとデザインするかである。地域映像アーカイブは，この過程そのものを問題としなければならない。まず，集積された地域のヴァナキュラーな共同性を含んだ映像群にどんなイメージの偏差があるのか，日常生活の何を写し，何を残したのかを具体的に分析し実証する。さらには，残された過去をもう一度捉え直し，時間を越えた対話をすることを通し，地域のさまざまな共同性に関わり，さらには映像を媒介させることで，新たな記憶と現在を創造することに加担する。それは，かつてあった地域の共同性を組み直し，新たに地域の公共性を創出する過程となるものであり，映像という記憶の外部装置をデジタル化することで，顕現化することが可能になった現実態である。

　それでは，こうした地域に残された映像を地域の共有財産として位置づけ，公的なものとして，共有化し，公共財化していくためには何が必要とされるだろう。第Ⅱ部(第5章〜第7章)と第Ⅲ部(第8章〜第11章)は，この問題に対する具体的な作業と方策が述べられている。ここでは，地域の映像アーカイブを

運営するアーキビストに求められる4つの態度について述べておく。
① 映像の価値判断をしない
　映像を収集しデジタル化するには，相応の予算が必要である。地域で映像アーカイブを行うアーキビストは，地域にある映像のかたまりを収集するにあたって，何からはじめるのか，判断が求められる。それでいながら，こうした映像の価値は依拠する共同性の固有性にあり，ほとんど一般性がない。つまり，映像の質を判断することが，アーキビストには難しい。アーキビストは，映像に対する価値判断を停止し，保留していなければならない。しかも，モノとの出会いには，偶然性が作用する。いつ出会うかも分からない。
　結局，アーキビストは，自分では分からないがその価値を信じながら，実際にその映像の価値を見出すことができる人，あるいは専門家をみつけださなければならない。
② 映像を知の領域・内容に回収しない
　現実から切り取られメディア化された映像は，みかけとは違い，実際は単体では成り立たないものであり，具体的な関係性のなかで，さらには，写された映像と映像との関係性のなかで，はじめてその社会的意味がみえてくる。アーキビストは，こうした映像の関係性を分析するために，デジタル化した映像にインデックスをつける必要がある。通常，こうしたインデックスは，写された内容をもとにし，映像と映像との関係性をみることからはじめられる。
　しかし，映像には，インデックス化しにくい，言葉になりにくいものがある。ここで注意されなければならないのは，写すものと写されるものとの関係性を含んだ距離間である。何をもって，彼，あるいは彼女はカメラの前に立っているのか。2人の人間の間で浮動する微妙な距離感の社会的意味を解き，それをインデックス化することは難しい。
③ アーキビストと映像制作者との新たな関係
　地域の映像をアーカイブするものは，必ずしもアマチュア，プロといった閾を重視しない。収集された映像をすべてデジタル化し，特別な理由がない限り，同等に扱うことになる。そこには，アーカイブの秩序性によって整理された新

上：図1-8 「報じられなかった写真」展示会場
右：図1-9 1958年7月　山の下地区の浸水を取材したフィルム

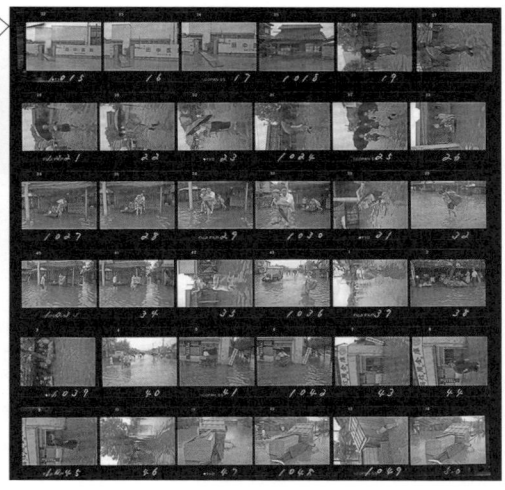

たな意味付けがなされる。

　通常，映像を制作するものは，公表にあたって撮影したものを自ら選択し，公にする。その規準は，それぞれの制作者にゆだねられており，作家性の1つの根拠となっている。アーキビストは，こうした問題に新しい関係性を提示する。2013年4月，新潟市歴史博物館の「報じられなかった写真——昭和30年代　写真家・小林新一の820カット」[3]は，写真のネガシートそのものをプリントして，展示することが試みられた（図1-8，9）。ここでは，アーキビストが選択した作家性が浮上する。映像制作者は，こうした新しい関係を受け入れ，また自ら制作過程に組み込み直すことが求められている。

④ 映像の価値は，時間のなかで意味をもってくる

　映像を収集しデジタル化し，新たに公開することは，その映像がもっている価値を開く作業である。写し，写された時には，その関係性のなかでしか意味をもっていなかったものが，時間の経過のなかで，社会的に大きな意味をもつものがある。制作＝公開の時点では，ごく少数の人びとしか見られなかったものが，50年後に万単位の人びとに見られるようになる映像もあれば，制作＝公開の時点では多くの人びとに見られたものが，50年後には全く顧みられな

くなる映像もある。映像のもつ，私的なもの，共同的なもの，公的なものとの関係は，映像個々の経年変化や，アーカイブのなかでさまざまな映像が集積される過程で浮動する。アーキビストは，映像のこうした寿命，価値の変遷過程そのものを記録し，分析する必要がある。

3　大学と地域

　ところで，私たちが現在行っている新潟大学人文社会・教育科学系地域映像アーカイブセンターの映像データベース(http://arc.human.niigata-u.ac.jp/db/)は，2012年5月より第1期として写真約12,000点と動画約140本を，2013年4月より第2期として写真約15,000点と動画約150本を新たに加え，写真約27,000点と動画約300本を新潟大学内で公開している。学外よりアクセスする場合には，申請してIDとパスワードが必要となっている。申請制にしているのは，1つにはデジタル映像の利用について，一般社会のなかでルールが確立していないことがある。2つ目には，地域の博物館，資料館，美術館，図書館などと連携し，さらには小中高等学校などでも利用できるようなシステムを構築することを目指しているからである。地域の公共性をどう形づくるか，地域の大学として研究，教育の局面から何ができるのか，実践的に解いていくためである。

　2013年4月から，新潟県立生涯学習推進センターと新潟市歴史文化課と地域映像アーカイブセンターでデジタル化した映像の共同利用と共有化を目指し，試験的に運用する取り決めが結ばれた。こうした取り決めは，順次，他の市町村とも進んでいくことになるだろう。また，センターでデジタル化したものだけでなく，それぞれの自治体がデジタル化したデータについても，同様に共同利用へむけた体制づくりが求められている。

　地域の映像アーカイブを目指すには，継続的にデジタル化し，公開，閲覧できるような体制づくりをする必要がある。さらには，こうした体制づくりをするためにも，上映展覧イベントを行いつつ，公共的な機関としてこうした映像資料を閲覧，公開するにあたって，どういった仕組み作りが必要なのか，ある

いは利用する人びとにとって必要な利用ルールとは何かを，試行錯誤を含みつつ，現実化し，提言し，啓蒙する必要がある。

また，もう一方で，地域の新聞社，放送局などのメディア各社と連携していく必要もある。映像アーカイブで収集された地域の固有で，共同的な映像を，一般的なもの，公共的なものにするために，どういった解釈コードをつけたらよいのか，研究，教育とは違った局面からのアプローチが模索される必要がある。

新潟日報社は万代橋のたもとに新社屋を移転したのを機に，2013年4月13日から県民，読者が集うコミュニケーションの拠点としてメディアシップをオープンした。その部署として情報館が設置され，ここをベースにし，公的なものと共同的なものを結びつけるための社会実験を行うべく，地域映像アーカイブセンターのデジタル化したデータと新潟日報社が所持するデータと一緒に使えるような取組をすることになった。

図1-10　2013年4月22日「新潟ニュース610」にて，地域映像アーカイブについて説明する。

また，NHK新潟局とは2012年4月から，夕方6時10分から7時までのニュース番組で，新潟地域の映像を発掘するシリーズとして，春夏秋冬に7〜8分の小特集が組まれてきた。その総特集として2013年4月26日には，午後7時30分からの25分番組「金よう夜きらっと新潟」で，地域映像アーカイブセンターの映像をもとにし，さらには映像の内容について，1955年3月16日塩沢町中之島村から土樽駅に向かう花嫁行列の内容を特定するために一緒に取材，調査を行うなど，緊密な関係のもと番組の制作を行った。放映後，かなりの反響があり，視聴率は13.8％であった。特殊なものから一般的なものへ，全国組織であるNHKのローカルな場所での先駆的な取組みといえるだろう(図1-10)。

　今後も，こうした地方自治体の関連機関やメディア各社との連携は続けられるだろう。第IV部(第12章〜第14章)で示されているように，地域の映像のアーカイブは，さまざまな組織やメディアと結びついていくことが求められている。すでに述べたように，これまでの日本社会には共同性から公共性をつくり出していく回路がほとんどなかった。今，こうした連携の積み重ね，試行錯誤の経験の蓄積が求められている。ある意味で，地域において，研究・教育機関である大学がこうした連携のなかで貢献できることは，積極的に失敗するリスクを冒せることかもしれない。

【注】
(1) 現在，この資料は新潟県立文書館に移管された(資料番号：E0809-2)。移管にあたって，研究協力を行っている。表紙裏表紙216頁，写真483枚。なおこうした写真帖が6冊残されている。
(2) 『灌漑水利慣行に於ける堰の研究』研究・企画：両津高校社会クラブ，撮影・作製：両津高校図書館，時間29分，製作年は1957〜1960年の間と推定される。
(3) 小林新一(1917〜2012)は，1950年より運輸省第一港湾建設部新潟港工事事務所に勤務するかたわら，アマチュア写真家として活躍した。1952年には中俣正義らと新潟写真作家集団を結成するなどし，1959年『中央公論』3月号に「沈む大地―失われ行く新潟」掲載を機に，プロとなり雑誌などに写真を発表するようになった。

第Ⅰ部
「にいがた」という地域の映像を分析する

第2章

事例としての「にいがた」
── 地域の映像をめぐる4つのフェーズ ──

原田　健一

第1節　新潟という地域

　近代以降，地域にどんな風に写真や映画などの映像メディアが日常生活のなかに普及し，さまざまな関係性を媒介し，どういった様態を生み出し，また，社会的な意味を派生させていったのか。新潟県というひとつの地域を事例とし，私（自我），家，社会関係資本との結びつき，地方自治体などのナショナルなものとの関係性，この4つの観点からみてみたい。

　まず，大づかみに地域を概観すると，新潟は日本海側に面し，東北地方南部から群馬，長野にかけて，越後山脈，三国山脈などの山岳地帯を県の境とする。そして，それらの山脈に雁行状に広がる丘陵地帯に信濃川，阿賀野川などの大きな河川が流れ，さらには小さな支流をふくめ河川が網目のように広がった扇状地を形成する越後平野や柏崎平野，高田平野が並ぶ。

　現在の県域は，江戸時代末には，高田藩，長岡藩，新発田藩，三根山藩，村上藩，村松藩，与板藩，糸魚川藩，黒川藩，三日市藩の10藩の他に，佐渡や新潟港などの幕領の直轄地や預地，さらには会津藩領，桑名藩領がある入り組んだ地域であった。しかし，北越戊辰戦争をへて，1871（明治4）年の廃藩置県によって新潟・柏崎両県に統合され，佐渡は相川県に入り，さらに1876年にこの3つの地域は統合され，現在の新潟県となる。

　新潟は，信濃川と阿賀野川の2つの大河によって育まれた肥沃な土地を形成

していた。それらの土地をもとに，1877（明治10）年には，新潟県は全国の米の約5％を生産し，全国一の生産高をほこり，各種の農家の副業による生産物も多く産出した。1888年の県の人口は，約166万人で総人口の4％を占め，東京や大阪を抜いて，日本で一番居住者の多い県となっていた。

　新潟がこうした多くの人口を擁する豊かな穀倉地帯となったのには，江戸中期から明治中期にかけて発達した北前船が代表するような，北海道と大阪を結びつける西回りの日本海の交通があった。北前船は，上り荷として北海道産のニシン・昆布などの海産物を運び，下り荷には米・酒・塩・醤油・服などを運ぶものであったが，新潟はそうした交通網のなかで，米・酒・醤油などを産出する生産地として，全国的な商品・貨幣流通の経済圏に組み込まれ，またそれを生成するものとなった。新潟の各村々の地主たちは，全国的な商品経済の潮流のなかで，積極的に河川の扇状地，湖沼，潟の干拓などによって新田開発を行い，自給的な米の生産から，商業的な米の生産へと立場を変える（新潟県，1988a：8～12）。

　また，こうした日本海の西回り航路の発達は，信濃川，阿賀野川の間に網目のように広がる小さな支流の河川交通を盛んにし，福島との会津街道，関東との三国街道，長野との北国街道の陸路と結びつき，新たな流通経済圏を生み出し，苧麻・綿布・薪炭・山菜などの農家の副業の生産物の発達をうながすことになる（原，2013）。

　新潟地域は，近世中期から近代にかけて，さまざまな物や人，情報が行き交う場所となっていた。さらに，1868（明治元）年には，三府五港のひとつとして位置づけられ，日本海側としては唯一外港として開かれ，ロシアなどアジアとの窓口になるなど，地政学的に極めて重要な位置を占めることになる。

　こうした社会経済状況のなかで，明治政府によって進められた1873（明治6）年の地租改正，1881年以降の松方デフレ政策によって，1890年代以降，新潟において地主制が発達する。新潟県は全国一の地主数をほこり，江戸中期から力を蓄えていた地主名望家層は，その立場を強固なものにし大きな力を社会に発揮する事態となる。

ところで，地主層は300〜1,000町歩の巨大地主，50〜300町歩の大地主，10〜50町歩の中地主，5〜10町歩の小地主，3〜5町歩の在村耕作地主に分類できる。巨大地主は銀行や鉄道会社の発起人や，貴族院議員に選ばれるなど県の名士といえる存在だが，どうしても地域社会からは少し遊離している。しかし，300町歩以下の大地主は地域社会に密着するだけでなく，農会や地主会などを組織し県全体での横の広がりをもつ。また，10町歩以下の小地主や在村耕作地主が村政の実務を担う形で，地域社会をローカルな視点からみるだけでなく全国レベルの視野をもって，地域振興のためになんらかの事業を興しうる立場となった(新潟県，1988b：12〜13)。

つまり，新潟は，すでに河川交通のネットワークによって人と物との流通が促進され，商品経済が発達することで，さまざまな情報をもった各村々の地主たちが生み出されていた。彼らは，江戸時代の分権的な支配の構造から派生した自主独立的な気風をもち，外と内を結びつけ新しい文化を生み出そうとする意欲的な文化風土を醸成していた。そこに近代というものがやってくる。彼らは，写真や映画という映像メディアに出会うのである。

第2節　「私」と階級

1　高橋捨松―河川と写真

第1章で述べたように，六日町は江戸と新潟を結ぶ三国街道筋にあるだけでなく，魚野川から信濃川へと下り日本海へと出て行くことができる，陸運と舟の水運との中継地点としてあった。そこでは，参勤交代の諸大名のみならず，行商人や旅芸人，遊興の文人学者などが往来する，物だけでなく情報が行き交う場所であった。地芝居も，そうした流れのなかで，根付いたものであった。

魚野川を利用した荷物の輸送は古くから行われていたが，江戸時代になると上田舟道として塩沢(上十日町)，六日町，浦佐，小出，堀之内，川口，長岡へと着く舟道が定着した。六日町から長岡への下り舟は朝8時頃に六日町を出て，

夕5時頃には長岡に着いたが、上り舟は4～5日かかり、時に7日かかることもあった。

　この川舟航路は江戸時代、六日町の遠藤家（丹後屋）が全権を掌握していたとされるが、明治に入り自由競争の時代となり、1880年長岡商会が六日町舟を買い占め、定期航路を確立した。しかし、1902年には高橋捨松、遠藤利作が長岡商会から舟を買い戻し、再び六日町の有志によって運航することになった。舟の積荷は、下り舟には米や薪、木炭、ぜんまいなどの魚沼の物産であり、上り舟には干し魚などの海産物、塩、日常雑貨品などを積んだ。

　明治から大正にかけ隆盛を極めた舟運送は、1923年に上越線が宮内から塩沢まで開通し、さらに1925年には湯沢まで開通するとその荷と客は急激に減り、ついに消えることになる（南魚沼、1971a：722～724）。

　高橋家十代目の高橋捨松（1863～1930）は、六日町を代表する地主として、船会社、酒造、金融業など幅広く事業を展開し、地域経済の旗振り役として活躍した。図2-1、2をみるとおり、高橋家の裏は船着き場であり、地主として農業経営に携わるだけでなく、舟運にも深く関わっていた。高橋捨松の意識は、河川を中心とした地域の文化と深く結びついている。

　ところで、水深が浅いにもかかわらず、流れが急で、雪解けなどで増水する魚野川は舟運送するのには適しているとは言いにくい難所をいくつかかかえていた。舟に乗る人間は時に命がけであり、日頃から信仰を重んじ、縁起をかついだ。また、その仕事は荷揚げや、上り舟では川につかり舟を綱で引っ張るなど、重労働であった。そのためもあってか、食事は白米に魚や肉を炊き込むなどして食べる。大正初期まで魚沼地方の人びとは四足を食べることはなく、こうした舟者は地域のなかで明らかに特殊な生活者であった。また、その服装も通常は、半股引に紺のきゃはん、つまかけわらじ、冬は真蓑を着用したというが、夏はほとんど裸に近かったうえ、冬も下は何も着けなかった。これは褌をして水につかれば、上がった時、褌が凍ってしまうからだった。舟子たちは水に浸かった後、火を焚き、睾丸をもみ、陰茎をこすりして暖め凍傷にかからないようにする必要があった。そこには、独特な河川の文化があった（磯部、

30　第Ⅰ部　「にいがた」という地域の映像を分析する

上：図2-1　TS-P-099-012
中：図2-2　TS-P-064-012
下：図2-3　TS-P-007-013

1991：239〜240, 251〜254)（図2-3)。

　高橋捨松が明治末から昭和初めにかけての約30年間に撮影した乾板写真の内，デジタル化された1,224枚について整理すると，人物の写真が50％と半分を占め，次に風景の写真が37％を占める。また，人物，風景など高橋家に関連するものを集計すると47％と半分近くとなり，それ以外の六日町に関連するものが14％で，2つを合わせると61％となる。

　しかし一方で，六日町以外の新潟，柏崎，日光，東京，湘南，伊豆などの風景を撮ったものが26％ある。高橋捨松は，湘南，伊豆でも事業を行っており，これらは，事業家としての行動範囲をそのまま示している。

　高橋捨松の写真を通覧してみると，自宅が川岸にあったこともあり，魚野川をなんらかの意味で背景にしている写真が15％もある。また，人物では，高橋家の親類などを含んだ一族の人びとの写真が多いのは当然であるが，高橋家の関係者である友人だけでなく，高橋家で働いている乳母，子守，使用人など

図 2-4　TS-P-047-006

の人びとを多く写している。

　このことは,「家」に対する意識だけでなく,写真というメディアへの意識の表れとしてみることもできる。当然のことではあるが,当時,カメラを所持し,写真を撮るには,相応の財力が必要であり,カメラをもっているものと,もっていないものとの間には,社会的ヒエラルキー,階級がある。しかし,写真は,写される者がいなければ成り立たないメディアでもある。写したい欲望だけでなく,写されたい,自分の姿,生きている痕跡を残したいという欲望が交叉する瞬間がある。そこに,写真というメディアに対する,共有化された意識が生み出される現場がある。

　たとえば,図2-4は,子どもと乳母と子守の三人が写されているものだが,被写体の中心が乳母と子守にあることは,明らかである。高橋捨松は,多分,乳母や子守がもつだろう,「なぜ,私を写そうとするのか」という疑問や不安に対して,子どもを介在させることで,乳母や子守を安心させ,彼女たちに選ばれたことへのハレの気持ちへと転化させている。そこには,ヒエラルキーに対する心遣いがある。

　こうした観点からみたとき,人物のうち1割近くある,誰なのか不明な人びとの写真があることは興味深い。たとえば,図2-5のように,背景に白い幕を張り,町の老人や,村にやってくる行者などを撮り,意図的にさまざまな人びとの姿を写真で蒐集しようとしていたことがうかがえる。そこには,明らかに写すものと写されるものとの共同作業,村社会にある階級の枠を超えたヴィジョンを現出させようとする意識がみえ

図2-5　TS-P-077-001

る。そこにみえてくる高橋捨松とは，地主という社会的立場ではなく，河川と共に生きる地域の日常生活の皮膚感覚，体温や音のざわめき，記録されることもなくみえなくなってしまう人びとの記憶，あるいは差別の現実を，写真というイメージにそのまま定着しようとする「私」なのである。生前，金貸しとして，毀誉褒貶相半ばした（江東，1912：78～82）という高橋捨松の心の底に何があったのか，これらの映像からみることができる。

2　片桐徳重―自己表現と写真

　高橋捨松が秘かに写真撮影に興じていた大正年間の 1922（大正 11）年，六日町から川を下った魚沼市で，地主でもあった伊米ヶ崎小学校長の渡辺泰亮（たいりょう）は，8月に鉄道の開通記念として夏季大学を企画し，地域の若者に自由に学び合う場をつくろうとよびかけた。当時，新潟県などによる夏季大学が行われており，官製に対する民間の自主的な構想を謳ったものである。渡辺と親しく，その前年長野で生まれた信濃自由大学の創設に関わっていた京都帝国大学の新進気鋭の哲学者であった土田杏村（きょうそん）が共鳴し，駆けつけることになった。この第1回目の会は，堀之内小学校で行われ，有料参加者は 131 人が参加した。参加者は，堀之内村を中心とした北魚沼郡が 101 人で大半を占め，職業的にみると教員が 85 人，次に農業 12 人，また，女性が 17 人であった。

　この成功をきっかけに，信濃自由大学と連携的な関係のもと，1923 年 8 月には，堀之内小学校で魚沼自由大学が開かれ，戯曲家であり信濃自由大学にも関わっていた高倉輝，歌謡曲『船頭小唄』や『東京音頭』などの作曲をした中山晋平，性科学を研究し，後に労農党代議士として治安維持法を批判し暗殺された山本宣治などが，魚沼にやってくることになる（佐藤，1981）。さらに，1923 年 12 月からは伊米ヶ崎小学校で八海自由大学が，1926 年 10 月には西川口小学校で川口自由大学が開催される。参加者の中心は，教員や学生であったが，農業や商業に従事するものや，僧侶，女性も参加した。地域の若い男女が集まって，新しい思想や知識を学び，自由に語らい合う場として，講義だけでなく，絵の展覧，レコードコンサート，仕舞の上演なども行われた（森山，1971：167）。

34　第Ⅰ部　「にいがた」という地域の映像を分析する

右：図 2-6　片桐徳重自画像　KT-P-1-018
下：図 2-7　KT-P-2-014

図 2-8　KT-P-1-041

　この時期，第一次世界大戦中(1914〜1918)の日本は，欧米の諸国からの軍需品の注文や，アジア市場の独占などで，製鉄，造船などの重化学工業が発展するだけでなく，繊維，食品など軽工業においては中小企業が増大した。工場労働者は 90 万人から 160 万人へと増え，都市への人口集中が進み，経済成長とともに増大する都市中間層を基盤にデモクラシーの運動がひろがる。農村では商業的な農業が発達する一方で，労働力は都市へと流出し，地主制が強化されるなど，農村社会の矛盾が拡大し，小作争議が多発していた。村社会の階層差が，経済問題としてだけでなく，意識としても拡大した。
　自由大学は，会を維持し経営することの困難だけでなく，土田杏村が病気になったことや，渡辺泰亮が 1926 年県視学となって転任し，戦前最大の小作争議である木崎争議で説得工作の任にあたるなどしたこともあり，1927 年には終息する。自由大学に参加していた農民が，地主や中農の若者たちであり，小

作などの貧農は少なかったことなど，自由大学そのものに限界はあったと指摘さている(佐藤，1981：59)。

八海自由大学に参加していた浦佐の地主の息子であった片桐徳重(1901～1946)は，経済的には豊かであったが，進学を許されず，やりたくない家業の表装の仕事を習わされていた。やり場のない鬱屈した日常生活の唯一の楽しみは，写真を撮ることであった。彼の写真をみると，若年期特有の甘い叙情を表現したいという意識(図2-7)がある一方で，地主の息子として頻発する小作争議に，現実の矛盾に気づく意識(図2-8)の2つに引き裂かれている。残された106枚の乾板写真には，5枚の自画像の写真(図2-6)が残されている。大正デモクラシーの新しい時代思潮に触れ，地域のなかで，どう「私」を位置づけたらいいのか苦悶する姿が，そこに写しだされている。

片桐徳重は，石打関興寺五葉禅師の薫陶を受け，活路を大陸に開けという言を聞き，1930年頃，自由大学で出会った写真仲間の妹と一緒になり，満洲大連へと出奔する。大連で，満洲宣伝社を起こし，看板や広告アドバルーンなどの製作をして活躍した。しかし，敗戦後の1946年11月に，軍属としてシベリヤに抑留されて死去する(片桐，2009：10)。

第3節 「家」とジェンダー

1 伊藤家―絵葉書と女性

「階級」としての地主から，「家」としての地主へと，社会的文脈を変えてみよう。

新潟の巨大大地主の1つである中蒲原郡横越村(現新潟市)沢海の伊藤家は，明治に入り，地租改正による土地制度や租税制度の改革の大きな過程のなかで巨大化し，1870(明治3)年では約116町歩だったものが，約20年後の1892年には約637町歩となり，さらに1901年には約1,063町歩で，1,000町歩を超える巨大大地主となる。

ところで，地主とは，農地をもち，米などの穀物を生産する農家が，開墾な

どで大土地所有者となり，所有する土地を人に貸与し，耕作させるものであり，その基盤は「家」にあった。家は，私的な家族のものであると同時に，1つの生産単位として村のなかで公的でもある社会組織である。地主は，農家が近代化のなかで，家業である農業を商業化し，家の公的な側面を拡大し，会社化したものと捉えてもよい。

　伊藤家において，こうした近代的な家をつくったのは，五代文吉（要之助）と妻キイである。五代目夫婦は10人の子供たちを育てるが，五代文吉は1891年，48歳で亡くなる。21歳であった長男謙次郎が六代文吉となり，後を継ぐことになり，翌1892年，上越の刈羽郡岡野町の名家である村山家の次女真砂（当時16歳）と結婚することになる。六代目夫婦は，4人の子供たちを育てることになるが，六代文吉は1903年，33歳で亡くなる。七代文吉となる淳夫はまだ7歳であった。そこで，六代文吉の妻・真砂（当時27歳）が親権者となり，六代文吉の兄弟である次男・順造が押木家に婿入りしていたこと，三男は早世していたため，四男・九郎太（当時25歳）が後見人となる体制がつくられる（角田，1979）。こうした私的な家庭の事情のなかで，地主化の過程を実質的に遂行したのは，五代目文吉の妻キイと六代目文吉の妻真砂であった。

　伊藤家は，六代文吉が亡くなった1903年の時点で，キイと六代文吉の妻・真砂，その子どもの4人，さらに六代の兄弟たち，四男・九郎太，五男・成治，六女・テイ，七女・八代重の4人の10人の家族であった。しかし，大地主としての伊藤家は，小作人約3,000人をまとめるために，経営的に番頭10人，現地の支配人80人を必要とした。また，さらに，こうした公的な体制を整えるために，家には奉公人として，上女中，中女中，勝手女中がそれぞれ5人ずつで15人，門番，かま爺，その他の下男が15人，その他の奉公人などで，50人ほどの使用人が在住した（伊藤，1979：189）。

　真砂は，巨大化した地主経営が円滑に進められるようにキイから「家」の実務を引き継ぎ，使用人たちを使いこなし，公的な仕事をする番頭たちの性格をのみ込み，仕事が円滑に進むように陰に陽に調整することを求められた。

　ところで，ふだん，家族は，使用人と同じ食事をする質素な生活をしている

が，ハレの日である正月や祭り，冠婚葬祭などでは，番頭や支配人，さらには村長などの名士などが一堂に会し泊まり込んでの饗応が繰り広げられる。これらの仕切りをするのが，家の主人の妻・主婦の役目であり，ふだんからハレの日にそなえ寝泊まりや食事の仕込みを使用人に指示し，当日は滞りなく万端進めることが求められた。地主が家という公的でもあり私的でもある社会組織を経営の基盤としているため，家の公的な行事と私的な行事が重なるハレの日は，そのまま女性の働きが家の評価となり，家経営全体の行方を左右するものにもなった。

その一方で，嫁であった真砂は，私的には夫の兄姉たちとの友好な関係をきずき，一族の結束を強める必要もあった。親戚関係における当面の問題は，すでに嫁いだ年上の長女・ルイ，次女・ラク，三女・リヤウ，四女・エツたちとの家同士の親類づきあいと，年下の四男・九郎太と五男・成治の分家，六女・テイと七女・八代重の結婚であった。

残された伊藤真砂の絵葉書のコレクションは，こうした伊藤「家」の姿を明らかにする。このコレクションの絵葉書の宛名のほとんどが伊藤真砂であり，送った人びとは，伊藤真砂の夫である六代伊藤文吉（謙次郎）の兄姉である伊藤成治，八代重，あるいは伊藤真砂の実弟である村山亀一郎などである。この伊藤真砂と，伊藤家にまつわる人びととの絵葉書によるやりとりは，1903年以降，六代文吉が亡くなった時からはじまる。それは，最初の時期（1905～1913年頃）の絵葉書ブームと軌を一にするが，そこには，伊藤真砂の新しい映像メディアである絵葉書を利用して，家を維持する責務を果たし，もう一方で，柔らかで温かな愛情を関係のなかに埋め込もうとする，主婦としての意識が表れている。

真砂が伊藤家に嫁入りした時，成治は10歳，八代重は3歳であった。長じて，六代文吉が亡くなった時には，成治は21歳で東京帝国大学をちょうど卒業する頃で，八代重は，14歳で女性として多感な時期であった。成治は，卒業後も東京市牛込区矢来町の家宅に住み，後に分家する。

しかしながら，成治から真砂への絵葉書からは，家族のこうした事情より，絵葉書ブームの亢奮がみえる。1907年3月12日（消印）付絵葉書の裏面に書き

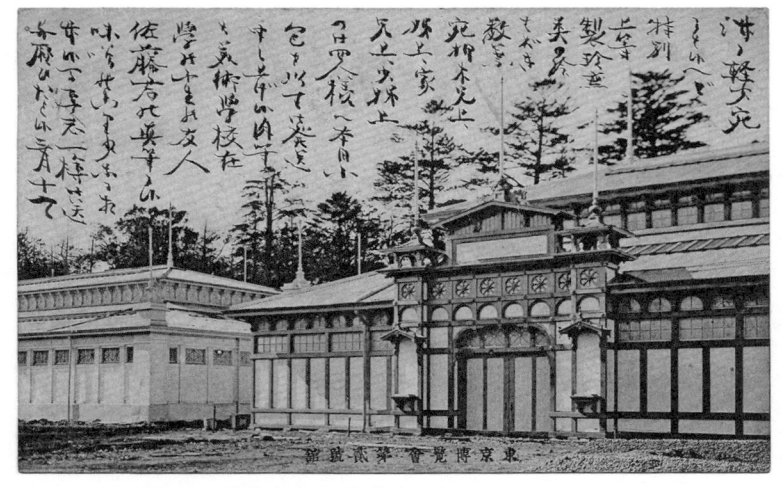

図 2-9　伊藤成治から伊藤真砂宛　NC-C-114-1-039b

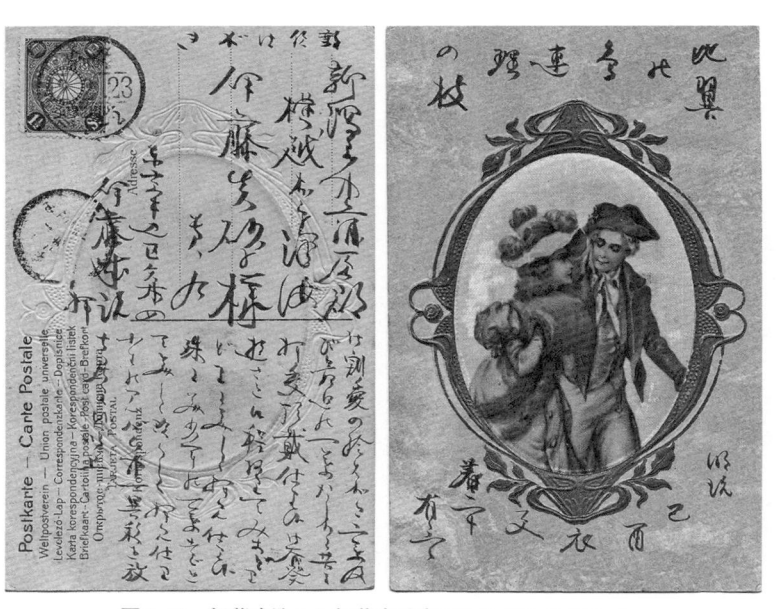

図 2-10　伊藤成治から伊藤真砂宛　NC-C-001-2-088a, b

図 2-11　NC-C-114-2-132b

図 2-12　NC-C-007-1-133b

図 2-13　NC-C-001-1-052b

図 2-14　NC-C-001-2-014b

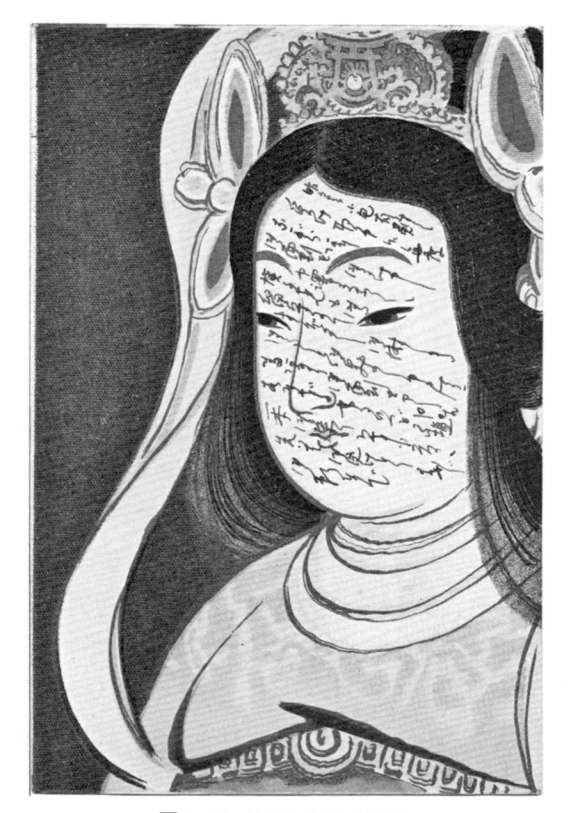

図 2-15　NC-C-114-1-085b

込まれた文章には，「特別上等製珍無類の絵はがき数葉，宛押木兄上，姉上の家，兄上，少妹上のは四人様へ本日小包を以て発送申し上げ候」（図2-9）とあり，成治が絵葉書の収集，コレクションに熱中していたことがみえる。また，同年8月9日付け表面には，「物を貯め始めると散りすすきになるのが常で，殷鑑遠からず。母上も爾りですが，姉上はさすがに絵はがきのため主義ならざるだけに，大分よいのを奮発なさるが誠に結構のことです。若し夫れ絵はがきを能く貯へ能く散すことなきの如きは，蓋し天下一人と申すべき歟」と，絵葉書を丁寧に保管している真砂の几帳面な性格を賞賛している。

ところで，1909年2月23日（消印）の表面に，真砂が大切にしていた絵葉書を贈ってくれたことに，成治は「美しく珍しく相見仕り，小生のアルバムで一異彩を放ち居り候」（図2-10）と感激し，真砂の友愛に深い感謝を捧げている。真砂は絵葉書を成治のように集めることより，それを通して兄姉たちとの絆を深めようとしていたことがみえる。当然ではあるが，真砂にとって，伊藤家の兄姉たちは，新しい家族である。

妹・八代重よりの絵葉書をみると，1906年10月5日（消印）付の裏面で，真砂の息子四男の威夫に触れて，「威ちゃんは絵はがきなくしたそうです，かわりに少し送るつもりでございます」（図2-11）とあり，家族で絵葉書集めが話題になっていた様子がうかがえる。1908年3月2日，東京に行った八代重は新潟の真砂に絵葉書を送り，裏面に「この絵はがき，おすき？　おきらひ？　どちらでございませう」（図2-12）かと，姉に甘えるように尋ねている。

八代重は，真砂が何やかやと気を配ってくれることを嬉しいと思い，また頼りにもしていたらしい。東京にいた八代重は，1909年3月19日付表面に，「恐入りますがまた味噌をおくっていただきたくございます（中へ味噌づけも御願ひいたします）」（図2-13）と，姉に頼んでいた様子もうかがえる。

ところで，八代重が選んだ絵葉書をみていると何故か，自画像的な少女画や美人画が多いことに気づく。1906年10月5日付裏面（図2-11）の2人の少女写真には，繊細で自分の将来へ不安をもっている様子が感じられる。1910年11月に，八代重は新潟で資産家である齋藤家に嫁ぐことになるが，1909年3月19日付裏面（図2-13）の女優のポートレイトにある「今日，木村先生と上野の茶会へまいりました」は，東京で花嫁となるためにさまざまなことを身につけていた頃のものだろう。これに，結婚後の1911年11月29日付（図2-14），風邪をひいた真砂への見舞い絵はがきを並べてみると，八代重の女性としての心の成長がたどれるようにもみえる。

どちらにしても，真砂のこうした家族への細かな配慮は，姑であるキイも感じていたらしい。東京に八代重と一緒に行き，真砂からの荷物を東京で受け取った，1907年5月17日（消印）付裏面には，「昨日に小包有難く受け取り候，毎

度ながらも御面倒掛け候」(図2-15)と簡潔に記している。キイは，この絵葉書で，表面の下に文章を書かず，裏面の神女の画の顔の部分に小さく書いている。信仰心の厚かった人らしい感覚である。

　こうした絵葉書によるやりとり，応答性をみていると，真砂が「家」経営の結束を強めるために，それを実現させるコミュニケーションのツールとして使っていたことが分かる。伊藤家なかで，絵葉書は日々の小さな友愛と信頼の証となり，フラジャイルで切れ切れになってしまいかねない一族の気持ちをつなげる，しなやかな伸縮自在なメディアでもある。伊藤家において，「家」としての地主を成り立たせているものは，こうした対世間的には目にみえない，女性たちの人と人とをつなげようとする気働きであり，それを現実化する新しい小さなメディアであった。

2　齋藤家―映画と女性

　家というものが，親と子という血縁関係を中心とした親族だけでなく，家業という生産関係を含んだ社会組織であったことは重要である。近代になって生まれたパーソナルなメディアとしての映像が，まだ高額なものであった段階で，社会に普及する過程で受け皿となった家は，経済的に裕福でさまざまな人間関係，使用人などを含む家であった。こうした典型的な事例が，齋藤家の16ミリフィルムである。ここで展開される齋藤家のホーム・ムービーは，細分化された小さな家である核家族ではなく，使用人などを含んだ大家族であり，また，1人の撮影者ではなく，複数の撮影者によって形づくられた「ホーム」ムービーの世界である。

　齋藤家の初代喜十郎が，現在の新潟市中央区東堀通七番町で，三国屋として，商売をはじめたのは文化文政の頃とされる。二代喜十郎(1830～1904)は，初代が1838(天保8)年頃に死去すると，8歳で名を継ぎ，長じて家業を継ぐことになった。その頃の齋藤家は，廻船問屋と活躍する一方で，酒造業を営み，明治初期には，松前・樺太航路を開いて米を直送し，財をなしたとされる。明治の近代化のなかで，1896(明治29)年には新潟硫酸，翌1897年には新潟商業銀行

を創設するなど，銀行業や化学工業，さらには汽船業などへと事業を展開し，産業資本家へと成長する（新潟ハイカラ文庫，2011，online）。

　とくに四代喜十郎（幼名・庫吉，1864～1941）は，1915（大正4）年には衆議院議員となり，さらに1925（大正14）年には貴族院議員になるなど，新潟と中央政財界とをつなぐパイプ役として活躍した。なお，四代喜十郎は前節で述べた巨大大地主の1人である伊藤家の五代伊藤文吉の娘良久と一緒になっている。また，五代喜十郎（幼名・庫四郎，1863～1950）も五代伊藤文吉の娘八代重と一緒になっており，齋藤家と伊藤家は近しい親戚関係になっている。

　ところで，現在，残されている齋藤家の16ミリフィルムは全部で22本で，1本だいたい2～9分のものである。とくにタイトルは付けられていないが，フィルムを入れた紙箱や金属缶に記載された内容を示す題が13本あり，残り9本に記載はない。また，撮影日時が記載されたものは，9本あり，最も古いものは「新潟銀行店」で「発注日　1936.6.12，現像仕上日　1936.6.」とあり，新しいものは「住吉祭」で「現像仕上日　1937.8.30.」で，他のフィルムもほぼ，1936～37年の2年の間に撮られたものと考えられる。さらに，発注者として，「東堀通七番町斎藤喜十郎方庫太郎」，あるいは「本郷湯島切通坂町二〇斎藤別邸」とあり，この時期，齋藤庫太郎が東京帝国大学経済学部に在籍していたことを考えると，製作者が六代喜十郎（幼名・庫太郎，1915～83）であったことが分かる。

　内容をみてみると，そのほとんどが家族や仲間を撮ったもので，この場合の仲間とは，六代喜十郎の男友だちや女友だちで，〈奈良旅行〉〈新潟湾突堤〉など，8本ある。次に家族を撮ったものが，14本あるが，このなかには庫太郎が乗馬している姿が写されている「馬場国立」〈齋藤邸，東京帝国大学〉〈馬場〉の3本がある。つまり，庫太郎以外の撮影者がいたことになるが，齋藤家のフィルムを通覧して考えられるのは，庫太郎，愛子，和子の3人の兄妹で撮っていたことである。

　庫太郎らの母親である八代重は，五代伊藤文吉の七女であるが，長男となる六代文吉の妻となった真砂とやりとりした数多くの絵葉書からは，繊細で，文化的教養が深い，少し体が弱かった女性の姿がみえる。そうした八代重の影響

第 2 章　事例としての「にいがた」　45

①

②

図 2-16　齋藤家映画〈西大畑別邸〉　SK-M-021

のもと，子供たちも自然に文化的なものや芸術的なことに親しんでいたと考えられる。とくに20代で若くして亡くなった庫太郎の妹和子は，国立にあった東京高等音楽学院にピアノを学び，写された映像からは洋装を颯爽と着こなす才気と繊細さをあわせもった女性にみえる。

撮影者が女性を含む3人として捉え，「新潟銀行店」「沢海，海」「弥彦，銀行」〈家の様子〉「住吉祭」「花火」「西大畑別邸」（図2-16）「住吉祭，馬場，Drive」といった映像をみると，そこに明らかに独特の視線，ジェンダーの違いを看取することができる。そこで感受されている「家」の世界は，家族の私的な場所と，仕事をする公的な場所といった明確な社会的区分によって空間をみようとする視線ではない。これらのフィルムでは，私的な空間である家庭がそのまま仕事場であるような連続的な社会空間として世界が構成されており，明らかに女性的な視線によって世界が提示されている。つまり，齋藤家の日常生活は親族だけの家族ではなく，齋藤家の家業に関わるさまざまな人びとすべてを含むものであり，それが1つの所帯をなして生きているという生活認識である。

部屋の掃除をし，洗濯をするお手伝いさんや，さらには台所で食事の用意をする女性たち，また，四代喜十郎が，東堀通八番町からすぐそばにある上大川前通八番町にあった新潟銀行に，車で出勤するために準備する女性たちなど，なんでもない家庭の日常生活の仕事が写される。そして，屋根上の物干し台に，

時に行列してあがり，時に乳母の小原さんやお手伝いさんたちが集まり，親しげに，晴れやかに写される。家を維持し存続させるために，子を育て，家事労働することが，男性たちの仕事と対等に写される。

仕事場の男性たちも，また，カメラに親しげである。社会的には功成り名を遂げた四代喜十郎も，孫たちに頼まれ，銀行の執務室で仕事をする姿を撮られることにつきあう老人であり，厳めしさや偉大さより，祖父として家族のものたちに気を配るひとりの男性である。仕事をする齋藤家本店の事務所の人びとも，夜は将棋をして楽しむ。

家は，公と私が入り交じっているだけでなく，男性と女性という性が関わる場所であり，家業というあいまいな，近代以前の世界を含んだ資本主義がそこにある。また，家において，日常生活を維持するために，男性は生産をし，女性が消費を司る。男性が中心で女性が脇であるといった意識や，会社が主で家庭が従とする考え，さらには，経済的に富むものと貧しいものという階級性は，家のなかでは転倒される。

3　行形亭—女性と戦争

最初の節で述べたように，江戸中期から明治中期にかけて北前船が代表する北海道と大阪を結びつける日本海の交通の発達だけでなく，それに連動するように，網目のように広がった信濃川と阿賀野川の水系を通し，陸路である長野，関東，会津を結びつける中継地として，新潟は繁栄した。こうした交通網の発達は，当然のことながら，物と人との流通を活発化させ，川沿いの停泊地に，そして，海と川が接合する港に，さまざまな宿泊や食事をする処を生み出し，やがては，花街を形成させる。

信州の中山道と北国街道の分岐点である追分宿で唄われていた馬子唄が追分節となり，北国街道を北上し，越後に入り新潟港で松前節となり，北前船の船乗りたちが港々に伝え江差追分になったとされる歌のロードは，そうした道と川，そして海とが結ばれた結節点で生み出されたものだが，その結ばれをになったものは，物を運び，情報を伝える荷役の人びとと，瞽女などの芸人たちであ

り，それを迎える宿場の人びと，飯盛女たちだった（竹内，2003）。

ところで，この飯盛女とは，食事の給仕や寝床の用意をするものであり，時に客を楽しませる芸を披露し，また，身を売るものでもあった。料理を出し泊まるのが宿泊所で，芸をみせるのが芸妓で，身を売るのが娼妓だとすれば分かりやすいが，近代以前において，旅をする物流と経済，そして文化はあいまいに結びつくことで成り立つ。日本における近代化とは，こうしたあいまいさを分節化していくことでもあった。

旅の宿が発展し花街となり，制度化していく過程で，三業としての料理屋，待合，置屋と発展する。置屋が芸娼妓を置き（後に芸妓置屋と娼妓置屋に分かれる），自分の家で客を遊興させるのではなく，料理屋や待合からの依頼を受けて派遣するところであり，待合はこうした芸妓などをよんで人を接待し，料理を直接提供することはないが，泊まることができる場所であった。それに対して料理屋は，寝泊まりすることができないが，芸妓の接待とつくった料理で饗応する。

高級化された料亭には，資産家であるお大尽や政治家や官吏といった権力者が客となってやってくる。料亭の主人はこれを食と場所でもてなし，芸妓がそこで芸によってもてなす，性と階級とが複雑に入り交じった世界が生み出される。

新潟市中央区西大畑町にある老舗料亭の行形亭は，1750年頃，海岸ばたであった現在の場所に，料理屋をはじめ，最初は浦島屋の屋号であったが，三代目から行形亭となり松次良と名のり，現在は六代目となる。行形「家」は女系であり，一代松次良も沼垂の鎌倉家からの養子であった。妻であったカツ，その娘イキ，さらに孫娘となるヨシとつながり，三代目まで婿養子が続く。四代松次良（芳郎）は，初めての男系の跡継ぎである。一方，行形「亭」は，調理場には包丁をもつ男衆が15人ほど，座敷女中が15人，お膳始末の人たちが10人，車引きは5人，その他が5人の50〜60人の大世帯であるが，半分は女性である（行形，1979）。さらに，入れ替わり立ち替わり大勢の芸妓が出入りする女性中心の職場であり，主人は，何より，人さばきが求められる。

現在，行形亭に残されている46本の16ミリを制作したのは，四代松次良（芳

郎，1910〜1997)である。芳郎は1928年に新潟商業を卒業すると，東京築地の料亭新喜楽に修業にでる。1931年までの4年間，下積みの厳しさを味わされたとするが，残されている映像をみると，1930〜31年にかけて，『六大学野球リーグ戦　入場式』『東京』など，10本撮影している。

　芳郎が行形亭で映画を撮りはじめるのは，新潟に帰ってからの1932年からで，1941年まで，約10年で36本の作品である。新潟に戻った最初の1932年には，父である三代松次良の兄弟であり，清水貿易の社長として産を成した清水静吉の4月7〜9日の3日間にわたり芸妓を揚げての大宴会『清水静吉翁寿像建設報告式』(図2-18)を撮る。さらに，6月26日には軍令部総長伏見宮博恭王が率いる第一艦隊34隻が新潟入港する。これは海軍の戦意高揚のためのデモンストレーションといってよいが，この際に行われた芸妓総出による官民合同歓迎会の「空母入港　園遊会」(図2-17)，8月の住吉祭の芸妓連の行列を写す「住吉祭　川開花火」(図2-19)，さらには，翌1933年4月29〜30日に東京の明治座で2日間にわたって開かれた『市山流研踊会』など，華やかで艶やかな芸妓連の表舞台の姿が繰り広げられ，それが活写されている。

　こうした表舞台を用意する裏方としての行形亭を写したものとして，屋根の雪下ろし，まゆ玉つくり，池浚い，冬囲い，大根漬けなど1年の行事を描いた「行形亭12ヶ月」(図2-20)，さらには，行形亭の帳場，調理場，中庭などで働く，板前，使用人たち，さらには控えの間でくつろいでいる芸妓たちのようすを写した「あれこれ」がある。この作品では，帳場で芳郎自らと弟益郎も一緒に写る画面があり，行形映画が芳郎1人ではない複数の撮影者によって写されている。行形家だけでなく，行形亭に働く人たち，さらには行形亭に出入りする芸妓たちを含めた大所帯の家の記録として，ホーム・ムービーが作られていたことが分かる。

　そうした作品群にあるカラーで写された「昭和12年全」は，1937年7月7日に起きた盧溝橋事件を挟み，事件前5月の新潟農園などでのんびり楽しんでいる状景，夏の寄居浜の海水浴を楽しむ行形亭の人びとが写されると同時に，事件後，日中戦争が本格化しはじめ，「海運長久」の幡などをもって柾谷小路を行

50　第Ⅰ部　「にいがた」という地域の映像を分析する

上：**図 2-17**　「空母入港　園遊会」
　　IY-M-011
中：**図 2-18**　『清水静吉翁寿像建設報告式』
　　IY-M-013
下：**図 2-19**　「住吉祭　川開花火」
　　IY-M-014

第2章　事例としての「にいがた」　51

上下：図 2-19　「住吉祭川開花火」IY-M-014
中：図 2-20　「行形亭 12ヶ月」IY-M-036

進する人びとや，日の丸の旗をもって行列する女性たちが，対照的に写され，急激に戦時色を強めていく社会の雰囲気を浮き彫りにする。戦時下，戦争を支える裏方としての女性たちの役割が社会で浮上していく様相が，選ばれたカラーフィルムの鮮やかな色彩によって異化され，再現される。

　行形映画の背景には，客である支配階級の動向だけではない，接待する芸妓やその周囲の被支配階級の人びとの意識，動向がある。そこでは，写す者の意思より，写される人びとが自らの姿を記録し，その生の痕跡を残そうとする意識の厚みがある。現在，デジタル化された行形映画が，行形亭で上映されているように，当時，撮影された映画の上映会がしばしば行形亭で行われていたことが考えられる。そのことは，大量の製作本数と，カラー映像の使用につながる。

　行形映画は，支配と被支配の狭間にあることを自覚し，社会の趨勢に何より敏感に反応しながら，社会の裏方である女性そのものが，自ら写されることを望み，また積極的に社会に浮上しようとする時代のあり方を，微妙な距離をもちつつ，記録しようとする。

第4節　社会関係資本と政治

1　中林甚七―印刷業と映画

　家の中核にある家族，親族といった血縁関係だけでなく，家業というものが含む共同的な側面が，写真や映画を社会のなかに孵化させ，日常生活に根付かせる。しかしながら，個人が関わるものは，家だけではない。近隣関係，友人，知人などの仲間，組や講といった団体活動などさまざまな社会関係をもち，そうした相互の長期的な関係性のなかで互いに信頼し支えあう。第1章で述べたように，互酬的な社会的ネットワークである社会関係資本が形成される。写真や映画といった映像メディアも，こうした社会的な文脈のなかにある。

　新潟県で最も古くに製作された映画と考えられる，1919（大正8）年5月22

日に中林甚七が東京シネマ商会に撮影させ，加茂青海神社に寄進した『加茂三社祭典』は，こうした社会的な文脈を明らかにする。

写されている青海神社の春季大祭は，当初は例年どおり5月21日の予定であったが雨天のために翌22日となったものである。その日の様子について，新聞は，「当日は曇天なりしも晴上かりし為却々の人出にて全町に互り雑踏せるも加茂駅の降客は二十一日は乗客一千八百余名，二十二日は乗客一千四百名，下車一千百余名にて昨年に比し約半数に過ぎざりしと（中略）宮山加茂座等の興業物は一般好景気の為め何れも大入にて露店販売人も相応の収入ありし」（『新潟新聞』：1919.5.25）と報じている。

ところで，中林甚七は，1899（明治32）年の『加茂案内図』の裏面に印刷されている「各商家一覧」にあるように，青海神社参道のそば，仲町の㊇本店又新館活版所の店主である。新潟新聞に掲載された又新館活版所の広告によれば，1888年に開業し，全国新聞雑誌の販売をし，『新潟新聞』『東北日報』『新潟日々新聞』の販売配布，ならびに諸印刷物などを扱ったことが分かる（『新潟新聞』：1889.6.18）。商売は繁盛していたらしく，1891年の秋季祭の芝居と相撲の興行では，「又新館連の総見物は一層両所に花を添へたり」（『新潟新聞』：1891.9.4）とあり，また，5周年に館前に緑の門を作り国旗を交叉させ球燈をつけ祝したとある（『新潟新聞』：1892.3.31）。又新館活版所が，織物業で繁栄していた加茂の町のさまざまな組織や共同性に食い込み，各種の新聞の販売配布，ならびに種々の印刷物などの注文を取っていたことが分かる。

興味深いのは，日清戦争の開戦の1894年7月25日のすぐ後，10月9日に東京から取り寄せた日清戦争の写真映画（スライド）による幻灯会の興行を虎屋座で行っていることである（『新潟新聞』：1894.10.10）。新聞・雑誌を扱うことで，東京との繋がりがあったことは間違いないが，写真映画の入手ルートは分からない。ジャーナリスティックな感覚と，それをすぐに商売に結びつけようとする迅速な行動が目を引く内容である。

ところで，映画を撮影した東京シネマ商会は，日本の映画界の黎明期をかざる代表的な製作会社で，1914年5月に創立され，経営者芹川政一と専属カメ

54 第Ⅰ部 「にいがた」という地域の映像を分析する

① ② ③ 図 2-21 「加茂三社祭典」 KA-M-001

ラマン鈴木新が，さまざまな実写撮影をし，販売や，巡回上映も行っていた（田中，1979：33）。又新館活版所がどういう発注をしたのか分からないが，納品のさいに，東京シネマ商会が映写機を持ち込んで上映を行ったことは容易に想像される。ただ，現在，残されているフィルムの1巻は5〜6コマの断片にされたものがかなりあることから，上映後は，断片を配布し，一渉りしたところで，寄進したものと考えられる。人びとが営業写真館で写真を撮った後，一般的に，その写真をさまざまな人に配布することを考えれば，1つの利用の仕方である。

どちらにしても，中林甚七は，印刷，新聞，映画などのメディアによって加茂という町と新潟，東京などの都市との関係をつくりだす役割を担っていた。また，そうした媒介的役割によって，この映画を撮影することで，地域社会のなかで何らかの利益をもたらすような社会的ネットワークを組織することができていた。

2　栗林羊一――戦争と映画

こうした地域においてメディアの受け手であると同時に，送り手になる者は，そのまま，地域の内と外をつなぐ人でもある。そして，その役割を担う者が，自ら撮影できたとすれば，時代の要請と地域社会とが切り結ぶ現場がみえてくる。栗林羊一の映画は，こうした事例である。

残された映画は16ミリフィルムで12本あり，実際に栗林羊一が撮影したものは10本で，その内，家庭を題材にして撮ったものが6本，新潟市を題材にして撮った『大新潟プロフィル』『スポーツ'S　ポップウリ』『新潟市商工祭実況』（以上まで1931年），『守れ満洲』（1932年）の4本がある。

『守れ満洲』（図2-22）は，1931（昭和6）年9月18日にはじまった満州事変後，渡満した兵と交替駐屯するため1932年3月24日に新潟市に宿営し，25日新潟港から「あいだ丸」で渡満する第2師団歩兵第16聯隊（新発田）の様子を写したものである。この時，渡満した第2師団は，24日に出港した歩兵第4聯隊（仙台），歩兵第19聯隊（若松），25日の歩兵第30聯隊（高田），騎兵第2聯隊，野

砲兵第2聯隊，工兵第2大隊(仙台)であった。

　新潟港はシベリア出征兵を送るなどの歴史を有するが，港の修築などのために満州事変に出征兵を送るのは初めてであり，第16聯隊(新発田)は新潟市内と中下越地方の出身であるため，新潟市内は熱狂的歓迎状態となった。新聞によれば，24日午後3時20分に新潟駅に着くと，小幡知事，中村市長などが出迎え，輸送指揮官市川大尉の指揮のもと整列し，小幡知事が万歳三唱の音頭をとり，ラッパ手が吹奏しながら，駅より万代橋を経て，鏡橋通柾谷小路，古町通りを左折して白山神社に至る道を行進し，白山神社に到着後，解散し，各自宿営した。翌25日午前7時30分には宿舎を出て，8時に出発し8時30分には新潟港湾倉庫会社上手広場に到着する。午前7時頃より埠頭には人びとが詰めかけ，出征兵士を出している新潟中学校生は校歌や応援歌を高唱し，名古屋紡績の工女約300名も負けまいと応援した。11時50分には乗船が終わり，諸兵は甲板に現れ歓声に応え，12時15分には船は出航した(新潟新聞：1932.3.24～25)。この行進は，明らかに出兵を盛り上げるための陸軍のデモンストレーションであった。映画は，この出兵行進の熱狂の一部始終を克明に記録し，12分29秒に編集している。

　この映像を製作した栗林羊一は1905年生まれ，栗林家は新潟市内の古町4番町，日活の映画館前に住まいがあり，祖父重三郎は米穀商を，父文蔵は新潟商船倉庫を営む家であった。羊一は，1924年に慶応大学に進んだ後，新潟貯蓄銀行などに勤めた。しかし，一方で，写真，映画をよくし，また，ハーモニカ，シロホン(木琴)を演奏し，NHK新潟のラジオ放送などにも出演していた。体が病弱なこともあり，二児を残し，1937年に夭折した。

　『守れ満洲』は，明らかに作品として編集されており，カメラも複数用いられている。栗林と陸軍関係者との間で，どういったやりとりがなされたのかは分からないが，兵の行進を正面から撮ったり，出征兵士と話したりといったカットや，あいだ丸に乗り込んで撮影したカットがあり，個人のプライベートなものというより，事前に了解を得て撮影していたことは明らかである。そうした了解を取り得る立場として，栗林が新潟市の商工会に関係していたことが考え

第 2 章　事例としての「にいがた」　57

①

②

図 2-22 『守れ満州』
KY-M-003

④

られる。
　この映像からは，新潟に住む一市民の立場，視線から，栗林羊一がどう世界を主観的に感じ，理解していたか，さらには，この時期の新潟市内の栗林が所属する地域のコミュニティの人びとに共有されていた考えや感情，感覚を看取することができる。
　江口圭一は名古屋の事例をもとに，軍による新聞社・地方行政機関・半官製団体による戦争協力への動員は，開戦後，1931年11月をピークとし，一時沈静化の方向に向かったが，1932年2月22日の肉弾三勇士の壮烈な死というキャンペーンなどにより，血書や血染めの日章旗などによる激励などがあり，3月が最後のピークを形成し，その後は，稀薄化したとしている（江口，1998：209〜271）。
　『守れ満州』が撮影可能となった社会的文脈，あるいは，そこに記録された人びとの姿は，遺骨の帰還を一方でにらみ，もう一方で，「国難打開」の期待を担う皇軍への熱烈な賛仰と同情を表す，歴史的な表現だった。栗林は，中央の政府，あるいは軍の意向を受けつつ，地域のなかにくすぶる人びとの熱をフィル

ムに写し，自らもそれを体現したといってよい。

この映画がどこで上映されたかは不明である。新潟市内で，一部の人びとの間でみられたと考えられるが，それだけでなく，同種の内容の映画が，戦地で上映されていることを考えると，満州で第16聯隊にみせていた可能性もある。

3 平賀洗一——医者と映画

六日町の医者であった平賀洗一(1902〜1980)は，1935年から1938年にかけて9.5ミリで映画を製作した。平賀家は，江戸時代末には中之島村柄沢(塩沢町)で漢方医を営んでいた家であったが，平賀洗一の父平賀臺作(1871〜1930)が西洋医学を学び，1899年六日町病院に迎えられ，後に独立して医院を開業した。平賀洗一は長岡中学校から仙台の第二高等学校に進学し，二高時代には社会主義研究会に所属し，1922年に木崎争議の見学，応援に行っている。また，東北帝大医学部に卒業間際の1928年3月15日の共産党一斉検挙の時には，無産者新聞を配布したことで逮捕されている。東北帝国大学医学部を卒業後は，家産が傾いた平賀家を立て直すため，北海道旭川竹村病院に勤務し，1931年11月に六日町に戻り，平賀医院を開業している。

ところで，平賀洗一の弟錬二は，東京美術学校に入学し画家を志すが，六日町に戻り，後に村長となる岩野良平などと自治研究会，三読会などを組織し，小作争議の解決のみならず，町政の改革に積極的に関わる(平賀，1972)。その過程で，後に地域の大政翼賛運動の中心であった翼賛壮年団長となった今成拓三らと組む。平賀家と今成家とは，近所で，親戚でもあった。今成拓三は，敗戦後の占領期，ビルマ独立の国家代表主席であったバー・モウの日本亡命の引受先になり，巣鴨プリズンに入る。一方，平賀洗一は，敗戦後，直ちに日本共産党に入党し，六日町細胞立ち上げの中心人物となるが，日共分裂，レッドパージのなか，政治からは遠ざかることになる(桑原，2002)。戦前から戦中，占領期にかけて，六日町には，政治，文化的な革新運動の渦があり，平賀洗一は，町の名士として，知識人として大きな役割を果たすことになる。

平賀洗一と錬二を中心とした仲間が，1935年から1938年にかけて撮った

9.5ミリの映画は，現在残されたフィルムは11本で，内容をみると，子どもや家族の旅行を撮った「旗夫の幼時」「小出行」などのの5本，診察室の様子を撮った〈診察室で〉が1本，村の様子を撮った〈六日町　大雪の記録〉が1本，女性美を追求した『ながれ』『海女　へぐらじま』『光の魚』が3本，購入した『ザンバ　謎のアフリカ大陸』が1本である。

　ホーム・ムービーにおいて，自分の子どもの成長を撮ることは，一般的によく行われていることであり，また，家族と一緒の旅行を撮ることも普通である。また，自分の仕事ぶりである診察の様子を，家族のもの，この場合は弟錬二に

図 2-23　〈六日町　大雪の記録〉　HS-M-005

第2章 事例としての「にいがた」 61

写してもらうことも比較的珍しくない。

　しかし，そうした家族を撮ったものと一見似た，村の様子を撮った〈六日町大雪の記録〉(1936)(図2-23)は，少し違った世界をみせてくれる。映画は，大雪の後の六日町仲通りの様子，駅のラッセル車の活躍，雪上運動会の様子という3つで構成されている。最後の雪上運動会には，平賀錬二，岩野良平，今成拓三など六日町の革新運動を担った人物が次つぎと洗一によって撮られてい

図2-24 『ながれ』 HS-M-001

る。一見，なんでもない運動会そのものが，実は，このグループによって準備され，町の文化運動として企画されていたことが分かる。子どもたちのための雪上運動会という親を巻き込んだ遊びによって，自律と自由，自治を目指した彼らの意思が，町の政治的文脈のなかでなんらかの意味をもって機能していただろうことがみえる。また，雪上運動会をフィルムに写し撮り，イベントが終わった後で，それをまた上映することで，仲間だけでなく多くの人びとと意識

図 2-25 『海女　へぐらじま』 HS-M-002

図 2-26 『光の魚』 HS-M-003

を共有化しようとしていたことも確かだろう。ホーム・ムービーが、公的な政治・社会的な文脈へと移植されている。平賀洗一にとって、コミュニズム（共産主義）のイデオロギーたる人民の解放という政治を実践する過程に、映画が現れてくるのである。

　そして、そこに個人的な嗜好、色彩が表現として加えられる。女性美を追求した、3部作、第1作『ながれ』(1936)（図2-24）では五十沢の山奥の渓流をヨーロッパにある水辺に見立て、沐浴をする女性を撮り、第2作『海女　へぐらじま』

(1937)（図 2-25）では能登半島沖にある舳倉島の海女たちをドキュメンタリー的に撮り，第 3 作『光の魚』(1938)（図 2-26）では栗島で女性たちのさまざまな動きのなかに世界像を表現しようとする。

　この 3 部作が作られた 1936～38 年は，1931 年に満州事変が起き中国へ侵出し，1937 年 7 月 7 日には蘆溝橋事件によって，中国との本格的な戦争がはじまった時期でもある。平賀洗一は，己のコミュニストとしての思想を封印し，片田舎で，反時代的に，高踏的に，女性の裸美を追求したのだろうか。重要なのは，平賀洗一の美的感覚，意識がジェンダーと関わっていたことにある。

　洗一は，裸が日常的であった民俗的な世界で，近代的な西欧的な裸体の美をみつけだそうとした。そうした時，医者という立場は，人の裸と接して，唯一おかしくない職業でもあった。洗一の立場は，二重に科せられている。

　3 部作を，今日的な裸をみようとする意識と重ねて理解しようとすると間違える。裸体をトルソとして捉えようとするカメラの目は（大倉，2009），日本的な現実からヨーロッパ的な世界へと離陸する観念の目であり，自らの職業的な階級性から飛躍しようとする意思でもあった。そこに地域にとどまりながら，欧米文化への憧れをもちつつ，この地，六日町にコミュニズムの理想，理念を実現しようとする思いがあった。それは，平賀洗一にとって美的な表現であると同時に，差別されたもの，貧しいもの，あるいは女性への共感，共生への願いがあり，極めて政治的な行為として意志されていた。もちろん，それが夢想でしかなかったという批判はありえる。この 3 部作は生前に公にされることなく，死後，約 30 年たって初めて世に問われたのである。

　ところで，『ながれ』と『光の魚』のようにあきらかにモデルを使ったものは，写されるものとの関係性は明瞭といえるが，『海女　へぐらじま』のように，実際の舳倉島の海女の場合，どういう関係をつくっていたのだろう。1 つの推測として，石川県の医者に東北大学医学部の出身が多いこと，また，当時，左翼的運動の 1 つとして無医村の巡回医療を行っていたことが考えられる。現在舳倉島の海女たちに残されている資料に，映画に写された人びとが映画と同じような構図で撮られた写真が，手元に残されている。映像に写された，海女のカ

メラへの友好的な雰囲気は，平賀洸一が撮影する前に，舳倉島の海女たちと医者として接し，信頼しあう関係にあったことを示している（石川県，1975：130）。同床異夢であったにしても，そこに写す者と写される者との間に，了解があったことがみえる。

第5節　地方自治体と広報

1　新潟県庁―観光課と中俣正義

　地方自治体が，土木の記録だけでなく，視聴覚教育において，とくに社会科における歴史や民俗などにおいて，多くの映像を製作したことは，第1章で述べた。ここでは，地域産業の振興の1つとして，自然を資源化する試みである観光に関わった中俣正義の写真について述べる。なお，映画については，第4章に詳しい。

　中俣正義は，1918（大正7）年4月15日南魚沼郡（現南魚沼市）六日町欠ノ上に生まれる。1936（昭和11）年県立長岡中学校を卒業後，1939年理研工業宮内工場に勤務するも，翌1940年4月に応召され，9月に除隊する。しかし，戦局悪化にともない，1942年12月に再度，応召され，新発田第16聯隊に配属される。第16聯隊は，1942年10月から1943年2月にかけてガダルカナル島での戦闘に敗退し，その大半の兵士を失い，その補充を行う。中俣もその時に，配属されたものである。聯隊は，その後，フィリピン島，マレーを経て，1944年1月より雲南・ビルマ作戦に挺身し，撤退を繰り返し，南下し，イラワジ川・メーテクーラー会戦で敗北，後退し，フランス領インドシナ，サイゴン（現ベトナム・ホーチミン市）に駐留中，1945年8月15日を迎えることになる。敗戦処理のために，通訳班が編制されたが，中俣はこれに所属した。その後聯隊は，サンジャック港付近のアプオントリ収容所で，帰国を待つことになる。翌1946年5月13日大阪港に到着，聯隊は正式に解散し，復員する。死屍累々の戦場を生き抜いたことになる（志賀，1989：14～16）。

ところで，現在，残されている中俣のネガは，入れられたシートの大半に年代と場所が書かれて整理されている。最も古いものは，1938年から1941年にかけて撮影された，妙高，谷川などの山岳写真である。その後，1946年の秋から再開されるが，その数は多くはない。中俣は，出征前，写真と登山をもっぱらにし，楽しみとしていたが，写真をなりわいとすることを決心したのは，戦後である。1947年12月に，日本交通公社の写真家嘱託などになったあと，1950年4月から正式に新潟県観光課に勤務することになり，撮影量はいっきょに増え，それ以降，高原(プラトー)状態を死去するまで維持することになる。

　占領期，新潟は長岡以外，集中した爆撃を受けることもなく，日本有数の穀倉地帯として，経済的にも生活的にも豊かな地帯としてあった。しかし，その一方で，農地改革によって地主制が解体され，村落社会の秩序は新たな再編に向け活発な様相を呈していた。ところで，のちに，中俣は，その頃のことを振り返り，「カメラで雪国の暮らしを記録しておこうという意欲にかられ」たと，書いている。「遠い先祖から伝承されてきた数々の民俗行事が次第に影をひそめはじめていた」(中俣，1977：5)からだという。急激な社会変化のなかで，時間がたったとき，人びとの記憶もしだいに消えていくことに，中俣は自覚的だったことになる。

　中俣正義は，1950年，県の観光課に勤務する。戦後，それまでの自然景観，名所旧跡，神社仏閣といったところに旅行するという旧来の観光のあり方から，新たにレクリエーションを求めて旅行する，戦後的な観光へと変わっていくことが求められており，県としても対応が求められたからだ。

　ところで，中俣は，県観光課の仕事としては，映画の製作をもっぱらにし，写真はわずかしか残していない。公的な県の仕事は映画を製作することであり，写真は私的な仕事にしていたかにみえる。しかし，映画を製作するための段取りを含めた撮影現場と，写真の撮影現場とは，しばしば，一致している。現像も観光課の暗室を使用していた。中俣のなかで，公的なものと私的なものとは，密接に重なっているだけでなく，分かちがたくくっつきあっている。

　もっといえば，中俣は県庁に勤務することで，各地の観光協会の依頼だけで

第 2 章　事例としての「にいがた」　67

上：図 2-27　NM-P-040-001-07
中：図 2-28　NM-P-040-003-06

上：図2-29　NM-P-043-17-02
下：図2-30　NM-P-043-019-04

第 2 章　事例としての「にいがた」　69

上：図 2-31　NM-P-040-004-12
下：図 2-32　NM-P-040-013-20

70　第Ⅰ部　「にいがた」という地域の映像を分析する

上：図 2-33　NM-P-040-023-01
中：図 2-34　NM-P-040-005-01
下：図 2-35　NM-P-040-013-08

第 2 章　事例としての「にいがた」　71

上：図 2-36　NM-P-040-018-21
下：図 2-37　NM-P-040-043-01

図 2-38　NM-P-040-040-16

第2章 事例としての「にいがた」　73

上：図 2-39　NM-P-040-062-02
下：図 2-40　NM-P-040-064-33

　なく，地域の職員や教員といった人びとから，さまざまな情報を受け，撮影を依頼されてもいる。また，撮影をした後に，写された人びとに，プリントした写真を送って渡している。中俣の残した膨大な写真は，こうした協力関係のなかで，写し写されていたといえる。
　また，県観光課の公的な立場で映画を撮るという姿勢，スタンスには，写真

家として自らのパーソナルな見識，カメラアイによって，新潟の風土—自然と人びとを撮ろうとする意識があり，矛盾を含みつつも公的ものと私的なものとの間の往復運動をし，時に公的な映画に私的なモチーフを持ち込み，時に私的な写真に公的な意識を持ち込もうとした。

　そこには，写す側である写真家の作家性より，写される人びとの意思を反映しようとする意識があった。また，そうした姿勢が，人びとをして，中俣に多くの写真を写させることになった。人びとは，中俣の前で，心を開き，その姿を映像のなかへと移そうとし，生の痕跡を残した。中俣は，時間と記憶をモノ化する写真や映画を，産業の形態や，公私の社会形態とは別の形で認識していた。重要なことは，中俣が，時間や記憶というものの存在を顕在化させ，人の記憶外部装置である映画や写真を使って，絶え間ない社会の変化を，新潟という1つの地域で明らかにしたことである。

　1964（昭和39）年におきた新潟地震の時，中俣が写した約2,000枚にのぼる写真は，こうした意図を明らかにする事例といえる。

　6月16日午後1時2分に地震が発生する。図2-27のコマが入っているネガ・シートには，「地震後5分撮影　昭石火災遠望（マンションより）」とあり，偶然，新潟市内を見渡せる西大畑の高台際のマンションで，地震にあう。地震発生後，直ちに東臨港町昭和石油，成沢石油の製油所から出火し，煙があがる。マンションの屋上，あるいは，部屋の窓より，事態の推移をみながら撮影をする。

　この後，県庁（現市役所）へ戻り，地震の被害情報を入手すると同時に，手元にあったフィルムの本数を確認し，今後の撮影計画を，ざっと考える。午後2時45分頃津波の襲来を終えると，さっそく白山浦電車通り（現白山通り）を通って，競技場，県営アパートの倒壊ぐあいを写しながら，白山駅に到着し（口絵図45），人びとが線路上に集まっている様子などを撮影し，帰宅する。

　17日は「落下した昭和大橋全景」と書かれたネガ・シートの図2-28（口絵図44），「地割れ（昭和大橋附近にて）」とある図2-29など，県庁周辺に昭和大橋などを中心に撮影をする。

　18日に自衛隊が到着すると，昭和大橋近辺から自衛隊の船に乗り，「信濃川

より陸を望む」とある（図2-31）信濃川左岸の浸水のひどい柳島から入船町あたりまでを撮影する。この地域は，水の引きが遅く，その後も何度か，状態の推移を，日を変えて定点観測的に撮影をしている。

さらに，その後，日は不明だが，やや浸水が引いた信濃川右岸である万代島から東港線沿いに「県漁連〜中央埠頭倉庫，工業用水管，箱の山」（図2-32, 35），「万代橋下，嘉志和丸船附場，中央埠頭の貨車」（図2-33），「倒れたままの中央埠頭の倉庫群」（図2-37），「佐渡汽船附近の被害，街の自動車」（図2-34）と，左岸と同様に，日を変え何度か撮影している。

19日は，住まいのある関屋田町通りを撮影し，白山通り「道路に出べそのようにとび出したままのマンホール。」（図2-36），さらに競技場を撮影し，中央埠頭を経て，新潟駅臨時ホームの開設と，新潟駅から電車が出発する様子などを撮っている。さらには，日は変わるが，万代橋の車による通行の開通など，いくつかの復興のトピックを追いながら，徐々に復旧し，状況が変化していくありさまを丹念に追っている。

昭和石油の火災現場は，都合3回にわたり，火勢のまだ強い時，かなり弱まった時期，さらには，鎮火した6月30日以降に撮影し，「昭和石油タンク群の残骸。つい一か月前までは石油コンビナートの偉観をみせていたのだったが，火災で焼けただれたタンク群が雨にぬれて異様な風景だった」（図2-38）とネガシートに記している。

また，「地震で倒れた県営アパート」（図2-30）は，その後，解体され（図2-39），「解体されたアパートの「ブロック」は日通のトラックに積まれる。」さらには，魚礁として海へと投棄するために「トラックで運ばれた「ブロック」は「ハシケ」につみこまれる」（図2-40）まで，一連の流れを追っている。

地震という突然の天変地異は，現実というものの断層，地球という自然のもつ時間を明らかにしてくれる。世界が一瞬にして変わってしまう激烈な変化のありようは，戦場と変わらない。生者との約束はむなしい，現実に隠された人びとの黙契は，無効化される。

中俣は，「民俗という形象の奥に潜む何かを写しだしてみたい」（中俣，1977：5）

とする。そこには，さまざまな人びとの声が響き合い，こだまする。その残響を追いかけるように，地震後に起きた世界で，人びとの行為と意思を，時に公的な立場となり，時に私的なモチーフを持ち込みながら，記録し，表現し，自らも地震という災害のなかに生きていることをも映像で身を以て体現しようとする。

おわりに

　ここでは，1960年代までの地域の映像をもとに，映像メディアが媒介する4つの社会的関係性を論じた。1960年代後半から，これらに放送局，映画製作会社などのマス・コミュニケーションの映像が加わることになる。それらの地域メディアの普及の過程で何が統合され，消えていったのか。さらには，どんな地域の像が描かれ，どういった社会的な関係性がつくりだされたのかを分析することは，次の課題となる。

第3章

小さなメディア？，絵葉書

石井　仁志

第1節　郵便と絵葉書

　官製はがきの長辺，短辺サイズはそれぞれ 148mm と 100mm である。重さは約 3.1g といわれている。わたくし達がよく使用するメモ用紙もだいたい同じくらいの大きさではなかろうか。では，私製はがきはというと，大きさと重さが決められている。その範囲は長辺 140～154mm，短辺が 90～107mm で，重さは 2～6g ということだ。古い絵葉書の束をもって揃えようと試みても決してぴたりと揃わないのは，こうした理由による。それにしても絵葉書とは小さいながら，理解と分析を押し返す曲者メディアで，その全体像を把握することの困難さは，なかなかのものだ。まず 19 世紀後半から存在しつつ，郵便制度という後ろ盾のおかげで時代を超越した国際性と宣伝能力をもち，多種多様な形式と人を魅了する絵柄の，視覚，視座に訴える影響力の大きさで，地球的規模の拡散性を発揮した。しかも当時の印刷物としては情報伝達の速さでも群を抜いていた観がある。

　さて開式郵便片という言葉を御存知だろうか。はてなんだろうと思われるだろうが，実は葉書形式のよび名である。いかめしい訳語であるが，1865 年にドイツのカールスルーエにおける郵便会議で提案された。以来郵便葉書はオーストリアを初めとして，各国に導入されていった。封書（従来の手紙）形式と違い文面の秘匿性を放棄した葉書がどれだけ普及するか，疑問視する向きもあったようだが，これが杞憂だったことは，導入後の葉書の普及枚数をみれば，歴

然としている。民衆はこの制度を積極的に受け入れたのである。たとえば，イギリスの郵便葉書受け入れは 1870 年であったが，その年だけで約 7,500 万枚もの葉書が流通したと伝えられている。日本における郵便葉書の使用は 1873 年からであり，アメリカと同じ年に導入された。だが，ここでも絵葉書文化は大いなる謎を突きつけてくるのである。郵便葉書制度の開始以降，果たして最初に絵葉書が使用されたのはいつだったのか？大きな謎である。はっきりしないのだ。

　おそらく，官製葉書の利用法の一種として絵を書き加えたり簡単なイラストによる通信の利便化を狙ったりした利用法の進化が，後に私製葉書の登場によって，印刷媒体との密接な関連に端を発し，広告や報道面さらには趣味的使用などと広範に利用されるに至ったのだろう。つまりは，官製葉書の登場後まもなく絵葉書の萌芽もまた同じ土壌に確実にあったと思われる。しかし，この絵葉書とおぼしき使用法はすでに活用されていたとしても，これを売り買いし送受信に用いる行為は，私製葉書の登場を待たなければできなかった。なぜなら官製葉書は料金が決められていて加工再版のうえ通常料金以外での売買は禁止，指定販売所以外における販売もできなかったからだ。この時代の郵便制度の進化における先進国とよべるドイツ，オーストリアで私製葉書が導入されたのが 1870 年代。続く 80 年代にはすでに風景絵葉書の登場をみている。日本における私製葉書の使用開始は 1900 年 10 月であるから，晴れて絵葉書の販売も可能になったと思われる。雑誌に付録として絵葉書が挿入される場合などが先例となり，イラスト系の図案絵葉書が考案されていく。しかし前述したとおり，官製葉書に手書きの絵やイラスト，または版画刷りなどで工夫を施した私的絵葉書ともいうべき存在は以前からあったし，外国との交信によってより早い時点で石版刷りの美しい彩色絵葉書や精緻な風景絵葉書なども日本国内においてみられたに違いない。さらには 1900 年のパリ万博の影響によりフランスでは絵葉書が大流行した。少し遅れて，1904 年，日本でも日露戦争の影響で記念絵葉書の発行が相次ぎ，軍事郵便の料金免除（戦地発信は無料），戦地の兵士達には絵葉書が大量に支給されたこともあって大ブームが到来した。当時の通信

省は日露戦争の進行に合わせ報道を主体に現地の攻略記念，戦役の状況，凱旋記念など各種の戦役関連記念絵葉書を大量かつ迅速に発行し，さらに記念スタンプという蒐集意欲に駆られるアイテムまで導入した。当然のことながら，各地の郵便局には長蛇の列ができ，奪い合いまで起きて怪我人が出る有り様だったという。皇族の参加や銃後の国内状況等も克明に表現された絵葉書が発行され，国威発揚のプロパガンダとして大いに利用された。そして，こうした絵葉書が実逓便としてやりとりされることで事件や情報を知らせるパーソナルメディアとなった意義も重要であった。この頃から急速に絵葉書の種類も増えたものと思われる。時事関係絵葉書，美人絵葉書，風景，風俗，花鳥風月など絵や写真，諸芸術の複写，工芸品や地図など各種文書の類までその範囲は多岐にわたった。絵葉書産業といっても遜色のないほどの人びとが，制作，販売を含め，この儲かる商売に群がったことも当然の成り行きだったろう。ネタ元とよばれる人びとが，企画進行し，印刷屋が刷り絵葉書屋が売りまくった時代があったのである。

　さて，重要な絵葉書の特徴を書き記す。その１つは速報性と真実への肉薄である。事件絵葉書に使われた写真技術の発達とともに印刷技術の飛躍的な発展があり，解像度の高いコロタイプ印刷の鮮明な絵柄は，当時の新聞雑誌印刷をはるかに凌いでいたという事実がある。したがって災害などの第一報は新聞の文字情報より遅れるものの，その具体的状況をより早く遠隔地に伝える能力は，かえって写真絵葉書（災害事件絵葉書）の独壇場だったともいえるのである。実際に，1910（明治43）年８月の東京大洪水の詳細などは写真絵葉書でなくては辿れないような事態で，具体的な被害状況を克明に取材した絵葉書が多数発行されている。後年，大正期の大災害，関東大震災の折にも絵葉書は視覚に訴える圧倒的な情報量で事態を手早く広範に大衆，社会に伝えた。

　もう１つの特徴，それは娯楽性と夢である。たとえば同じ写真絵葉書でも仕様が違えば伝えるものもがらりと違ってくる。風景，風俗，人物をはじめ，絵葉書の流行した時代において手彩色された絵葉書が大量に売り出され，まさしく大流行の後押しをしたと思われるのだ。たかが５〜６色の単純な色付けなの

だが、人間の眼はその豊かな肉付けの細部を楽しんだ。さらに古くからあった肉筆絵葉書には上手下手の区別なく、個人の楽しんだあとがのびのびと表現されている。広告絵葉書は人気画家、たとえば竹久夢二などの絵を流用し、大衆受けと夢を売る商売の魅力とを強力にアピールすることにも成功したのだ。大手の呉服店や百貨店が点線で切り取る形で多くの絵葉書を配布したり、歌舞伎の舞台が2枚3枚と連なりで売られ、これも点線で切り分けて使用された。わたくしの収集品には、華厳の滝が上下3枚の連続で印刷され点線で分けられているものもある。とにかく、流行当時、絵葉書屋と称された店先にはありとあらゆる多様な絵柄の、多岐にわたる素材(木やセルロイドなど)のものや、工夫された工芸絵葉書(透かし、エンボス、貼り付けなど)が並べられていたのである。絵葉書文化はパーソナルメディアとしての利用だけではなく、当時の社会の有様をあらゆる意味で映し撮った民衆の夢の鏡であったともいえよう。

第2節　絵葉書とコレクター

　当然のことながら絵葉書文化に魅了された人びとのなかからは、郵便利用者(私的使用や広告宣伝用)だけではなく蒐集家も現れ、自分が興味を覚えたジャンルの絵葉書を集め、絵葉書帖などを作り鑑賞していた。専門雑誌、交換会、ジャンルによっては同好の士を募って趣味の会ができたり、組織的に活動する愛好家も増えていった。彼らの狙いの多くは視覚的楽しみであったから、絵葉書の絵柄(絵や写真それに付随する記念スタンプ等を含む)の収集が主流といってよいだろう。すると、こういった蒐集家の残したアルバム、コレクションは大部分、未使用の絵葉書である可能性が高い。しかも特定の強い嗜好性と関心が働き特別なコレクションの形成をみる場合が多い。現代でも古絵葉書の蒐集はひと頃よりは減少したとはいえ、根強い人気をもっており、好事家は特化した趣味に合わせて絵葉書を集める。たとえば鉄道や電車の絵葉書、なかでも花電車のみを集めていた知人などは、写真ギャラリーで展覧会を開催したものだ。

人物絵葉書の美人像だけを集めたり，一定の建築物の絵葉書のみを時代を追って集めている人もいる。郵趣の範疇で記念切手の記念スタンプ付絵葉書だけを収集している人，エンボス(型押し)絵葉書や工芸絵葉書(透かしや細工など)を集める人もいる。現代の蒐集をみると，古書店や郵趣関連(スタンプ・コイン店など)の店頭で買い入れるものが多いため，使用(実逓便絵葉書)，未使用が入り交ざっているケースが大半である。蒐集の実態は総じて千差万別，類型化など不可能に近い。

　こうした絵葉書は，長い期間を歴史的に生き抜いてきたメディアであるにもかかわらず，専門的で総括的な研究がなされていないという実態もまた，不可思議なことといわなければならない。趣味と実益という言葉があるが，絵葉書の世界もモノとしての絵葉書が珍重され鑑賞され，さらには集められるという純粋な趣味の領域と，実逓便として実用に供され，通信手段のひとつとして眺められる世界と，その両者が入り混じる蒐集の実態が複雑に入り組んだメディアならではの解析の困難さを露呈している。研究が積み上げられないという事実も，それが故のことかもしれない。

　一方，この絵葉書メディアの分析は，これを取り巻く環境や，歴史的事実，関わった人びとなどを個別に取り上げ，細部の研究として発表されることが多い。またそれぞれのコレクターの蒐集物の塊りをどうみせ，どう活用しようかという次元で進められてきた。ここでは新潟県内の有名なコレクションと，わたくしも関わりをもつことができた北方文化博物館の絵葉書群を例示しながら少し実態を垣間みてみよう。それに先立ち，まず初めに新潟県内には発掘されていない大小さまざまな絵葉書コレクションがまだ眠っている可能性が大きいことを認識しておく必要がある。つまり，これらの未知の資料群に対する目配せは大変重要な課題であろう。その上で2つの先例をあげてみる。ひとつは郷土史家で新潟の歴史などに関する書物を数多く残した笹川勇吉の収集品，ふたつめに小竹忠三郎による膨大な収集品の一部の現在の姿である。

　笹川勇吉は新潟市内の西堀生まれで餅屋の四代目として経営にあたっていた。かたわら新潟の歴史などを編纂するうえで，その補助資料の意味合いも兼ね絵

葉書を収集したと思われる。とくに一部を処分されてしまった戦後の彼が，再び新潟関連の絵葉書を捜し歩き収集した過程は，その思いの強さを感じさせる。戦前・戦後にかけての絵葉書が集められ，現在，新潟県立歴史博物館がこの収蔵先となっている。約2万8千枚の収蔵品（1996年収蔵）のうちダイジェスト版ではあるがウェブサイトで公開もなされている。「笹川勇吉氏旧蔵絵はがきコレクション」の性格はその公開上の区分やリストをみてみると一目瞭然で，そのほとんどが写真絵葉書でそのうち，多数を占める名所絵葉書，そのほか事件絵葉書，記念絵葉書などを地域別にリスト化し，全体の絵葉書群を新潟県関係，各地，その他と3つに区分している。細かい絵柄の内容による検索などはない。総体を有機的に閲覧することができるアーカイブスへの進化は今のところ予定されていないようだ。

　全国に名をはせる蒐集家のひとり，小竹忠三郎（お だけちゅうざぶろう）は1866年柏崎市枇杷島村の生まれ，新潟の石油界で大成した。30年以上にもわたる絵葉書の収集期間で約10万枚にもおよぶ日本全国の名所絵葉書が集められた。膨大な発行数であったために結局，網羅的収集は断念せざるを得ず，完結には至らなかったものの『日本全国名所葉書目録』という資料目録を自ら編纂している。1978年，柏崎市立図書館ソフィアセンターに彼の蒐集から新潟県内に関係している絵葉書が，アルバムにして13冊，枚数で5,231枚寄贈されている。ネット上のホームページでこれらの絵葉書はみることができる。「小竹コレクション絵葉書」は比較的少ない枚数での公開であるために，少し詳しい情報まで包含したホームページが形成されている。具体的にはタイトル，裏面情報，場所，分類，内容，図書館整理番号が読み取れるようになっている。たとえば宛名面（裏面情報と記載）から読み取れる，絵葉書の製作所などもわかる。1997（平成9）年当時の自治体別に分類され，さらに枚数の多い地域，たとえば新潟市などは内容別分類で検索が可能になっている。詳細に一歩踏み込んだ分類とはいえるが，この蒐集は裏面に通信文のない未使用絵葉書であるから，この分類でアーカイブスの使用に耐えるわけである。だがここで，もしこのアーカイブスの内容分類やシステムのままで小竹の蒐集物全部を見渡そうとするならば，当然いろい

ろな難題がもち上がることだろう。このように日本全国名所絵葉書の分類という特化した範疇にして，内容分類は極めて難しいのであるから，ましてや絵葉書研究において，未使用，実逓便を含む多様な大小さまざまな規模の蒐集物をデジタルアーカイブス化し，将来において共有化し使用するという夢は，そのシステム構築において大いなる創造力を必要とするに違いない。

第3節　北方文化博物館の絵葉書コレクション

　ここまで2つのコレクションをみてきたが，もう1つ，近年新潟市の北方文化博物館で発見され，新潟大学の「地域映像アーカイブ」プロジェクトによって，発掘作業と研究が始まった明治期絵葉書のことに就いて触れてみよう。前述した2つのコレクションが，おおむね未使用の絵葉書，とくに風景絵葉書（名所絵葉書）の蒐集にこだわりがあったと思われるのに対し，新潟の阿賀野川西岸，沢海（そうみ）の地に江戸中期に居を定め，その後，明治，大正，昭和と発展を遂げ，県下一の地主となった伊藤家の本邸，北方文化博物館に残る絵葉書群は六代当主，伊藤文吉の妻，真砂の蒐集したもので，珍しい実逓便のコレクションが主であった。この調査には，わたくしも参加できた。少し詳しく当時の郵便事情なども考慮に入れながら書いてみたい。実逓便の解説や資料の扱い方などを調査を共にした学生諸君に指導できたことも幸いだったが，目前のアルバムに美しく並んだ絵葉書の画像は素晴らしかった。絵柄や技法の多様性とともに，それらの絵葉書を集めて整理した真砂の個性，眼の確かさにも心打たれるものがあった。デジタル化作業の進行につれ，文面にも注意を喚起された。当時の人びとのいきいきとした生活の一端，日常の心配り，四季の移ろい，行事や旅，身のまわりに起こった事件や事象に対しての細やかな通信が感動的なのである。一見，画一的ともいえる年賀状のやり取りにさえ肉筆の優しさがこもり，雅趣が漂うのだ。真砂はシンプルではあるが変化に富む年賀状の画像をかなりの数で残している。絵葉書を通じて交信しあった親類縁者，知人達，家に関わりのあ

る人びとの個人的情報つまり消息をまとめる意味合いもあっただろうが，この残された絵葉書の総体から感じ取れる事象こそ，伊藤家六代目文吉の夭逝後を支えた真砂の感性がつくり上げた伊藤家の時代相といっても過言ではないだろう。まさに才色兼備の明治女性の面影が，これらの実逓便絵葉書を通した手紙のやり取りからそこはかとなく浮かんでくる。残念であるのは真砂自身の発信，返信を確認できないことである。この伊藤家の親類縁者をはじめとする広範な関係者のなかに真砂の手になる書簡や絵葉書を保存していた人物もいて，将来往復書簡の形で絵葉書のやりとりが解明できることを切に望む。彼女がこの蒐集にどれほどの熱意と工夫とを費やしたか，さらに彼女にとって，この行為の積み重ねが趣味といえる領域だったのか，それとも実用の延長線上に収集されたものだったか，これは今となっては推測する以外に手はないが，北方文化博物館（伊藤家）の蔵から新たな絵葉書資料が発見される可能性も含めて，現在においてさえ，ひとりの女性を中心としたパーソナルメディアの集積，このように絵葉書の流行した時代相を反映している収集は稀にみることである。少なくともこれだけの枚数をまとめた実逓便絵葉書コレクションは全国でも極めて珍しい。実逓便，未使用を問わず彼女の明確な意思によってアルバムに整理して保存された絵葉書群は，当時の通信事情，郵便制度のなかの絵葉書ブーム，現代に置き換えるならメールやツイッターの役割に近い絵葉書通信の実情を知る上で極めて貴重である。

　これらの発見された実逓便の当時の郵便事情に鑑みた調査はまだ始まったばかりで，整理もなされていない。しかし，調査の方向性，可能性はある程度示しうると考えるのでそれを搔い摘んで列挙してみよう。伊藤家の六代文吉夫人真砂による1905年から1913年までの絵葉書コレクションを当時の郵便事情のなかで分析すると，まず未使用の絵葉書の宛名面に私製絵葉書の製造販売元が小さな字で印刷されている。それはときには印刷会社であったり，製造販売会社であったりと多種多様である。切手を貼る場所指定の四角点線内には内国一銭五厘，外国は四銭の切手を貼るよう指示が印刷されているものもある。とくに戦争絵葉書にはこの印字が入っている。画面側にも絵葉書の題名だけでは

なく，広告用に発行し配布した会社名が印字されているものもある。土産にという絵葉書の性格からこういった印字は欧文で印刷されたものも多い。蒐集された広告絵葉書のなかにはシリーズ化され，物によってはかなりの枚数の絵葉書が一枚の大きな紙に印刷され，点線で容易に切り離せるようになっていたと思われるものもある。将来これらの印刷文化や，流通面の研究のためにも前述したような要素を見逃さずに整理するべきであろう。

　実逓便絵葉書の宛名面では，何といっても切手および消印を中心とする変化に注意が必要だ。伊藤家の絵葉書では次のような事象が確認できる。当時の主要な切手は菊切手とよばれる。菊切手は凸刷で印刷され，その名称の根源となる菊の紋章が中央に大きく配された切手群であり，1899年から1907年にわたって製造された。菊花紋は天皇の象徴であり，かつ強大な国家権力を表していた。日清戦争の勝利などにより侵略的国粋主義の高まりといった風潮が影響したことは否めない。しかも日本社会は産業革命期ともいうべき時期にあたり，通信手段としての郵便事業も格段の飛躍期になっていた。勢いそのままに菊切手製造のための要件通達のひとつには欧文による国名を断然省くというものもあったという。さらには贋物の発生を防止するために製版過程で機械彫刻の規格化が徹底された。この菊切手群が伊藤家絵葉書の実逓便に使用されたのであり，保存されたもののほぼすべての切手が菊切手である。つまりこの事実こそ伊藤家絵葉書の年代を推定から事実に格上げしているのである。次の田沢型大正白紙切手の最初の製造が1913年であるから，ぴったりと実逓便の年代が規定されたことになる。ちなみに，この時期の国内郵便の料金は私製葉書で一銭五厘であった。

　次に1905年から1913年の間に使用された主な消印を紹介する。丸一型日付印，櫛型日付印の2種が最も使われている。ほとんどの私製絵葉書宛名面には，切手上とその他の面に2カ所の消印が押されている（ものによっては画像面の場合もある）。これは郵便局，すなわち集配局と，配達局の印である。それぞれの局が丸一型消印を押すだけではなく，丸一型と櫛型が押されたり，丸二型が押されたりと消印はバラエティーに富んでいて面白い。とにかくどの消

印があっても，そこから汲み取れる情報が大切であることに変わりはない。どこで何年何月何日に出された郵便か？　いつ受け取ったか。これが消印から読み取れる。がしかし消印は判読できるものが意外と少ないのも事実である。とくに場所，局名が判読できるものはありがたい。例外はあるものの伊藤家絵葉書では本宅宛が多いため配達局印は時期によってほぼ同じ消印が使われていることが読み取れる。消印にはまるで個性と表情があるようにみえ，いろいろな情報を読み取ることができるのだ。伊藤家絵葉書のなかで，数はぐっと少なくなるが，鉄郵印（鉄道郵便印＝路線名や時刻が読み取れる）や，切手の貼り忘れなどで，未納印が押されたものもあった。

　当時のこうした郵便事情や歴史をも含めた通信内容を，関わった人びとの心情も汲みつつ紐解いてくると，つくづく六代目文吉の妻，真砂が伊藤家の所帯を背負って奮闘していた事実が，まるでつい昨日のことのように思えるほど胸に響いてくる。それにつけてもさまざまな魅力を抱え込んだ伊藤家明治の絵葉書コレクションや新潟各地の貴重な資料が，より多角的な分析を受けるためには新潟大学地域映像アーカイブで続けられている資料のデジタル画像化（スキャニング作業）や地道な資料発掘作業がより一層必要不可欠になるだろう。そしてみえてくるアーカイブスの未来，多様性こそがこれからの人文科学，文化構築の大いなる指針になると，わたくしは信じている。

　そもそも，この論考の題名「小さなメディア？，絵葉書」の認識をより鮮明なものに改めなければならないだろう。疑問符の部分を書き連ねてきた感があるが，たとえば絵葉書の画像面と通信面を取り込んだアーカイブスを作り上げるとするならば，大前提として今までの分類では限界がみえてくるのは当然のことである。北方文化博物館の明治期絵葉書群の実例をみてみれば，実逓便の各時代における郵便事情なども十分に考慮された検索システムの導入は必須と思われる。とくに検索の鍵になる言葉の選択が極めて重要だ。仮に地域映像アーカイブに取り込まれる資料として考えてみれば，画像の多様性，そのほかの要素の多重構造的分析の必要性からいっても，独立したジャンルとして別検索が掛けられる方式の導入が望ましいのではなかろうか。そのほうがより理解も深

まるのではないかと思う。

　最近では各種宅配業者がダイレクトメールの配送をはじめたために，郵便絵葉書とだけ限定される世界ではなくなりつつあるという現象も起こってきている。それにともない，メール便の大きさは葉書大に限定されることなく，大小さまざまな規格が増えつつあるのも事実だ。それにしても，従来の絵葉書の規格は生き続けている。デジタルプリンターの普及により鮮やかな絵柄や家族写真が添えられた年賀状にはじまり，手製の冠婚葬祭の報告葉書。現代においても全世界的に観光地でみやげ物として売られている私製絵葉書には，依然として風景絵葉書や名所絵葉書の進化した姿が見出される。洒落た絵柄やイラスト付きの挨拶用文言までがデザイン化された葉書から，宣伝広告用のダイレクトメールとして発行されたもの，絵葉書の最初期における肉筆絵葉書の画面を髣髴とさせるような手書き葉書に代表される絵手紙の世界も生き続けている。なにしろ今現在，写真展やコンサートなど各種の催事を知らせるよい手段として，わが家にはひと月に最低30〜40枚も配送される。これらの情報は依然として生き続ける絵葉書の末裔がもたらしてくれる生きた情報，個人的通信のゆるりとした温もりの発露として貴重であると，わたくしは考える。

　いずれにしろ絵葉書という分野は基本的な資料分析という面においてさえ，未だに多くの謎を包含した重要なメディアではないだろうか。柄は小さいけれども，言い方を変えれば，研究されるべき問題点が山積する魅力あふれる巨大なテーマ，巨大な歴史的メディアなのである。

第4章

地域の肖像
―― 新潟県観光映画と中俣正義 ――

石田　美紀

はじめに

　写真，映画，イラスト，あるいはキャラクターといった視覚可能な映像を創り，社会に送り出すことは，なにもマス・メディアの専売特許ではない。自治体もまた映像の創出と送出においては無視できない存在である。というのも，自治体は，その地理的・歴史的・文化的・産業的特徴を収斂させた映像を生み出し，積極的に流通させ，自己のイメージを公共空間において構築しようとするからである。手はじめに，新潟県が最近作り出した例を2つあげよう。

　2009年度開催の「トキめき新潟国体・トキめき新潟大会」のために，県鳥トキをモチーフにしたマスコット・キャラクター「トッキッキ」（男の子はとっぴー，女の子はきっぴー）が作り出された。県民からの公募作とはいえ，県のトキに対する保護・繁殖政策に端を発する仲睦まじいつがいは国体終了後に「新潟県宣伝課長」に任命され，各種イベントに登場して場を盛り上げている。

　県内で起きた歴史的出来事も新潟のイメージ形成の源泉である。1911年，オーストリア軍人テオドール・エードラー・フォン・レルヒが高田（現・上越市）において日本陸軍にスキー技術を教授した。その1世紀後，新潟県は「日本スキー発祥100周年」のためのキャンペーン・ロゴ等を創出するべく，コンペを開催する。結果，新潟市に本社を置く印刷会社タカヨシがデザインした「レルヒさん」が世に出ることになった（株式会社タカヨシ，2011, online）。「レルヒさん」

は最近の「ゆるキャラ」ブームを追い風に人気を博し，ウコン色の軍服を着たチョビ髭の大男は，スキーの本場という県のイメージ形成に大いに貢献している。

　現在，新潟県のイメージ形成の最前線にいるのは，こうしたキャラクターである。県の顔であることを期待されて造形されるキャラクターたちは，観光客誘致活動に積極的に駆り出され，新潟県を宣伝する。では日本にキャラクター・ビジネスが定着する以前はどうだったのか。これまでにも新潟県は多様な映像を産出してきた。なかでも興味深いのは，1950年代から70年代にかけて県が製作した観光映画である。本章では，これらの映画に一貫して関わった中俣正義の仕事を分析しながら，県のイメージがいかに作り上げられ，流通してきたのかを確認し，その広がりと意義を考察しよう。

第1節　観光のための映画

　1918（大正7）年，中俣正義は南魚沼郡六日町（現・南魚沼市）に生まれた。中学卒業後から写真に親しんでいた中俣は二度戦争に徴用され，復員後の1947（昭和22）年，観光業の中枢である日本交通公社に写真家嘱託として採用された。そして，1950（昭和25）年4月からは新潟県観光課に勤務し，定年まで勤め，1985（昭和60）年に亡くなった（第2章第5節参照）。県観光課において中俣はもっぱら映画撮影に従事し，現在確認できるだけで39本という，決して少なくない数の映画を残している。

　ある土地で観光業が成立するには，その美点が住民以外に知られることが必要である。周知のとおり，観光（tourism）が提供するのは周遊（tour）である。周遊は，同じ旅でも，労苦というニュアンスをもつtravelや，帰還を必ずしも前提としないjourneyとは異なり，よその土地を訪れ，ひとときの非日常を楽しんだのちに，日常に回帰する行為である。観光客は文字どおり観光地にとっての「客」であるため，両者が出会うには媒介が必要となる。そのため，観光客誘致を望む土地は，人びとがかの地を訪れたいと思うような映像を入念につくり，

流通させるのである。中俣の仕事場とは、そうした映像が生み出される現場であった。

　県観光課のために中俣が撮影した映画はふたつのテーマに偏重している。ひとつはスキーであり、もうひとつは佐渡である。スキーについては25本が、佐渡については6本が撮影されており、それだけで約80パーセントを占める。この偏りは、原田健一が指摘するとおり、新潟県の観光事業の方針を明確に反映している（原田、2012a：7〜8）。だからこそ、「レルヒさん」や「トッキッキ」がいかに21世紀のキャラクター文化の申し子にみえたとしても、それらがスキーと佐渡に由来する以上、第二次世界大戦後から新潟県が推進してきたイメージ戦略を継承しているのである。かれらの先祖にあたるこれらの観光映画はどのようなものなのか。これよりみていこう。

1　『春の白馬岳』(1952)

　中俣が撮影した最も古い観光映画は、1952年の『春の白馬岳』(15分51秒)である。この短編映画は、16ミリ・フィルムで撮影されているものの、カラーかつトーキーという贅沢なつくりである（なお国産初の本格カラー劇映画は、木下惠介監督・高峰秀子主演『カルメン故郷に帰る』であるが、『春の白馬岳』の前年、51年に公開されている）。とはいえ、それ以上に際立つのは構成の巧みさである。

　まずは幕開けに注意したい。最初のショットにおいて登場するのは1冊の写真アルバムである。その後、晴れた空を背景に木にかけられた看板のショット2つ（それぞれには、クレジット「製作　新潟県観光課」とタイトル「春の白馬岳」が記されている）を挟み、写真アルバムが再び登場する。ナレーターが「のどかな春が訪れて、すべての生物が甦るころ、まだ神秘なベールに包まれ、冬の眠りをむさぼっている高山を訪れるということは、山岳スキーヤーの憧れであります」と語るなか、ページがめくられ、スキーを担いで雪山を行く隊列のモノクロ写真が現れる。ナレーションが「白馬連峰は新潟、長野、富山の三県にまたがる高峰で、豪壮な山岳スキーを楽しむことができます」と続けると、ショットがかわり、快晴のもとスキーヤーたちが隊列を組んで雪山を歩いていく（図4-1

①-③)。

　モノクロの静止画からカラーの動画への転換は鮮やかである。この印象的な幕開けを「作家主義的」に読み解くのなら，作家が自身の写真（1950年代はモノクロ写真が主流である）から映画への移行について遊戯的に言及しているとも考えられるだろう。とはいえ，この演出は中俣個人の経歴にのみ還元されるべきでもないだろう。というのも，冒頭のアルバムは最終ショットにも登場し，構成の要となっているからである（図4-1⑥）。スキーヤーたちが山小屋の前で勢ぞろいする，いかにも記念写真といったモノクロ写真が貼られた頁が開けられている。まもなくしてアルバムは閉じられ，映画は終わる。

　写真アルバムを開くことから開始し，写真アルバムを閉じることで終結する『春の白馬岳』は，一種の枠物語の体をなしている。それによって，この映画は複数の時制を併せもつことになる。スキーヤーたちが雪山を登り，握り飯を食べ，蓮華温泉に入り，滑降しながら下山する様（図4-1④⑤）は，観客の眼前で繰り広げられる現在時制のアクションである。しかしそれと同時に，スキーヤーたちは過去という仮構のなかにも置かれている。なぜなら，スキーヤーたちのアクションは，「それはかつてあった」ことを明示する写真と滑らかに接続されているからだ。[3]

　観光客はよその土地で非日常をひととき楽しんだ後，自らの日常に帰っていく。そうだとしたら，山岳スキーを楽しむスキーヤーの映像をアルバムに収めて呈示する『春の白馬岳』の構成は，観光という経験を凝縮しているものではないだろうか。アルバムを開き，ページをめくる手はその持ち主をほのめかす。結果，「"私"はかつてそこにいた」という語りが生み出される。そして巧妙にも，雪山から離れた日常空間で写真アルバムを繰る「私」の顔が明らかにされないため，「次に白馬岳の思い出を振り返るのはあなたかもしれない」との誘いが観客に向けられるのだ。

　橋本正男の表現を借りれば，観光映画は「観客を次の機会に旅行をせしめるように導く，つまり可能性のある旅行客たらしめる心理的若くは肉体的原動力によって，或る国，或る地方，或る都市又は或る建物等の一般的興味又はこれ

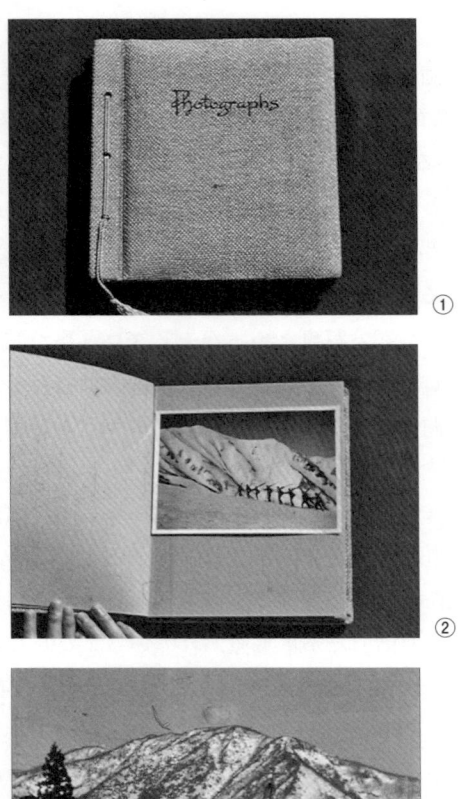

らに対する好奇心を起さしめる映画」(橋本，1952：35)であるが,『春の白馬岳』にはこの目的に適う仕掛けがさりげなく織り込まれている。それゆえ，以降の新潟県観光映画は『春の白馬岳』のモチーフを嚙み砕いたにすぎないようにもみえる。とはいえ，本章は各作品のできを比較する場ではない。それよりも,『春の白馬岳』から生まれたモチーフ群がどのように変奏され，観光誘致という目

図 4-1　映画『春の白馬岳』　NPS-M-001

的を達成しているのかを論じよう。

2　旅の情報

『春の白馬岳』では写真を併用する洗練された表現で旅行者の存在を喚起した。

その後，旅行者の存在と旅の情報はより明確に呈示されていく。翌1953年の『銀嶺を行く（上越国境）』(15分59秒)や『上越の山々』(24分35秒)では，旅行客が観光地に到着し土地の人びとから歓待されるとき，字幕や地図が適宜挿入され，彼らが現在どこにいるのか，これからどのような行程を辿るのかが視覚的に明示される。こうした情報は『春の白馬岳』においてはナレーションを中心に提供されていた。それに比べると，ずいぶんと分かりやすい。地理や旅程は，いうまでもなく，観光にとって必要不可欠の情報である。

　旅の情報提供という点については，1954年の『佐渡』(11分33秒)も興味深い。この映画でも，人びとが佐渡に向かう様子が描かれ，島の地形が図解されており，さらに親切である。というのも，船や飛行機など観光客が利用する交通機関が画面に登場するからである。交通機関の明示は，旅行者の到着を描くには島そのものへの到着をも含まざるを得ないという地理的特徴から要請されたものだろう。とはいえ，いずれにせよ，交通の利便性の強調は観光客誘致には疎かにできないものである。

　『佐渡』で新たに加えられた交通機関の描写は，旅行者が現地を訪れる様や地理情報の視覚的呈示とともに，以後の新潟県観光映画の定番となる。1955年の『夏の白馬連峰』(24分16秒)では，旅の一行を乗せたバスが山間の道を走りぬけて，登山口に到着する。また1957年の，シナリオを新潟県出身の小説家・高橋有恒が執筆した異色作『スキーをはいたカモシカ』(演出は高橋徹雄，23分25秒)においても，やはりこの点は変わらない。スキーヤーがスキーの巧いカモシカを捕まえようと雪山を駆け巡るこの映画でも，スキー場に向かう列車のなかで人びとがくつろぐ様子が登場する。

3　観光映画の上映場所

　このように，観光を楽しむ人びとは新潟県観光映画における語りの要である。とはいえ，かれらが担う役割は，一般的な物語映画の登場人物とは違って非常に明確である。端的に述べるなら，画面に登場する観光客は観客をその地へと誘う役割を期待されている。というのも，新潟県観光映画はきわめて限定的な

場で上映されていたからである。

　1950年，日本交通公社——中俣のかつての職場である——写真映画部長の入沢文明は戦後の観光映画を総括するなかで，ある課題を指摘している。それは観光映画上映の難しさである。映画上映の場としてまず想起されるのは映画館だろう。だが，ことはそう簡単ではない。入沢論文が発表された当時，常設映画館は映画製作会社直営館が主流であり，そこでは親会社が配給する映画のみが上映されていた。しかも2本立て興行が増えてきたため，製作者を異にする観光映画などが入り込む余地はなかった。そのため，入沢は「教育映画の配給網にすらのせ得た場合は少いであろう。かくて折角製作した観光映画が概ね空しく死蔵されているのではないかと危惧する」(入沢，1950：23)。こうした危惧は新潟県観光映画とも無関係ではないだろう。だが，県観光課はもっとしたたかであった。

　県観光課職員であり，『上越沿線スキー場めぐり』(1965年，31分30秒)等の撮影を中俣と共に行った大山昭一は，「毎年秋に，京浜・中京・関西・時（ママ）には姫路あたりまで，各地のスキークラブや運動具店で設営して頂いた公会堂等で，『新潟県スキー映画の夕べ』を開催」してスキー映画を上映したこと，そして上映会には県内各地のスキー場の人びとも参加し，積極的な誘致活動をおこなっていたことを述べている(大山，1989：8)。それは，1962年に新潟県総合開発審議会幹事会が刊行した『新潟県観光の現況(資料編)』においても確かめられる。同資料中の「観光宣伝内容詳細」には，1960年度，1961年度の「県スキー映画の夕」開催実績と，1962年度の開催予定が記されている。会期はいずれも11月から12月にかけてであり，開催地として東京，横浜，横須賀，川崎，名古屋，大阪，神戸，京都等，雪の降らない大都市が列挙され，県内や北陸の都市である金沢や富山を圧倒している(新潟県総合開発審議会幹事会，1962：48)。

　「県スキー映画の夕」開催事情から窺えるのは，スキー映画が県観光課の主導する観光誘致の場で上映されたという事実だけではない。スキー映画の製作と上映が観光誘致の場を県外で確保する方策のひとつであったこと——県観光課は一般の映画館での上映など考えていなかっただろう——，そしてそれらスキ

ー映画の観客とはスキーに関心をもち「県スキー映画の夕」を訪れた，いわば潜在的な観光客であったことである。

4　観客へのアプローチ

　実際，1960年代に製作された新潟県観光課のスキー映画は，潜在的な観光客に直接アプローチしている。この点について，1962年の『妙高高原のスキー』(27分18秒) は象徴的である。「観光宣伝内容詳細」によれば，この映画の上映は，11月中旬から12月中旬にかけて「関東，関西，中京，北陸の各主要都市二〇会場」(新潟県総合開発，1962：48) で予定されていたわけだが，興味深いことに，これら「県スキー映画の夕」の開催予定地は映画のなかで積極的に言及されているのである。

　最初のショットでは，ふたりの若い女性が列車内で談笑している。ナレーションは次のように語る。「列車は私たちの楽しいスキーの夢を乗せて，妙高高原へとひた走りに走ります。列車が信州から越後に入るあたりから，車窓には堂々たる妙高山の白銀の峰が越後の名山にふさわしい貫禄をみせながら，流れゆく木の間にみえ隠れていきます。真っ白な秀峰，妙高山は私たちのスキーの夢をいやがうえにも搔立ててくれます」。その間，車窓の風景が映し出され，妙高山が姿をみせる。つづいて妙高高原の各スキー場が図解で紹介される。

　観光客の到着，そして現地の情報という新潟県観光映画のモチーフがここでも繰り返されているのだが，注目したいのは「私たち」という主語が導入されていることである。ナレーションが「列車が信州から越後に入る」と語るように，「私たち」は長野を経由して妙高に来たこと，つまり東京あるいは名古屋方面からの観光客であることが暗示される。その後，妙高高原の常連である「私たち」を視点人物として，スキー場の様子が描写される。ナレーションはそれぞれのスキー客についての説明を行う。「名古屋」の高校生は生まれて初めて体験したスキーに悪戦苦闘している。一方，「大阪」の子どもはスキー講習会に参加し，大人にまじってスキーを習っている。そして，スキー大会幼年の部では「横浜」や「東京」の子どもたちがなかなかうまい滑りをみせる。

このように，ナレーションはスキー客がどこから訪れたのかを逐一明らかにする。そのなかで，「新潟」という地名は出てこない。というよりも，「新潟」は慎重に回避されているようだ。「横浜」「東京」の子どもたちが参加しているスキー大会で，ある子どもが見事に滑降する。そのときナレーションは「うまいはずです。地元の子どもでした」と述べるに留まる。それに対し，東京，横浜，大阪，名古屋，京都という地名は何度も繰りかえされ，否が応でも耳に残る。つまり，この映画は大都市の上映会場に集う人びとに，子どもから大人まで，かれらと同郷のスキーヤーが妙高高原で楽しむ姿を強調し，かの地への関心を喚起しようとしているのである。

同様の方針は，1964年の『妙高高原のスキー』(29分16秒)でも貫かれている。妙高高原に滞在中の女性ふたりが池の平，赤倉，燕温泉，関温泉と，各スキー場の様子を伝えていく。場所が変わるたび，彼女たちは葉書をしたためる。その宛先――横浜市保土ヶ谷区，京都市左京区，大阪市南区，東京都文京区――も逐一画面に登場するとおり，スクリーンのなかの白銀のスキー場の光景は，上映会場の人びとへと文字どおり差し出されているのである。

5 場所の選別――妙高と上越

1960年代の新潟県スキー映画が内容と上映方法を緊密に連動させ，大都市の観光客から関心を引き出す様を確認してきた。次に撮影地の選択に目を移そう。新潟県内にはスキー場が多く存在するものの，県観光課スキー映画の撮影地は妙高高原と上越沿線に集中している。

妙高に関しては，『妙高　火打連峰スキー日記』(1960年，24分55秒)，1962年から64年まで毎年撮影された『妙高高原のスキー』，オーストリア国立スキー学校教官による講習会を撮影した『ユーエン兄弟のスキー』(65年，20分15秒)と5本ある。

上越沿線に関しては，『銀嶺を行く（上越国境）』，『スキーをはいたカモシカ』，『トニー・ザイラー　ヨセフ・リーダーのスキー』(1957年，13分2秒)，『日本に来たルデーマット』(1958年，19分10秒)，『春の巻機山』(1958年，16分13秒)，『エ

ミール・アレー　アドリアン・デュビアール　フランススキー講習会』(1962年, 13分24秒), 1964年と65年に撮影された『上越沿線スキー場めぐり』(1964年は28分44秒, 1965年は31分15秒),『今冬のトピックス　上越沿線スキー場』(1966年, 29分7秒),『バインシュピールテクニック新練習法』(1966年, 23分26秒)と10本にも上る。

　県内のスキー場のなかで妙高高原と上越沿線にスキー映画の撮影が集中するのは, このふたつが新潟県を「代表」するスキー場であるからだろう。だが「代表」の意味についてはさらなる考察が必要である。というのも「誰に対して」代表するのか, という問題が存在するからだ。この問題については, 先にも引いた『新潟県観光の現況(資料編)』内の一覧表「新潟県主要観光地観光対象別客数(延人員)」が答えてくれる(新潟県総合開発, 1962：21〜24)。

　同表は, 県内を14の地区(糸魚川地区, 高田・直江津地区, 妙高地区, 柏崎地区, 十日町・松之山地区, 上越沿線地区, 長岡地区, 仙見・守門地区, 阿賀野川ライン地区, 弥彦地区, 新潟地区, 新発田・飯豊地区, 瀬波・荒川地区, 佐渡地区)に分け, 各地区を訪問した観光客数(延べ人数)を8つの観光目的別[(イ)温泉(ロ)桜の名所地及び新緑, 紅葉のハイキングコース(ハ)名所, 旧跡, 神社, 仏閣, 文化財記念物, 動物園, 公園, 遊園地, 娯楽センター, 水族館等(ニ)行事, 風俗等(ホ)スキー場(ヘ)海水浴場(ト)登山(チ)その他(公共施設, 新聞社, 研究機関等)]に記したものである。この集計がことさら興味深いのは, 各項目が県内観光客数と県外観光客数の下位区分をもつからである。

　各地区を「(ホ)スキー場」で概観してみると, 妙高地区と上越沿線地区には共通点がある。ともに県外観光客数が県内観光客数の数倍に上るのである。たとえば, 1958年度では, 妙高地区の県内観光客数は51,800人であるのに対し, 県外観光客数は258,700人である。また, 同年の上越沿線地区県内観光客数は83,500人であるのに対し, 県外観光客数は158,300人である。もちろん, 県内観光客数が妙高, 上越沿線両地区より多い地区はある。長岡地区の県内観光客数は100,400人であり,「日本スキー発祥の地」高田・直江津地区は10万人である。ただし, 両地区の県外観光客数は, 長岡が100人, 高田・直江津が記載な

しである。この2つの地区は，続く1959年度，1960年度も，県内観光客数が県外観光客数を上回り，妙高・上越とは正反対の様相を示している。

　ここに新潟県スキー映画が妙高と上越地区に偏っている理由が見出される。両地区は県外観光客に人気のあるスキー場であったのだ。それゆえ，両地区のスキー映画がスキーヤーのファッションを紹介し，芸能人の来訪を伝え，外国人（すべて西洋人である）スキーヤーの滑りに注目するのは，そこが「都会的」かつ「国際的」なリゾート地であることを，都市のスキーヤーに強調するためであったこともが窺えるのである。つまり，製作から上映に至るいずれの水準においても県外を意識しているこれらのスキー映画は，新潟県外に向けて新潟のスキー場を「代表」し，現地と観光客とを取りもつ表象であったのである。

第2節　観光映画の広がり

1　『秘境　奥只見』（1961）

　新潟県によるスキー映画は外部の視線を意識して構築されていた。では新潟県に住む者はこれらの観光映画にどのような意義を見出すことができるのだろうか。もちろん，観光映画の宣伝が功を奏し，観光客が多数訪れるのであれば，県民にとっても歓迎すべきことである。しかし，ここで改めて考えてみたいのは，観光産業振興「以外」の意義である。そのとき，スキー映画でも，佐渡映画でも「ない」観光映画が重要となる。

　1961年の『秘境　奥只見』（27分52秒）をみてみよう。福島県境の山岳部に位置する奥只見はタイトルに「秘境」とあるとおり，妙高や上越沿線，そして佐渡とは対照的に観光地としていまだ熟していない場所である。とはいえ，夏の山間を観光客が訪れ土地の者が歓迎するという構成も主要な観光地で撮影された映画群とそう変わらないため，この映画も県外からの視線のみを意識していると結論づけてしまいそうになる。しかし，そこには見落としてはならない情景が存在する。

①

②

③

　観光客は小出から尾瀬までのルートを辿るなか，奥只見湖に行き着く（図4-2 ①-③）。彼らを乗せた小舟は，鏡面のごとく山や木々を映す湖を進む（図4-2 ④ ⑤）。そのときショットがかわり，写真アルバムが登場する。頁がめくられ，モノクロ写真が画面に登場する。山間の集落，山小屋や集会所の前でポーズをとる人，滑車で川を渡る人（図4-2 ⑥），川辺を歩く人。そして再び，画面は夏

第 4 章　地域の肖像　101

④

⑤

⑥

図 4-2　映画『秘境　奥只見』(NPS-M-014)

山と白い雲を映す湖面に戻る。

　これらの写真が意味するものは何だろう。アルバムのなかの写真という演出は『春の白馬岳』と同じであるが、そのありようは根幹から異なっている。『春の白馬岳』の写真はある種の疑似的な記憶であり、観客をかの地の訪問に駆り立てる装置であった。いっぽう、『秘境　奥只見』における写真は「かつてそこにあ

った」ものの記録である。

　映画のなかで観光客たちが遊ぶ奥只見湖は，奥只見発電所のために作られた人造湖である。第二次世界大戦前に端を発する電源開発計画は戦後本格的に進められ，奥只見発電所はこの映画が公開された前年の1960年に稼働を開始した。以後，この発電所は首都圏へと電力を供給し，戦後日本の高度経済成長を支えることになる。映画『秘境　奥只見』もそうした社会の産物である。というのも，この映画は経済的に豊かになりつつあった人びとに新しいレジャーを提案するために製作されているからである。

　しかし同時に，この映画は湖底に沈んだものをよび戻すことも忘れない。水没する前のかの地で中俣が撮影した写真を登場させ，集落の消滅という生々しい近過去をよび込むのである。それは告発や批判というほど強いものではないのだが，観光地が生まれるときに失われてしまったものの呈示であり，観光客の誘致や宣伝には収まりきらないものである。

　実は，『秘境　奥只見』は県内でも上映されていた。先に引用した「観光宣伝内容詳細」によれば，同作もリストに載せられた1961年度は，県内40会場で上映会が開かれている（新潟県総合開発，1962：48）。この記録から，新潟県による「観光」映画が想定するもうひとつの対象を見出すことができるだろう。つまり新潟県の住人である。たしかに県民も県内各地の観光地を楽しむのだから，観光映画との関わり方は県外観光客のそれとさほど変わらないという見方もできる。だが，そこに中俣正義という固有名詞が関わっている以上，簡単に割り切ることはできない。なぜなら，写真と映画の双方に長けた中俣の存在が映像にさらなる広がりをもたらしているからである。

2　『雪国の生活』（1964）――子どもという主題

　『秘境　奥只見』や『春の白馬岳』が示すとおり，新潟県観光映画と写真はけっして切り離されてはいなかった。そして，両者の連続性こそが新潟県の住人にとっての観光映画の意味を考える契機となる。これより，写真が画面に登場するわけではないものの，やはり『秘境　奥只見』や『春の白馬岳』のように写真と

第 4 章　地域の肖像　　103

図4-3　『雪国の生活―越後―』
①1頁　②10〜11頁
③裏表紙

の関連を深く内包した『雪国の生活』(1964年，29分35秒)に注目しよう。

『雪国の生活』では，スキー映画や佐渡映画のように観光客が現地を訪れて去る様子は描かれない。そのかわりに，南魚沼で暮らす子どもたちが登場する。教師から「雪国の生活」という作文を課された彼らは自らの暮らしについて綴っていく。正月，鳥追い，賽の神，婿投げ，浦佐の裸押し合い祭り，越後上布の雪晒し(図4-3③)。子どもたちに牽引されて冬の催事が次々と画面に登場し，春の訪れまでが描かれる。このように子どもを視点人物に採用するこの映画——最後のショットで作文を書く少女がふと窓の外を見遣る(図4-4①)——は，観光客の視点からも，観光客への視点からも距離を取る。

この映画にはその前身ともいうべき書籍がある。1956年刊行の『雪国の生活―越後―』である。同書は朝日新聞社が編集した「アサヒ写真ブック」シリーズの一冊であるのだが，主たる内容が中俣の写真であるため，事実上彼個人の写真集といえるものだ。写真集と映画の共通点は題名だけではない。まずは撮影地の共通性がある。写真集には他地域も含まれているものの，南魚沼が中心となっている。また，雪深い暮れから始まり，春の訪れを迎えるという時間軸を

図 4-4　映画『雪国の生活』　NPS-M-021

共にもつために，内容・構成の双方において両者は強い連関を示している。さらに子どもたちの存在に着目すると，両者の類似性はいっそう明白になるだろう。

　写真集『雪国の生活』においても，その生活の中心が子どもたちであることが仄めかされている。表紙を開いてまっさきに目に飛び込んでくるのは，雪のトンネルの向こうからこちらを覗く少女である（図4-3①）。また裏表紙には，鳥追いの子どもたちが選ばれている（図4-3③）。それゆえ，子どもたちの視点から雪国の暮らしを捉える映画は，写真集を発展させたものであると考えられるだろう（中俣，1956）。こうした写真集と映画との連関からは，中俣が県から請け負った映画撮影のうちに「子ども」という主題を熟成させる機会を見出していたことが判明するのだが，まさしくこの新しい主題によって観光という目的は

②

③

相対化されていくのである。

　もちろん映画『雪国の生活』においても観光行事には触れられる。たとえば、「十日町の雪まつり」にも1シークェンスが割り振られている（図4-4②）。しかしながら、町をあげての観光イベントだけがこの映画の見所というわけではない。その直後に「雪晴れの日は運動日和」という非常に印象深いシークェンスが控えている。真っ青な空のもと、子どもたちはカメラに向かって満面の笑みをみせたのち、雪だるまを作り、雪合戦に興じる。カメラは子どもたちの動きを注視するだけでなく、雪玉が晴天を飛び交う様子をみせるなど画面構成も際立ち、撮影者の関心の高さを如実に示している。

④
図 4-4
映画『雪国の生活』

図 4-5　写真集『雪国と暮らし』NM-P-062-003-04

3　音声版『雪国の生活』(1966)

　観光映画以上に子ども映画としての輪郭を明瞭に備えた映画『雪国の生活』には，まだ述べることがある。というのも，1966年には，サウンド・トラックが加えられた音声版『雪国の生活』が製作されているのである。音声版では，子どもたちがナレーションも語るためまさしく語りの主体としてあるのだが，結果，この映画は観光宣伝という目的からのさらなる乖離をみせることになる。

　先に言及した「十日町の雪まつり」のシークェンスに戻ろう。音声版においてこのシークェンスは，「ぼくの住む十日町市は織物の産地として名高いところだ」と語る男児の声から開始する。雪まつりのよび物である雪の彫刻に見入る人びとの様子が画面に登場すると，ナレーションは「この雪の芸術作品は十日町市の人たちが町内ごとにつくるもので，ぼくの父さんも，兄さんも，一週間も前から町内の人たちと毎日一生懸命苦心して作っていた。作品はとても大きく，またとても見事な出来栄えで，ぼくはすっかり感心してしまった。ぼくの町内で作った"農家の春"が一等になったので，ぼくはうれしくてたまらなかった」と語る。このナレーションのおかげで，県外から観光客が多数来訪するイベントには，観光業振興とは異なる意義が与えられる。雪まつりは，観光客を誘致する機会である前に，十日町に暮らす子どもが家族と地域の誇りを感じる機会として呈示されているのである。

　次に「越後上布の雪晒」のシークェンスに移ろう。今度のナレーターは女児である。晴れ渡った青空の下，人びとが雪上に上布を広げていく。そのなか，彼女は「昨日は雪晒を手伝いました。晴れた朝は，巻機連峰，金城山が手に取るように近くにみえて，美しく輝いています。こんな日は外で一日中働くのもほんとうに気持ちがよく，真っ白な雪の上に越後上布を次々と広げてゆくと，ちょうど雪の上に絵模様を描いたようでした」と語る。映像にともなって作業工程を説明したあとで彼女は「この越後上布は日本の高級織物として知られています」とその質と価値の高さを述べて「越後上布の雪晒」のシークェンスを締めくくる。このように，質の高さが全国的に認められる地域の物品から，その土地に暮らす喜びは表明されるのである。

108　第Ⅰ部　「にいがた」という地域の映像を分析する

図 4-6　①『わたしたちの新潟県』1977 年版　51 頁
② NM-P-006-048-05

4　教育現場の中俣正義

　子どもたちが自らの暮しを誇らしく語る『雪国の生活』は，南魚沼を訪れるべき観光地として観客に差出すだけではない。そこはまずもって，住人が喜びをもって生きている場所として描かれている。そして忘れてはならないのは，この映画によって謳われる地域の誇りこそが，新潟県内において観光とは異なる文脈へと受け継がれていったことである。この点について，中俣が観光映画撮影現場に写真機材を携行し，多数の写真を撮影していた事実が決定的な役割を果たしている。

　1977 年に出版された中俣の写真集『雪国と暮らし』――このタイトルも『雪国の生活』の一変奏である――をみてみよう。そこには，顔に墨を塗られて笑う若い女性のモノクロ写真が収められている（図 4-5：中俣，1977：37）。同写真集によれば，それは 1957（昭和 32）年 1 月 15 日に撮影されたものだ。興味深いこ

とに、彼女が墨を塗られて破顔一笑する様は、映画『雪国の生活』における「松焼き　一月一五日」のシークェンスに収められている（図4-4③）。映画と写真集との照合からは、県観光課で中俣が撮りためていた映像を「子ども」という主題のもとに後年編集したのが映画『雪国の生活』であったことがわかる。たしかに、中俣は県観光課という場を借りて、写真家として成長した。しかしそれと同時に、中俣がいたからこそ、県観光課が記録してきた地域の光景がスクリーンだけに完結することなく、印刷物として流通できたことを忘れてはならないだろう。というのも、実際、中俣が撮影した新潟県の姿は作家の写真集とはまったく異なる印刷物にも登場しているからである。

　県下の小学生が使用する社会科副読本、社会科資料研究会『わたしたちの新潟県』（野島出版）の1977年版をみてみよう。豪雪地帯を抱える新潟県の風土について述べる「自然とむすびつく新潟県のくらし」では、「越後上布の雪さらし」、「ほんやらどう」（図4-6①②）、「鳥追い」、「毘沙門天はだか押し合い祭り─大和町浦佐」、そして「スキー場」等、映画『雪国の生活』をはじめ中俣による観光映画の多くで取り上げられた主題が、映画撮影現場で撮られた中俣の写真をともなって説明されている（社会科資料研究会、1977：41〜51）。ただし、中俣の名は奥付に他の写真提供者とともにひっそりと記載されているのみであり、彼の写真は子どもたちが自らの地域とその歴史について学ぶための素材に徹している(5)。このように、中俣が行った映画と写真の往還によって、新潟県観光課が作り出した地域の映像は、新潟県に暮らす者への教育、すなわち住民としてのアイデンティティ形成に貢献したのである。

おわりに

　新潟県の映像製作が観光から教育へと文脈と意義を広げていく過程をみてきた。観光のための映像が当初の目的にとどまらないのは、なにも新潟県に限ったことではないだろう。しかし、本章が述べてきたとおり、1950年代から70

年代にかけての新潟県がことのほか興味深いのは、中俣正義という人物、それも写真と映画の双方に長けた人物が長年継続して映像製作に携わった結果、地域の映像が観光だけに完結しない文脈と意義をもつに至ったことである。

　本章を締めくくるにあたって、音声版『雪国の生活』と同じ年に製作された『今冬のトピックス　上越沿線スキー場』(1966年、29分7秒)に収められた情景をひとつ紹介しよう。そこでは、五日町の民宿で働く女性たちが仕事着のまま、思い思いにスキーを楽しんでいる。観光映画のフォーマットのなかでさりげなく登場する、観光地を日常として生きる彼女たちの姿は、それは見事な地域の肖像である。果たして、現在愛されている「ゆるキャラ」たちはそこまで成熟した地域の顔になることができるだろうか。

【注】
(1)「ゆるキャラ」の名づけ親はマンガ家・文筆家のみうらじゅんである。みうらが「着ぐるみになったときの不安定感が『ゆるキャラ』の魅力」と語っているとおり、「ゆるさ」とは、自治体によってキャラクタービジネスに持ち込まれたある種のアマチュアリズムを言い換えた表現でもある。(ORICONSTYLE　ニュース、2009、online：「最近、俺がゆるキャラになってる？──DVD『ゆるキャラ日本一決定戦』発売記念　みうらじゅんインタビュー」)
(2)中俣撮影の観光映画をはじめ、新潟県製作の映画・写真の多くは現在、新潟県立生涯学習推進センターに収蔵されている。
(3)写真の特性を端的に言い当てるのは、ロラン・バルトの「それはかつてあった」(Roland, 1980、訳92〜93)という叙述である。
(4)映画『雪国の生活』は撮影から少なくとも7年経って公開されたことになる。このギャップゆえに、公開当時においても、スクリーンの光景は十分に「懐かしい」ものであったことが推測される。こうした郷愁と、民俗学会会員でもあった中俣との関係については、別の機会に論じたい。
(5)『わたしたちの新潟県』の著作者である社会科資料研究会は、奥付によれば、新潟県立教育センター内とある。また、「ほんやらどう」(社会科資料研究会、1977：51)の写真は、1955(昭和30)年1月14日に十日町田川町で撮影(NM-P-006-048-05)され写真集『雪国と暮らし』27頁に収録された一枚をトリミングしたものである。『わたしたちの新潟県』は、第二次世界大戦後に教員有志が教科書不足を克服するべく創刊した『わたしたちの町や村と新潟県』を前身にもつ。版元の野島出版からは同書創刊の経緯について教えていただいた。ここに謝して記す。

第Ⅱ部
映像をデジタル化し共有化する

第5章

地域の映像をどのように整理し使うか

髙橋由美子

第1節　新潟県中越地震を機にスタートした写真整理事業

2004（平成16）年10月23日17時56分，新潟県中越地方を震源地としたマグニチュード6.8，最大震度7を観測した新潟県中越地震が発生した。震源地に近い十日町市では震度6弱，18時34分には震度6強の激震に襲われた。この地震により，市内で1,200棟を超える居住家屋が全半壊したが，本町2丁目に所在する山内写真館の住宅兼店舗も一部損壊した。

同写真館は，明治時代から三代100年続いた「まちの写真館」であり，歴代の店主は，市街地を中心とした町並み・風俗・行事・産業・人物などを撮影し続けてきた。[1]

被災後しばらくして，三代目店主の山内景行は，散乱した同館所蔵の写真資料を集め，整理作業をはじめたが，その数量が膨大であるため，3年が経過しても整理の目途が立たない状況にあった。2008（平成20）年9月，同氏はこうした状況を危惧し，当時，被災した歴史資料の収集・整理を行っ

図5-1　1955年頃の山内写真館の店舗外観

ていた十日町情報館(十日町図書館)に，4万8千点におよぶ写真資料を段階的に寄託した。その後，2009(平成21)年5月に山内写真館は閉店し，100年の歴史に幕を下ろした。これに対して情報館では，被災した古文書等歴史資料の保存整理活動に実績がある十日町市古文書整理ボランティア(代表・丸山克巳)と協議を重ねた結果，あらたに写真整理チームを編成し，これらの写真資料を将来的に活用できるようにするため，保存整理事業を行うこととなった。

　本章では，十日町情報館と市民ボランティアが連携し，試行錯誤しながら取り組んできた写真整理事業を，地域における実践事例として紹介したい。なお，この写真整理事業は，現在も進行中であることを申し添えたい。

第2節　写真群の保存整理の考え方

1　写真群の概要と保存状況

　山内写真館の写真資料は，明治から平成までの時間軸の中で撮影された膨大な数量の写真群であり，内容も実に多岐にわたっている。写真群の構成としては，昭和30年頃から同40年代にかけて撮影された中心市街地周辺の写真が最も多く，戦後の復興期を経て高度経済成長期を迎えた活気ある人びとの姿や，賑わいある町並みを克明に記録している。写真は，絵画資料と同様に，あるいはそれ以上に膨大な情報を内包し，過ぎ去った情景を生き生きと伝えてくれる。[2]

　寄託された写真資料の種類は，ガラス乾板・ネガフィルム・リバーサルフィルム・紙焼き写真(プリント)などである。その大半を占める35ミリのネガフィルムは，二代目店主・山内与喜男により，フィルムの寸法に合わせて誂えた紙製の収納容器(外寸：縦145×横260×高さ60mm)

図5-2　フィルムが保存されていた紙箱

や(図5-2)，ネガアルバム等のなかに整然と収納されていた。さらに，紙製収納容器や包材，あるいはネガアルバムの表紙や台紙には，写真の表題や撮影年代など多数のメモが残されていた。こうした撮影者によるメモ書きは，写真の内容や撮影の意図を読み解く上で重要な手掛かりとなる。しかし残念ながら，被災時に収納容器を保管棚が倒れて散乱したため，収納状態に一部混乱がみられた。

2　写真資料群の保存整理の考え方

今回の写真整理において，地域に伝わる写真資料群の保存のあり方を，A物質的保存(原板・画像の保存)，B内容的保存(写真の内容情報等の保存)，C社会的保存(地域社会における保存環境・保存に対する機運の醸成など)といった重層的な構造としてイメージした(表5-1)。これを踏まえ，写真画像のデジタル化と，写真の内容情報を集積してデータベース化を進め，公開・活用の基盤とすることとした。写真の内容情報を収集するにあたっては，整理対象となる写真群が，十日町市街地を中心とする日常的な情景が中心だったので，写真が撮影された時代を経験した人びと，つまり，この地に住み継いできた市民の協力が不可欠であると考えた。

そのため，写真整理ボランティアを募集して，個々人の記憶を掘り起こし，

表5-1　地域における写真資料群の保存イメージ

A 物質的保存	1．原板(原版)：長期保存容器に収納し，できるだけ長期にわたる保存を図る。資料番号を付与し，適切な出納・管理を図る。 2．電子画像データ：当面の画像の保存，利用・管理の便を図る。 3．紙焼き写真：紙焼き写真として画像を保存する。
B 内容的保存	1．基礎データ(一次情報)の採取・記録：おのおのの写真原板の属性情報や，収納容器に記載されたメモ等の情報を採取し，記録化する。 2．内容情報の収集・伝承：モノ(画像)の保存に留まらず，市民参加により写真の内容情報を掘り起こし，記録化する。 3．資料群としての特性調査：資料群の成り立ちや性格を分析する。
C 社会的保存	1．社会的保存環境の形成：市民による内容情報の収集・活用の過程をとおして，写真資料に対する地域社会の関心を高め，保存・伝承活動の機運を高める。 2．A・Bをとおして，学術的価値，および地域資源としての価値を高め，地域の財産とする。

写真の内容を読み解いて，記録する作業にあたっていただくという手法をとった。さらに，写真展という形で写真を公開し，見学者から写真にまつわる情報を収集するとともに，写真に対する市民・地域の関心を高めていくことにした。将来にわたって写真を伝えていくためには，多くの市民を巻き込みながら，個々の写真がいかなる内容なのかを明らかにし，地域で共有することが望まれる。

3 保存整理作業の手順

まず，はじめに，写真のデジタル化や原板の保管方法を決めるため，写真群の概要や，保存状態の把握を行った。個々の容器に収納されている原板の材質や大きさなどを記録し，コマ数をカウントした。写真1コマを1点と数えると，その総数は 48,034 点におよんだ。あわせて原板の破損の程度や，カビやほこりなどによる汚損状態も確認し，記録した。その上で，作業項目と作業の流れをイメージした（表5-4）。

資料番号の付与　次に写真整理の基本作業として，全資料 48,034 点のうち 44,935 点について，連続した資料番号を各コマに付与した。写真の資料番号は，デジタル化した写真画像のファイル番号と同一とした。あわせて収納箱（収納容器）や，収納箱内の包み紙や小袋などの収納単位にも通し番号を付与し，整理前の収納状況を概ね復元できるようにした。

写真原板の保存　原板の保存にあたっては，写真用の長期保存容器の中に，資料番号順に収納した上で，収納台紙に資料番号を印字したシールを貼付した。今回，採用した保管容器は，限られた収納スペースの中で，原板の特定や，収納容器の取り扱いのしやすさの観点から，PHが中性の素材で，長期保存性の高いポリエチレンやポリプロピレン素材の写真専用ファイルを採用した。ガラス乾板は，保存用タトウに包み，中性紙の保存箱に収納した。

基礎データの採取・記録　資料番号を付与した個々の写真資料については，基礎データ（一次情報）を採取して 44,935 件のデータベースを作成し，写真データベース構築の基礎とした。本稿でいう基礎データとは，写真に付与した資料番号，収納箱や収納袋単位に付与した収納単位番号，撮影者が書いた表記（タ

表5-4 写真資料群の保存整理作業の流れ

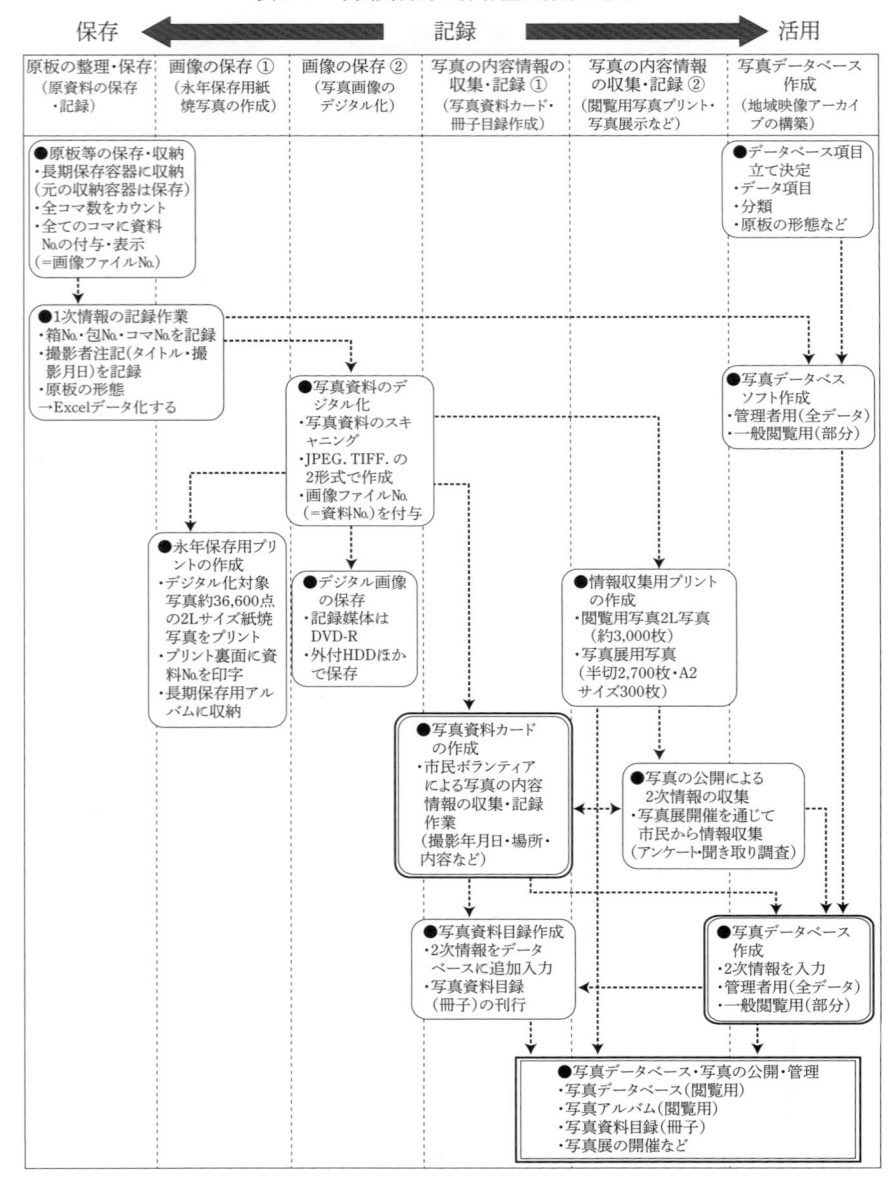

保存 ← ─ ─ ─ ─ 記録 ─ ─ ─ ─ → 活用

原板の整理・保存 (原資料の保存・記録)	画像の保存① (永年保存用紙焼写真の作成)	画像の保存② (写真画像のデジタル化)	写真の内容情報の収集・記録① (写真資料カード・冊子目録作成)	写真の内容情報の収集・記録② (閲覧用写真プリント・写真展示など)	写真データベース作成 (地域映像アーカイブの構築)
●原板等の保存・収納 ・長期保存容器に収納(元の収納容器は保存) ・全コマ数をカウント ・全てのコマに資料No.の付与・表示(=画像ファイルNo.)					●データベース項目立て決定 ・データ項目 ・分類 ・原板の形態など
●1次情報の記録作業 ・箱No.・包No.・コマNo.を記録 ・撮影者注記(タイトル・撮影年月日)を記録 ・原板の形態 →Excelデータ化する		●写真資料のデジタル化 ・写真資料のスキャニング ・JPEG. TIFF.の2形式で作成 ・画像ファイルNo.(=資料No.)を付与			●写真データベースソフト作成 ・管理用(全データ) ・一般閲覧用(部分)
	●永年保存用プリントの作成 ・デジタル化対象写真約36,600点の2Lサイズ紙焼写真をプリント ・プリント裏面に資料No.を印字 ・長期保存用アルバムに収納	●デジタル画像の保存 ・記録媒体はDVD-R ・外付HDDほかで保存		●情報収集用プリントの作成 ・閲覧用写真2L写真(約3,000枚) ・写真展用写真(半切2,700枚・A2サイズ300枚)	
			●写真資料カードの作成 ・市民ボランティアによる写真の内容情報の収集・記録作業(撮影年月日・場所・内容など)	●写真の公開による2次情報の収集 ・写真展開催を通じて市民から情報収集(アンケート・聞き取り調査)	
			●写真資料目録作成 ・2次情報をデータベースに追加入力 ・写真資料目録(冊子)の刊行		●写真データベース作成 ・2次情報を入力 ・管理者用(全データ) ・一般閲覧用(部分)
				●写真データベース・写真の公開・管理 ・写真データベース(閲覧用) ・写真アルバム(閲覧用) ・写真資料目録(冊子) ・写真展の開催など	

イトル・年代など撮影内容のメモ），フィルムなどの支持体の属性（材質・サイズ・極性・種類），電子画像データの有無などを指す。採取した基礎データについては，主な項目を抜粋・編集して，紙媒体の冊子目録『山内景行家写真資料目録基礎データ一覧』（1～4巻）を作成した。

画像の保存　　画像の保存にあたっては，整理作業や将来的に活用する上での利便性を考慮し，①「電子画像データ」と，②「永年保存用プリント」を，専門業者に委託して作成した。①は，資料番号を付与した44,935点の写真のうち，36,079点を対象とした。電子画像データは，TIFFとJPEGの2種類のファイル形式で作成し，それぞれDVD-Rと外付けのハードディスクに保存した。あわせて，写真データベースに画像を添付するため，PDF画像も作成した。②は，紙焼き写真の状態で画像の保存を図るために，電子化した全画像を2Lサイズの印画紙にプリントして，長期保存容器に収納した。これらの写真の裏面には，資料番号（＝電子画像ファイル番号）を印字した。このように，写真原板・電子画像データ・紙焼き写真という3つの保存媒体により，重層的に画像の保存を図った。

4　写真データベースの構築

写真データベースの項目　　写真データベースの構築にあたっては，既存の写

表5-2　写真データベースの構成

Ⅰ	整理情報	①資料群No.　②資料番号　③所蔵形態　④所蔵者名　⑤撮影者　⑥旧町村名　⑦分類記号　⑧分類番号　⑨テーマ※
Ⅱ	内容情報	①表題　②撮影場所　③撮影年月日（和暦）　④西暦　⑤撮影時期　⑥内容1　⑦内容2　⑧検索項目
Ⅲ	保存情報	①支持体の極性　②支持体の種類　③支持体の素材　④支持体の形状　⑤原本（原板）の有無　⑥原板保存バインダーNo.　⑦収納箱No.　⑧収納箱の表記　⑨収納単位No.　⑩収納容器の表記　⑪コマ番号　⑫備考（展示の履歴など）
Ⅳ	管理情報	①閲覧の可否　②閲覧用データベースの有無　③複写の可否　④プリントの有無　⑤プリントの収納場所　⑥プリントのサイズ（2L・半切・A2・その他）　⑦電子データの有無　⑧収納DVD No.(TIFF)　⑨収納DVD No.(JPEG)　⑩配架位置　⑪チェックボックス

表 5-3　テーマの項目一覧

□町並み	□雪の市街地	□豪雪・災害	□商店・商工業
□官公庁・公共施設	□学校・社会教育	□神社・寺院	
□信濃川・治水	□織物産業	□節季市	□雪まつり
□雪像	□雪上ステージ・カーニバル	□諏訪祭り	
□民俗・冠婚葬祭	□戦時下の生活	□行事・出来事	
□文化芸能・スポーツ	□人物	□その他	

真データベースソフトを，山内写真館の写真群の特性に合わせてカスタマイズした。写真データベースの項目については，下記により4つの大項目を設定し，それぞれ小項目を立てた（表5-2）。

Ⅰ整理情報は，山内写真館写真資料の資料群番号，個々の写真の資料番号，所蔵形態（寄託／寄贈），所蔵者名，所蔵者の所在地（旧町村・地区名），そして写真の分類記号および分類番号，写真のテーマから構成される（分類項目は今後構築予定）。テーマは，写真データベースを公開・閲覧する際，検索を容易にするために設けた項目であり，同写真群のおよその内容を踏まえた表記とした（表5-3）。

Ⅱ内容情報は，個々の写真画像を読み解いて知り得た情報を整理した項目である。表題は，写真のおよその内容が分かるような表現とし，類似した写真を検索しやすいように配慮した。内容欄は，閲覧の可否の視点から2段階に分けて管理することにした。具体的には，内容1は閲覧が可能な公開情報，内容2は管理者のみが閲覧できる非公開情報である。撮影時期については年月日の検索だけではなく，何年から何年までという期間を定めて検索できる項目を設けた。さらに，今後の調査で使用することを想定し，検索項目欄も設けた。

Ⅲ保存情報は，写真の原板（支持体）自体の属性情報と，元の収納情報についての項目である。具体的には収納箱（収納容器）に付与した番号，それらの中の包材に付与した通し番号，撮影者・所蔵者によるメモ書き（表記）などである。これらを記録することにより，整理前の収納状態を概ね復元できるようにした。さらに，写真原板を収納した長期保存容器の番号も表記した。

Ⅳ管理情報は，写真画像の閲覧や複写の可否，閲覧用データベースの有無，

電子画像データの有無，紙焼き写真（プリント）の管理状況などに関する項目である。また，データベースの一般公開を見据えて，閲覧・複写の可否を記した。

冊子目録の刊行　写真のデジタル化とデータベース化を終えた後，それらの管理や，活用・公開に資するために，資料番号を付与した全資料を対象とする『基礎データ一覧』,『所蔵者セレクト写真一覧』(3,048点の内容情報等の抜粋)，『電子画像データ一覧』(デジタル化した写真画像の一覧)といった3種類の写真資料目録を刊行した。紙媒体の冊子目録は，パソコンが使用できない方でも，紙焼き写真とあわせて写真データベースの内容を閲覧することができる。また，持ち運びがしやすいので，整理作業を行う上でも大いに役立っている。

第3節　市民ボランティアによる写真整理と写真データベースの構築
――個人の記憶から，地域の記録へ――

1　市民ボランティアによる写真資料カードの作成

　一定の地域に根差して撮影された写真群を整理する場合，写真にまつわる情報をどれだけ収集できるかということが，公開・活用の幅や質を左右する。

　前述したとおり，写真の内容情報の収集・記録にあたっては，十日町市古文書整理ボランティアが新たに写真チームを編成し，参加者が自らの体験や記憶を掘り起こしながら，写真の内容情報を読み解き，写真資料カードに記録する手法をとった。現在，写真整理ボランティアの登録者数は約50名，2010（平成22）年10月から2013（平成25）年3月末日までの写真整理作業の回数は97回，参加者延

図5-3　市民ボランティアによる写真資料カードの記入作業(2009年10月　十日町情報館)

べ人数は約1,300人を超えた。

写真資料カードの記入の手順は，まずプリントした写真1枚1枚をじっくりと観察し，そこから読み取れる事柄を「写真資料カード」に記入していく。写真をデジタル化したことにより，画像をパソコンで拡大することが可能となったので，写真に写り込んだ看板の文字や，建物の特徴などが判読できるようになり，撮影場所などを解明する上で大いに役立った。

また，参考資料として，1970（昭和45）年および1982（昭和57）年の住宅明細図や地元新聞，市広報誌，市町村史，各学校の記念誌などを利用しながら，記録者自身の記憶や体験と照らし合わせ，写真の内容情報（表題・撮影時期・撮影場所・撮影対象など）を読み解いていった。さらに，写真資料カードには，記録者自身の写真にまつわる思い出やエピソード，あるいは未来に伝えたいことなどを記入する欄を設け，記入していただいた。

2　写真の公開と内容情報の収集

写真展の開催と来場者の反応　このほかに，写真にまつわる情報収集の一環として，2010（平成22）年10月から2013年3月までに，4回におよぶ写真展「明治・大正・昭和の十日町―よみがえる懐かしきくらし―」を開催した。入場者数は毎回1,500名を数え，思いのほか大きな反響があった。このほかに，中心市街地の商店街に立地している市役所分庁舎ギャラリーにおいて，「まちなか写真展」と題するミニ写真展を2回実施した。来場者の反応は予想以上に好評であり，連日，多くの人が訪れた。

展示会場では，入場者にパンフレットとともにアンケート用紙を配布して，展示写真の撮影場所や年代など，不明な点について情報提供をお願いした。さらに，入場

図5-4　第2回写真展会場でアンケートを記入する人びと（2011年1月　十日町情報館）

者に対して，ボランティアメンバーによる聞き取り調査を行い，展示写真に関する情報収集に努めた。

　展示された写真のなかに，かつての自分や家族，友人の懐かしい姿を発見し，笑顔がこぼれる人もいれば，過ぎ去った時代に涙する人もいた。「感動した」「懐かしい」「昔は貧しかったが人のつながり強かった」「明日は今日より良くなると思って頑張れた」といった声も，数多く寄せられた。こうした感想や写真にまつわる情報は，メッセージカードに転記して会場内に掲示した。これらのメモを熱心に読み，さらに情報を寄せて下さる方もいた。回収されたアンケートは，これまでに約1,200枚以上集まったが，これにより写真整理チームの調査だけでは分からなかった事実や，写真解読の手掛かりになる情報も数多く得ることができた。また，入場者自身の写真にまつわる思い出やエピソードなども，多数寄せられた。これらの情報は，精査した上で，写真データベースに反映させた。

小冊子『写真整理をとおして心に残った　わたしの１枚』　写真資料カードの「写真にまつわるエピソード」あるいは「後世に伝えたいこと」の記入欄には，記入したボランティアメンバーの，豊かで貴重な人生の場面や経験が記された。そこで，あらためて，「写真整理作業を通して心に残った写真」を選んで，写真にまつわる各自の思いを書いていただくことを提案した。その結果，18人から20編の文章が集まった。そこには，各自が選んだ「わたしの１枚」にじっくりと向き合うなかで，これまでの客観的な記述から一歩踏み込んだ，さまざまな体験や思いが綴られていた。そして，小冊子『写真整理をとおして心に残ったわたしの１枚』が刊行されることになった。

　その中から，写真整理チームの斎木政治（1941年生れ）が綴った「わたしの１枚」を以下に紹介する。

　　　最初に目に入ったのがこの写真であった。写っている子どもたちは何歳なのだろうか。
　　　たしか私が小学２年か３年の秋頃だと思うが，学校にゴム長靴が配給さ

図5-5　雪国の子ども　1955年頃　十日町市諏訪町・宮本公園付近　十日町写真資料№00002705

れた。全員には渡らないので，くじ引きで決めたことを覚えている。残念ながら外れた。本当に欲しくてたまらなかった。市街地から離れた村落では，ワラグツを履いていた人もたくさんいたと思う。服装も，写真に写っているようなものだったと思う。新品の洋服や学生服等は買えず，誰かのお古を着た。当時は長靴に穴があくと，器用な方がいて，ゴムの切れ端をゴム糊で貼って塞いでくれた。小学校の頃は，上の兄弟や従兄のスキーを貰って楽しく遊んだ。先の折れたスキー板にブリキ板を巻いてもらって，夕方暗くなるまで遊んだ。冷たくて，足先が痛くて痛くてたまらなくなるまで遊び，コタツの中にもぐり込んで，涙を流しながら我慢したものだった。

　私は6人兄弟で，他人様の子守りもした。農繁期には，親せきや近所の

第5章　地域の映像をどのように整理し使うか　123

図 5-6　雪国の子どもたち　1955 年頃　十日町市諏訪町・宮本公園付近　十日町写真資料№00002704

　田仕事，牛の鼻取り，田植え，稲刈り，稲運び，稲架けをしたが，それなりに高い所まで稲束を投げ上げた。
　中学 1 年の春に父親が亡くなった。写真の男の子のハイポーズ（照れ笑い）に，その頃の自分が重なり，色々書いてみた。

　写真を入り口にして自分と向き合い，記憶や思いをたどっていくと，忘れ去られようとしている身近な歴史や，かつての暮らし，そして人びとが大切にした思いが甦ってくる。
　写真のなかに，かつての自分の姿を発見した宮澤順一（1942 年生れ）は，次の一文を綴った。

124　第Ⅱ部　映像をデジタル化し共有化する

図 5-7　雪おろし後の交通渋滞　1963 年 2 月頃
十日町市本町 3 丁目　十日町写真資料№00000246

　当時，私は本町 3 丁目の「かぶらき洋服店」に勤めていました。冬になると，雪掘り人夫と一緒に，屋根から下ろした雪を国道に積み上げる雪積みもしました。写真の奥にみえる「かぶらき」という看板の前で，雪を積み上げている 3 人の中に，私がいました。びっくりです。
　「雪の積み方が悪い」と人夫さんに叱られながら，積み方を覚えました。雪を積む際は，なるべく雪を垂直に，見た目もきれいに積み上げる。
　道路は車が通っているので，積み上げる時に雪を落とさないようにするのが大変でした。雪を積むと一車線になるので，対向車が来ると道路の幅が広くなっている所で行き過ぎるのを待ちました。車は時速 20 キロ位の速度で，チェーンをつけて走りました。雪道は夜になると凍ってガタガタ

になり，車体を大きく揺らしながら走っていました。

　宮澤の文章によって，写真に生命が吹き込まれ，あたかも画像が動き出すような感覚を，私たちに抱かせる。このように，写真に写された時代を生きた人びとの証言が添えられることにより，かつての雪国の暮らしを経験したことのない世代にも，雪の壁の圧迫感や，雪の重さ，行き交う車，人びとのざわめきが伝わるのではないだろうか。

第4節　写真整理の意義と活用
――写真の公開が何をもたらすか――

1　市民にとっての写真整理の意義

　写真が写された地域で継承されるということに，どのような意義があるのだろうか。現在を生きる人びとが，かつての暮らしを記録した写真を見つめる時，その時代の空気や，それぞれの人生の場面や体験の記憶がよみがえる。写真は見る人に郷愁ばかりではなく，悲哀ともいえる感情を抱かせる。たとえば，「賑やかだった家族も自分1人になってしまった」「活気があった町がさびれてしまった」「こんなにがんばってきたのに地震でだめになってしまった」といった喪失感である。その一方で，「けれども，あんなに美しい織物を織り出してきたじゃないか」「一生懸命働いて子どもを育て，親を見送り，ここまで頑張ってきた」といった達成感を感じるかもしれない。こうした相反する感情が交錯しながら，写真との，あるいは自分との対話が生まれる。

　また，写真展の成果に手ごたえを感じたためか，ボランティアのメンバーから，「私たちが元気なうちに写真をきちんと記録に残しておかないと，将来わからなくなってしまう」という声が上がりはじめた。楽しみながら，賑やかに写真整理を進めてきたボランティアの間に，使命感のような意識が生まれてきたのである。この地で，どんな人びとが，どのような暮らしをしてきたか，何に

2 写真データベースの公開に向けて

　今後も継続して写真の内容情報を集積していくならば，4万点を超える写真アーカイブが構築されることになる。写真データベースの検索機能などを活用すれば，写真資料群の全容が見えてくるだろうし，内容情報の比較・検証が可能となることから，整理作業がさらに進み，活用の幅が広がることも期待される。写真資料の歴史的・文化的価値も一層高まり，まちづくりを進めていく上でも，有用な地域資源となるだろう。

　2013（平成25）年3月，第1期写真整理事業において整理した「所蔵者セレクト写真」および「十日町雪まつり関係写真」約3,300点のデータベース化が完了し[(3)]，3月28日から約1ヶ月の間，十日町情報館に閲覧用パソコンを設置して，試験的に公開した。あわせて，それらの紙焼き写真（2L写真約3,300点をアルバム38冊に収納）と写真資料目録を公開することにより，パソコンを操作できない方でも閲覧できるようにした。さらに，アンケート用紙を設置して，写真に関する情報や，今後の活用・公開に関する意見を収集した。これらを参考にして，今後も段階的に成果を公開しながら，写真データベースの本格的な運用を目指していきたいと考えている。

おわりに
―― 過去・現在・未来をつなぐ写真整理に向けて ――

　時は容赦なく，この土地と人びとの間に歴史を刻み続ける。地震災害を機にスタートした私たちの活動は，個人と地域の記憶を記録化し，地域の中で分かち合う取り組みそのものであった。この成果を，写真が撮影された地域で公開・活用していくならば，世代を超えた幅広い層に，理解や共感が広がっていくだ

ろう。

　振り返ってみると，相次ぐ自然災害を経て，市街地の変貌を目のあたりにしてきた市民にとっては，写真のみならず，写真整理の過程そのものが心の拠り所となってきたように思われる。つまり，市民にとって写真整理というアクション自体が，地域における活用形態の1つであるといえるのではないだろうか。私たちは，この写真整理事業を，当市における地域映像アーカイブ構築の始点と位置付け，地域と市民に寄り添うアーカイブとして育み，その地平を切り拓いていきたいと考えている。

　ところで，2011（平成23）年8月7日，十日町情報館において，写真の所蔵者である山内写真館に対する写真資料目録の贈呈式と，写真整理事業の中間報告会が，公開で開催された。その際，あわせて市民ボランティアが選んだ「わたしの1枚」を発表していただくことになっていた。ところが，式典の直前の7月27日から30日にかけて，十日町市は猛烈な集中豪雨にみまわれ，市内各地で水害や土砂崩れが発生した。新潟・福島豪雨である。中心市街地を流れる晒川では，上流から流れ出した大量の土砂や流木が晒川を堰き止めて氾濫し，多数の家屋が浸水した。市内各所で復旧作業が行われる中で，目録贈呈式が開催されたのである。

　実はこの時，「わたしの1枚」の発表者として最後に登壇したのは，奇しくもかつての晒川を写した写真を選んだ樋口欣子（1930年生れ）であった。被災した川原町の惨状を目にしていた樋口は，壇上で思わず声をつまらせた。

　その時，観客席から，「だいじょうぶ，必ず元に戻るよ」と，いくつもの声援が起こった。樋口はその声援に応え，「1日も早く復旧することを祈っています」と述べた上で，思い綴った一文を読み上げた。

　最後にその一編を紹介し，本章のむすびにかえたい。

　　町なかの，比較的大きな流れの晒川が流れている川原町は，春先一番早く道路の土が踏めました。長い冬の間，重い長靴をはいていたので，カラコロと軽く下駄の音をたてて歩けることは，とても心弾むことでした。学

図 5-8　晒川の氾濫により浸水した川原町(2011 年 8 月撮影)

図 5-9　雪どけの川原町写真資料　No.00000571(1956 年 3 月ころ)

校帰りに，普段は通らない川原町をわざわざ回って帰ったこともありました。もう少しすると，川沿いに桜が咲いてきれいでした。

　この写真が撮られた時から，50年以上も経ちました。どんな大雪の年でも，自動車が走らない冬は無くなりました。一方で，町から下駄屋さんの店は無くなりました。町の家並みも変わり，私たちの目の前から消えていったもの，新しく生まれたもの，さまざまな情景が思い出されます。

　私たちに沢山の思い出や，記憶をよみがえらせてくれた写真！

　写真は，私たちの大切な宝物なのですね。

【注】
(1) 山内写真館の所蔵写真は初代店主・正治(東陽。1886〜1955)，二代・与喜男(良穂。1920〜2000)，三代・景行(1951〜)によって撮影されたものである。この他に山内写真館の従業員が撮影した写真も若干含まれている。
(2) 写真資料群の写真は，撮影目的や写真の性格から，[ア]商業的写真，[イ]芸術的写真，[ウ]記録的写真といった3つのカテゴリーに分類できる。
(3) 第1期写真整理事業の期間は，2009(平成21)年10月から2010(平成22)年3月まで

第6章

映像のインデキシングの実際

中村隆志・佐々木岳人

第1節 データベース作り

　本章は，新潟大学地域映像アーカイブ（本アーカイブと呼称する）のデータベース作成において，写真のデジタルデータ化と，その分類基準となるインデックスづけについての解説を行う。

　映像データベースを実現するための最大の問題は，各データを分類するためのインデックスづけ（インデキシング）である。インデックスをつけるには，そのインデックスを構成するカテゴリの体系を定めねばならないが，このカテゴリの体系に一定の基準はない。また，インデックスを付ける作業にも，大きな困難がある。言葉は冗長であり，映像はさまざまに解釈可能であるし，しかも，写された現象の多くはすでに消失している。このような困難に直面しながらも，また，このような困難があるからこそ，データベース化を進め，内容を検索できるためのインデックスづけが必要となる。

　本章では，この作業について解説し，問題を整理する。また，現在，各地域に眠り，今後作成されるべきさまざまなアーカイブの将来に向けて，本アーカイブができる提言を行う。

第2節　データ整理

1　原資料の分類

　2013年現在，新潟大学地域映像アーカイブセンターでは，16のコレクション（中俣正義・高橋捨松・平賀洗一・栗林家・今成家・齋藤家・新潟大学附属図書館・新潟市視聴覚ライブラリー・関川村・加茂市・加茂青海神社・北方文化博物館・行形亭・新潟県立生涯学習推進センター・小千谷市・新発田市立図書館）からなる映像のアーカイブを公開中である。映像コレクションは，その当時の撮影機材によって，さまざまな記録媒体の形で現在に残っている。これらをデジタルデータ化する際の方針と留意点を解説する。

　本アーカイブセンターでは，現存する資料を分類するための一番大きな枠組みとして，コレクション，つまり，撮影者を単位とする。現存する資料，記録媒体は，私物として撮影者（あるいは所蔵者）の遺族が保管していることが多く，それらはまとめて発掘されて出現することがほとんどである。原資料の一部が遺失したり，あるいは分割したりして管理することなどがないように，扱う必要がある。

　次の分類として，記録媒体のマテリアルによって分類する。写真，動画，音声などを記録する媒体は，時代によって異なり，また，同じ所有者でも，複数の媒体を切り替えて使用していた場合がある。19世紀後半から20世紀中盤にかけて，写真では，湿板，乾板，ネガフィルム，プリント，動画では，35ミリフィルム，16ミリフィルム，9.5ミリフィルム，8ミリフィルムなどが出現する割合の高い媒体である。これらマテリアルによる分類を2番目の分類階層として採用している。

　2段階目以降の分類の仕方は，発掘された原資料の状態によるが，各資料をアイデンティファイできるように順序立てた整理が必要である。発掘された原資料は，順不同の場合もあれば，撮影者によって残されたメモ書きを頼りに順序立てることができる場合もある。

本アーカイブの主要なコレクションである中俣正義の原資料の場合，現在確認されている範囲であるが，約10万点の写真と39の動画からなる。ネガシートには，撮影者である中俣によって，年月日，場所が記載され，大小さまざまな菓子箱に，まとまりをもって収納されていた。そこで，ここでは，ネガシートを中性紙の紙を2つ折りにしたものにネガシートを収め，その中性紙に番号付けをし，まとまりごとに，中性紙の箱に収納し，整理を行った。

最初に，大量の原資料に対するランダムアクセスを可能にする状況を整えることがデジタルデータ化作業には必要である。以下は番号付けの例である。

　　例) NM-P-001-010-01

　　　NM……コレクションの分類記号(収集者，製作者のイニシャルなど。この場合，
　　　　　中俣正義)
　　　P………マテリアル分類(写真)
　　　001……第1番号(整理箱番号)
　　　010……第2番号(整理箱内のネガフィルムにつけた区分け番号)
　　　01 ……第3番号(ネガフィルム内の映像番号)

2　デジタルデータ化

原資料を順序立てて整理することが完了したら，デジタルデータ化の作業に移行する。歴史資料を扱う上で共通する注意点であるが，原資料を扱う際には細心の注意が必要である。たとえば，ネガフィルムを扱う作業では，必ず白手袋を装着する。スキャナー(後述)の読み取り専用フォルダにネガフィルムを装着する前に細かい埃などをブロアーで除去する。ただし，カビや痛みがひどいものについては，専用の業者に依頼する。なお，当たり前のことであるが，デジタル化の作業を終える際には，収められていた状態に戻すことが必要である。

中俣正義のネガフィルムをデジタル化する際には，フィルムスキャナー(Nikon SUPER COOLSCAN 9000ED および 5000ED)を使用している。保存ファイル形式は，tif 形式。スキャンにかかる時間は，35ミリネガフィルム一枚(写真6枚)につき約5〜10分である。

デジタル化した写真をもとにして，コマ目録を作成する。このコマ目録が，最終的な写真目録の基礎台帳となる。デジタル化し，ハードディスク等に取り込む際の画像のファイル名は，原資料の整理番号を一部に採用するなどして，元の原資料を逆引きして特定できるようにする。

写真の枚数が膨大になってくると，ハードディスクに取り込んだファイルと，対応する写真のリストのあいだに，誤差が生じてくる。これらは，データがハードディスクに保存されないミス，ファイル名打ち間違いのミス，スキャンを再試行した場合に前に行ったファイルを削除しないミス，さらには，間違った原資料を取りだすミス，取り出した原資料を本来と別の場所に戻すミスなど，さまざまなミスが原因で生じる。

これらに起因する誤差を放置することのないように，定期的に確認作業が必要になる。

第3節　インデキシング作業

デジタルデータのおのおのは，そのままだと生の写真，動画，音声などに過ぎない。これら写真，動画，音声に対して，インデックスを当てはめる（インデキシング）ことで，データを分類・整理できるようになる。なお，tifファイルはデータサイズが大きすぎるので，通常写真データを閲覧・使用するときのために，データサイズを軽くしたjpgデータを作成する。以降，jpg化したデータをもとにインデキシングの作業を行う。

スキャニングが終わった写真を，あらかじめ用意したカテゴリの項目ごとに，インデックスとなる情報を付与していく。インデックスは，大カテゴリ，小カテゴリの2段階のツリー構造になっている。

大カテゴリは下記の21の大インデックスに分かれている。

「コレクション」「エリア」「エリア詳細」「写真・映画・音声・他」

「年代」「風景」「自然」「建物」「生活空間」「交通」「人物」「信仰」「生業」「仕事」「職業」「風俗」「衣」「食」「住」「儀礼・行事」「芸能」「文物」「ジャンル」

　大インデックスから枝分かれする小カテゴリはさらに細かく分類されている。大インデックス1つにつき，そこに小インデックスを1つ選んで当てはめていく。これがインデキシングの主な作業となる。作業はPCを用いて行うが，画面が大きいか，複数台使用すると作業効率がよい。
　大インデックスの内，「コレクション」「写真・映画・音声・他」「ジャンル」は必ず埋める必要があるし，「エリア」「エリア詳細」「年代」に関しても，判明しているものについては記載する（「エリア」は地域を大まかに分割したインデックス，「エリア詳細」はさらに細かく分けたインデックスである）。すべての大インデックスについて小インデックスを選ぶ必要はなく（全く対応しない映像もある），空白

表6-1

人物	生業	儀礼・行事	芸能	ジャンル
男性	稲作	出産	祭り	歴史
女性	畑作	育児	雪まつり	地理・場所の記録
男女	農作業	結婚式	芝居	産業・ものつくりの記録
子ども	山仕事	葬式	踊り	仕事の記録
赤ん坊	狩猟	正月・大晦日	能楽	日常の記録
子どもと大人	家畜	小正月	相撲	民俗
母子	養鯉	春の行事	闘牛	人物の記録
家族	漁業	凧合戦	ダンス	事件・事故・出来事
集合記念写真	和紙作り	夏の行事	伝統的な遊戯	戦争
集団	糸紡ぎ	盆行事	古典芸能	行事・式典・催し
群衆	機織り	秋の行事	合唱	家族の記録
通行人	越後上布・縮	冬の行事	演奏	芸術・美術
著名人	かや葺き	記念式典・行事	綾子舞	自然・科学
肖像	炭焼き	墓参り	おててこ舞	航空写真・映像
カメラ目線の人物	家仕事	演説・スピーチ	つぶろさし	劇(物語)
	藁仕事	学校行事	鬼太鼓	教育・啓蒙
	商い・行商	地鎮祭	人形芝居	広報・観光
	製茶	火渡り	春駒	その他
	子守	賽の神	歌舞伎	
	仕事の道具	庚申祭		
		裸押し合い祭り		

のインデックスについては，データベース上でも空白のままになる。

　また，大カテゴリの項目のほかに，追加情報として「備考」「年月日」「コメント」欄を設けている。それぞれ「備考」には資料のサイズや種類，「年月日」には撮影された日付が記され（わかっているものだけ），「コメント」欄にはその資料の詳細な情報（具体的な市町村や部落名，被写体の人数，その写真がどのような場面を写したものであるのかなど）を言葉で表して入力している。

第4節　カテゴリ構成

　「大カテゴリ」「小カテゴリ」内の各インデックスについては，長崎大学付属図書館の「幕末・明治期日本古写真メタデータ・データベース」（引用）のものを出発点とし，本アーカイブ資料の種類や被写体に合わせて，修整を加えていった。これらインデックスに求められるのは，「概念的に重なりなく，かつ網羅的」なことである。長崎大学付属図書館のデータベースの資料と，本アーカイブの主要なコレクションである中俣正義の写真では，内容が大きく異なっている（中俣正義は，新潟県内を中心に活動した写真家である。長崎大学に残された写真とは，風景も建物も気候も当然異なる）。本アーカイブの写真には，長崎大学付属図書館データベースのインデックスでは，概念的にカバーしきれない写真が多数存在している。また，言葉が表す概念が重なってしまう場合もあった。これらの問題に応じて，インデックスのあり方を何度も検討し，修整につぐ修整を重ねて，現在の形に至っている。

　さらに，データベースを実用的に扱うには，分類されるデータの数が検索に効率的である必要がある。この効率性を実現するために，際限なく細かく分類することを避けて，概念を統合すべき場合も出てくる。たとえば，作業当初に「運動会」「遠足」と細かく分けていたものを，現在では，もっと大きな「学校行事」という項目にまとめている。また，大きすぎる概念を用いると，同じ小インデックスをもつ写真が多くなりすぎて，分類の機能を果たさなくなってしま

う。そこで,「寺社仏閣」という小インデックスを,「神社」「寺」「祠」などと細分割した。総じて,これら小インデックスが検索システムのなかで効率的に機能するには,対応するデータの数が,相応な範囲の大きさである必要がある。

現在の大インデックス,小インデックスとも,膨大な試行錯誤の結果,構成されたものである。しかも,これらは安定的ではない。今後のインデキシングの作業の中で,変更する必要が出てくることが推測される。

第5節　多義性・多層性・多解性

インデキシングとは,映像に対して,言葉を当てはめて分類することであり,データベースを構成し,検索システムを活用するためには,不可欠な要素である。しかしながら,インデックスをあてはめる作業には,困難がともなっている。この困難の源を分析的に捉えつつ,その原因を解説しよう。

1つに映像のもつ多義性がある。映像は視覚的な対象であり,視覚経験は,そこに映される対象を認識することが大前提である。しかし,そこには,さまざまな多義性が存在する。詳細は,視覚心理学,認知科学の文献に委ねたいが,抽象的で単純な図形においてすら,まったく違った認識をする多義性が人間の認知する構造にある(有名な図形として「ルビンの盃」など)。

その上に,三次元の現実空間を二次元に移した写真にはさらなる複雑性がある。「図－地」の分節をともなう認識が,段階的な階層をともなって,幾重にも重なって出現する。この階層の出現には,空間的,文化的なさまざまなコードと経験をともなう。このことを写真の多層性とよぶことにする。図6-1の笠が干されている写真を例にとろう。

中俣の写真の解説によれば,冬から春へと移る早春の季節,村の女性たちが集まって会食や余興をする日待ちが行われるとする。この笠は,そうした日待ちの振る舞いの1つである。

民俗的な事象の写真といえるが,この写真は,少なくとも4つの層に分解さ

NM-P-001-007-04（整理番号）
コレクション：中俣正義
エリア：魚沼エリア
エリア詳細：南魚沼市
写真・映画・音声・他：写真
年代：昭和中期（1946〜1964年）
自然：植物
衣：蓑笠・藁帽子
住：庭
ジャンル：民俗の記録
備考：中俣正義　35mmモノクロ　ネガ
年月日：1954（昭和29）年3月下旬
コメント：《日待ちの頃》1954（昭和29）年3月下旬，早春。南魚沼郡欠之上村（現南魚沼市欠之上）。女児。民家。笠。立木。「三月から四月にかけて日待ちが行われる。日待ちは，厄日待ち，厄日落としともよばれ，男子は二十五歳と四十二歳，女子は十九歳と三十三歳が厄年である。男子の場合，内輪だけのお祝いですませるが，女子の場合は，三十三歳になると，客を招いて厄日落としの振舞いをする風習がいまものこっている。日はとくにきまっていないがたいてい春に行われており，時には秋行うこともある。厄年になると，寺僧を招き錫杖を振って法楽をあげてもらう（これは現在ほとんど行われていない）。また，厄年を迎えた女性の家では，適当な日を選んで女性客を招いてご馳走をする。そして，厄年の女性は，客1人ひとりに祝い酒をついで回る。この日待ちの振舞いは，雪国の主婦たちの待ちこがれている宴で，かくし芸や即興劇などまでとび出して賑やかな座敷となる。」（中俣，1977：90）

図 6-1

れる。まず第1層は干された笠，第2層は笠を掛けるための木，第3層は雪の残る地面と村の風景，第4層は背景になっている山と空である。

　第1層の笠は，写真の中心にあり，カメラから近い位置で撮影されたことは明らかだ。これがこの映像に最も重要な被写体であることは疑いようがなく，まず最初に「第1の図」として立ち現れるだろう。そして，現実空間であれば，笠が宙に浮くことはない以上，その笠を掛けるための木の枝に認識が向く。笠を干すための木の枝が「第2の図」として立ち現れる。笠は頭にかぶって雪をしのぐための道具であり，その雪が残る地面や村の風景は，笠の所有者たちの暮らしを表している。地面に残る雪とその所有者の営みを支える村の風景が「第3の図」として立ち現れる。そして，そのような雪深い山村は，さらに遠くの大きな山々に囲まれ，当然ではあるが空の下にある。撮影時の天候は晴れており，空は，まさに笠を干すにふさわしい条件（笠には陰ができており日差しの良さがみて取れる）を提供している。このような背景的環境がさらに「第4の図」として立ち現れ，日待ちの行事にふさわしい振る舞いにみえる。

　上記のような認識のあり方は，1つの例に過ぎないが，笠という日用的な民具を中心に，周囲に映る物象が段階的に関連づけられることを示している。このような認識は，空間的な把握や文化的な経験を必要とし，鑑賞者に雪国の暮らしに対する理解と洞察をよび起こす。つまり，この例の写真は，明らかに笠を映した写真であるが，しかしながら，笠を映しただけの写真ではない。現実空間を映した写真は，この例のように，多層的な意味，社会的認識をもたらすのである。また，それゆえに，撮影者は，少しづつ位置を変え，アングルをずらすなどの工夫をしながら，その多義的多層的な意味の膨らみを求めて，何回かシャッターをきる。

　映像を見る行為には，上記のような認識の多義性，対象同士の関連づけの多義性，さらには，写真の多層性が複雑につきまとう。対象同士は異なる層をまたいで関連づくことがあり得るし，その階層の間には，空間的，文化的なコードと経験とが絡み合う。この複雑さがあるからこそ，写真は味わい深いのであるが，その反面，インデキシングを高度に困難にする原因にもなる。インデキ

シングはツリー構造で区分けされた概念を，写真に対して当てはめるだけの作業であるが，それでも，上記のような多義性と多層性の複雑さに起因して，さまざまな答えの出し方があることになる。このことをインデキシングの多解性とよぶことにする。

　では，このような多解性に対して，如何に対応すべきであろうか。多層的に立ち現れる対象のうち，どれを選んで焦点を充てるべきか，また，同じ層の対象同士，異なる層の対象同士をどのように結びつけて関係性を捉えるべきか。この取捨選択に確定的な方法論はない。これは，本アーカイブのみならず，映像をデータベース化する際の共通の問題である。

　そこで，本アーカイブでは，インデキシングに統一性をもたせるために，極めて少人数の作業者を絞り込み，彼らだけがインデキシングにあたるという方法を採用している。さらに，本アーカイブでは，少人数の作業者が「撮影者の目線になって感じる，考えていく」という方針を採用している。撮影者がこのとき何にカメラを向けて，何を撮りたかったのかを，その本人の立場に近づいた上でその撮影対象をくみ取るのである。撮影者と「対話」し，できる限りその意図を組み，本人の撮影体験を想像的に追体験することで項目を選んでいく。

　こうした映像アーカイブの方法論は，撮影されたすべての写真を起こすことで，より明確に撮影者のクリエイティビティを跡づけ，映像のもつ現場性，出来事そのものを彫り出すことを可能にする。それは，残された映像を利用，活用しようとするアーキビストの，撮影者のクリエイティビティに対する敬意としての行為でもある。

第6節　インデキシングの時間

　データベース化を進めて行くにあたり，カテゴリ構成の可塑性とインデキシングの多解性が大きな問題になるが，これは，作業時間の問題となって現れる。インデキシングに必要な時間であるが，躓くことなくスムーズにインデキシ

ングが進む写真で，1枚当たり3分程度である。中俣正義氏が残した写真集や資料と写真を照らし合わせる場合には，もちろんそれ以上の時間がかかるし，インデキシングを悩む被写体に出会うと，それよりも多くの時間，10分程度の時間がかかる場合もある。さらに，一度インデキシングしたものを，項目の追加，削除などで過去に戻って付け直すという作業が生じるのでさらに時間を消費する。しかし一方で，同じ場面・ものをわずかにずらした構図で何枚も撮っているものがあり，これらについては，合わせても1分もかからない。

　これら要素をすべて合わせて概算すると，1枚当たりの平均所要時間はおよそ3分ほどという作業時間が経験的に算出される。1時間で20枚。1万枚をインデキシングするのに，500時間。1人が1日6時間作業するとして，作業日は約80日以上かかる計算になる。ただし，これは，カテゴリ構成が安定的であったとしたら，という架空の計上に過ぎない。

　カテゴリの構成は，その作業途上で，修整の必要性が発生する。カテゴリの構成を少しでも変更したならば，以前に行った作業結果は，新カテゴリによって付けられるインデックスと異なる結果になる可能性が高い。そもそも，それまでのカテゴリに不整合があったから修整を行うのであり，この追加作業は不可避である。よって，整合性のあるインデキシングを行い，利用可能なデータベースを構築するためには，一度行ったインデキシング結果を破棄し，改めて，1枚目からの作業を繰り返すことになる。

　これらを今後のアーカイブの発展，他のアーカイブの構成時に如何に縮約してゆくか，それが第1期公開に至った本アーカイブにおける次の課題になっている。

第7節　対　　話

　本章にまとめるにあたり，「対話」という言葉をキーワードとして締めくくりたい。アーカイブ構築・利用の重要なプロセスは対話によって支えられている。

まず，第1の対話は，原資料との対話である。撮影者によって残された原資料は，遺漏無く順序立てた方法で，管理，整頓された上で，丁重に扱わねばならない。遺族のための遺品である古きメディアは，現状を損なうことなく，デジタル化しなければならない。時代の流れの中で，かなり傷んだ資料もあるが，1つひとつ異なる原資料の状態と対話して，そのままの保存状態へと回帰させていく必要がある。原資料をいたわる気持ちが，まずもって求められる作業である。

　第2の対話は，撮影者との対話である。インデキシングは，ツリー構造の概念を写真に当てはめる作業であるが，これは，多解性との闘いである。そこで解をみいだす方法として，撮影者の立場に立つ，と述べたが，この作業は，今は亡き撮影者と対話することでもある。撮影者がどのような気持ちで，どのような条件で撮影したのか，その時の撮影者と心を通わせようとする試みの中で，インデキシングは進められる。

　第3の対話は，アーカイブ利用者とインデキシング作業者との対話である。アーカイブ利用者にとって，表示された写真とそこに当てはめられたインデックスの間に，違和感を感じることもあるだろう。インデックスには多解性があり，各利用者とインデキシング作業者との間に，ずれが起こるのは当然避けられない。しかしながら，各利用者は多くの写真を閲覧し，そこにつけられたインデックスを通して，最初はとまどうかもしれないが，インデキシング作業者との「対話」を，1つのツールとして，撮影者と写された人びとや，自然，あるいは物たちとの交感の場所へと降りていくことが，容易にできることになる。

　こうしてインデキシングされた写真や動画を前にして，初めて，実はインデキシングの作業をした私たちも，あらためてデータベース利用者として検索するなかで，中俣正義が生きた時間，出来事に遭遇することになる。ここで，2つの事例をあげてみよう。

　1つは目，「赤ん坊」を負ぶう，あるいは抱く，ひとりの女性をめぐってである。1枚目（図6-2）は，1960年夏頃，佐渡の外海府にある大野亀（現佐渡市願大野亀）附近，道端で遊ぶ子どもに混じって赤ん坊を負ぶった女の子の写真である。

図 6-2　NM-P-011-062-20

図 6-3　NM-P-014-009-05

当時は，よくみかけた風景といってよい。2枚目(図6-3)は，1981年5月29日，大野亀の近隣の村である北鵜島の山岸雄二郎宅で生まれたばかりの赤ん坊を抱く女性である。

ひとりの女性の約20年の時間を超えた成長を追体験する2枚といえるが，それは同時に，中俣正義という撮影者が，時を超え，何度も佐渡の外海府の村々を歩き，生きた時間を追体験することでもある。

2つ目は，1955(昭和30)年3月16日，南魚沼郡中之島村(現・南魚沼市塩沢町)姥島付近，雪原の花嫁行列を写したものである。中俣正義によれば，「雪国の嫁入りは，たいてい農繁期に入る前の春か，秋の取入れのすんだ農閑期を選んで行われて」(中俣，1977：95)いた。中俣がこの花嫁行列を撮影できたのは，中之島村字小原で「撮影の前日，たんす，ミシンなどを運ぶそりをみて結婚式だと直感し，聞いたところ，翌日が嫁入りだというので，行列の途中を撮らせてもらった」(中俣，1979：33)とする。花嫁である金沢のぶえは，新郎角谷孝徳が住む越後中里へ行くために，小原から石打駅(現・南魚沼市上野)まで約4

図6-4　NM-P-002-045-02

図 6-5　NM-P-001-005-18

図 6-6　『雪国の生活』より

キロの雪面の日差しが強い道のりを歩いた。中俣は 6×6 の大判写真（図6-4），35 ミリの写真（図6-5），さらには 16 ミリの動画（図6-6）で撮影し，プリントした写真を夫婦に贈っている（なお，この映像について，NHK 新潟局と一緒に取材，調査を行ったことについては，第1章を参照）。

　16 ミリの動画は，後に 1964 年に『雪国の生活』として，1 つの作品にまとめており，ふだんから 3 つの異なるカメラをもって，撮りためていたことが分かる。中俣の撮影者としての複雑なスタイルがうかがえると同時に，異なったメディアによる追体験が可能な事象といえる。

　ここで，最後に，さらなる展望のために，以下，2 つの対話をかかげておきたい。

　第4の対話は，アーカイブ作成者同士の対話である。アーカイブ作成において，カテゴリ構成が可塑的で安定的でないことは，今後の大きな問題である。カテゴリ構成，インデクスの構造について，汎用性と標準化にむけた議論が行われねばならない。アーカイブに関連するさまざまな人びとが，この問題を解決するために話し合う必要がある。また，動画を如何にして，インデックスをつけていくべきか，これも大きな難問である。今こそ，メディアを超え関係者同士の対話が求められている。

　第5の対話は，アーカイブと社会との対話である。本アーカイブや他のアーカイブが如何に利用され，社会の中で位置づけられていくべきかは，さらに大きな問題である。この2つの対話については，他章の議論に委ねて本章を閉じることにしよう。

第7章

デジタル映像アーカイブをめぐる知的財産としての権利

古賀　豊

第1節　デジタル映像アーカイブには，どのような権利が関係しているか？

　まず最初に，デジタル映像アーカイブには，どのような権利が関係しているのかを確認しておくことにしよう。

　デジタル映像アーカイブとは，さまざまな写真や映像(音声を含む。以下，映像資料とよぶ)をデジタル・データとして収録し，それらをオンラインで検索・閲覧可能とする機能を備えたものである(著作権法上は，デジタル映像アーカイブそのものも「データベースの著作物」となりうる場合がある)。

　ここでは，まず，データとして収録される映像資料について考えてみる。映像資料は(デジタル写真やデジタルビデオでない限り)，湿板，乾板，紙やフィルム，ビデオテープといった「もの」(有体物)としての面を有している。このような映像資料の「もの」としての面には，所有権がなりたつ。そして，映像資料の情報(無体物)としての面には，著作権および著作者人格権(場合によっては，著作隣接権)がなりたちうる。

　次に，映像の場合，その対象(写真や映像の被写体)においても，さまざまな権利が発生しうる。まず，人を被写体とする場合，プライバシー／個人情報や，場合によっては肖像権，パブリシティといった権利が関係してくる[1]。また，被

第7章 デジタル映像アーカイブをめぐる知的財産としての権利　147

表7-1　デジタル映像アーカイブに関わる権利

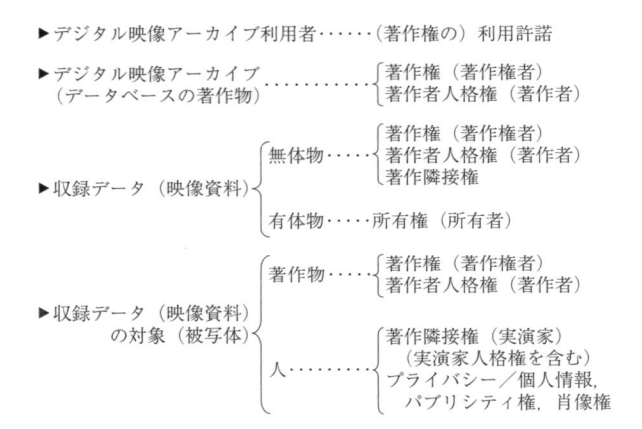

- ▶デジタル映像アーカイブ利用者……(著作権の) 利用許諾
- ▶デジタル映像アーカイブ
  （データベースの著作物）………｛著作権（著作権者）
  　　　　　　　　　　　　　　　　著作者人格権（著作者）
- ▶収録データ（映像資料）｛
  - 無体物……｛著作権（著作権者）
  　　　　　　著作者人格権（著作者）
  　　　　　　著作隣接権
  - 有体物……所有権（所有者）
- ▶収録データ（映像資料）の対象（被写体）｛
  - 著作物……｛著作権（著作権者）
  　　　　　　著作者人格権（著作者）
  - 人………｛著作隣接権（実演家）
  　　　　　　（実演家人格権を含む）
  　　　　　　プライバシー／個人情報，
  　　　　　　パブリシティ権，肖像権

写体がそれ自体で著作物として成立する場合があり，その場合には，被写体に著作権および著作者人格権(場合によっては，著作隣接権)が生じる。

　さらに，デジタル映像アーカイブを利用する側について考えてみると，利用する側への著作権の利用許諾が論点となる。

　以上，デジタル映像アーカイブに関わる権利をまとめると，表7-1のようになろう。

　これをみてわかるとおり，デジタル映像アーカイブをめぐる知的財産としての権利においては，いわゆる「著作権」が主要な位置を占める。ここでは，著作権，著作者人格権，著作隣接権，著作者，著作権者といった用語を使ってきたが，次に，これらの概略を説明することにしよう。

第2節　「著作者等の権利」とは

　通常，一般的に「著作権」と称されている権利は，現行著作権法においては，「著作者の権利」（これを広義の著作権ということもできよう）となっており，

表 7-2　著作者等の権利

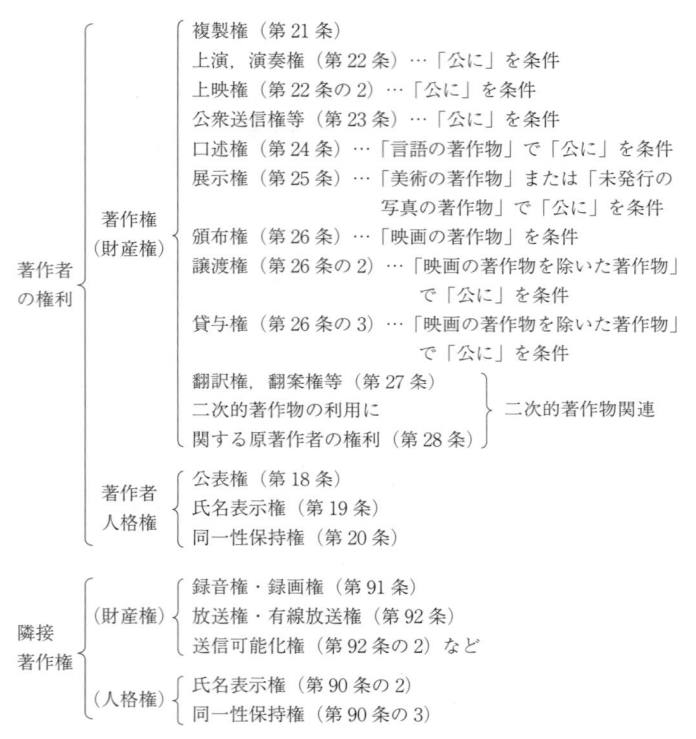

- 著作者の権利
  - 著作権（財産権）
    - 複製権（第 21 条）
    - 上演，演奏権（第 22 条）…「公に」を条件
    - 上映権（第 22 条の 2）…「公に」を条件
    - 公衆送信権等（第 23 条）…「公に」を条件
    - 口述権（第 24 条）…「言語の著作物」で「公に」を条件
    - 展示権（第 25 条）…「美術の著作物」または「未発行の写真の著作物」で「公に」を条件
    - 頒布権（第 26 条）…「映画の著作物」を条件
    - 譲渡権（第 26 条の 2）…「映画の著作物を除いた著作物」で「公に」を条件
    - 貸与権（第 26 条の 3）…「映画の著作物を除いた著作物」で「公に」を条件
    - 翻訳権，翻案権等（第 27 条）｝二次的著作物関連
    - 二次的著作物の利用に関する原著作者の権利（第 28 条）
  - 著作者人格権
    - 公表権（第 18 条）
    - 氏名表示権（第 19 条）
    - 同一性保持権（第 20 条）
- 隣接著作権
  - （財産権）
    - 録音権・録画権（第 91 条）
    - 放送権・有線放送権（第 92 条）
    - 送信可能化権（第 92 条の 2）など
  - （人格権）
    - 氏名表示権（第 90 条の 2）
    - 同一性保持権（第 90 条の 3）

※「公に」とは「公衆に直接見せ又は聞かせることを目的」（第 22 条）とすることを意味する

　この著作者の権利のなかに，財産権である「著作権」（これを狭義の著作権ということもできよう）と人格権である「著作者人格権」が定められている。さらに，現行著作権法上では，実演家，および，レコード製作者，放送事業者，有線放送事業者に限って，「著作隣接権」が認められている。これらを総称して「著作者等の権利」というが，その概略を示したものが表 7-2 である。
　以下，まず，「著作物」，「著作者」，「著作権者」について，そして，「著作権」，「著作者人格権」，「著作隣接権」について，簡潔に説明する。

1　著作物

　著作者の権利が生じるのは，当該物が著作物であることが前提となるため，当該物が著作物であるかどうか(著作物とは何か)が問題となる。

　現行著作権法では，著作物とは，「思想又は感情を創作的に表現したものであつて，文芸，学術，美術又は音楽の範囲に属するものをいう」(第2条第1項第1号)[2]と定義される。ここで示されている著作物の要件を抜き出すと，次のようになる。

- 「(人の)思想又は感情」…機械で自動的に生成されるようなものや，単なる事実の伝達は，著作物とはならない。
- 「創作性」…ありふれた表現，他と類似した表現は，著作物とはならない。
- 「表現(されたもの)」…著作物となりうるのは，他者に認識可能な表現されたもののみであり，それを生み出したアイデアなどは含まれない。

　また，「文芸，学術，美術又は音楽の範囲に属する」とは，かなり幅をもった表現であるが，現行著作権法では以下のような例示がなされている。

- 小説，脚本，論文，講演その他の言語の著作物(第10条)
- 音楽の著作物(同)
- 舞踊又は無言劇の著作物(同)
- 絵画，版画，彫刻その他の美術の著作物(同)
- 建築の著作物(同)
- 地図又は学術的な性質を有する図面，図表，模型その他の図形の著作物(同)
- 映画の著作物(同)
- 写真の著作物(同)
- プログラムの著作物(同)
- 編集著作物(第12条)
- データベースの著作物(第12条の2)

　このような著作物の区分は例示にすぎないが，後述の著作権(の支分権)の中には，特定の区分の著作物においてのみ認められているものがあるため，その場合には，どの区分の著作物であるかが重要になる。

2　著作者／著作権者

著作者と著作権者は，しばしば混同しがちであるが，別の概念である。

現行著作権法では，著作者は「著作物を創作する者をいう」(第2条第1項第2号)とされており，一次的な著作権者(著作権をもっている者)でもある。が，著作権は，(後述するが)他者に譲渡などが可能なため，その場合，著作者と著作権者が別人となる。また，著作権の一部を他者に譲渡することも可能であるため，その場合には，同一の著作物に対して，部分的に著作権をもつ著作権者が(複数)存在することになる。

3　著作権

著作権とは，原則的に，(表7-2に示した)他者による(自らが権利をもつ)著作物の利用行為を禁止する(あるいは，許可する)ことができる権利である。つまり，著作権とは，他者による著作物の個別の利用行為に対して設定されており，このような個別の権利(支分権とよばれる)の束として，著作権という語が用いられる。

言い換えれば，著作権法で定められていない他者による著作物の利用行為(たとえば，本を読む，本を子供に朗読して聞かせるなど)は，著作権侵害となることはない。そのため，著作権の支分権の中には，「公に(対して)[3]」であることを条件としたり，特定の区分の著作物においてのみ認められているものがあることに，注意が必要である。

著作権の特徴としては，財産的権利であるため，ほかの財産と同じく，他者に「全部または一部を譲渡すること」(第61条)が可能である点があげられる。また，現行著作権法上では，著作権の存続期間は，原則として，著作者の死後50年となる(ただし，映画の著作物については，公表後70年であり，また，無名または変名の著作物および団体名義の著作物の著作権存続期間は，その著作物の公表後50年と定められている)。

4　著作者人格権

　著作者の権利に含まれる人格的な権利は，著作者人格権とよばれており，具体的には，公表権，氏名表示権，同一性保持権の3つが定められている。⁽⁴⁾

　著作者人格権の特徴としては，「著作者の一身に専属し，譲渡することができない」（第59条）と定められていることである。このため，他者に譲渡できないだけでなく，その権利の存続期間も著作者の生存中とされる。⁽⁵⁾

5　著作隣接権

　著作隣接権とは，実演家，および，レコード製作者，放送事業者，有線放送事業者に限って認められている権利であるが，その財産権としては，録音権・録画権，放送権・有線放送権，送信可能化権などが定められており，その人格権としては，氏名表示権，同一性保持権の2つのみが定められている。

　このように，著作権や著作者人格権の内容にほぼ準じているが，それらよりも，より限定的な範囲となっていることが特徴である。また，権利の存続期間についても，実演・発行・放送・有線放送された後50年とされている。

第3節　デジタル映像アーカイブと「著作者等の権利」

　前節では，著作者等の権利について，その概略を述べてきたが，ここでは，デジタル映像アーカイブとの関連において特に注意すべき点を，実際の判例を参照しつつ，みていくことにする。

1　「ねぶた写真訴訟」の概要

　まず，興味深い事例として，2013年2月22日に青森地裁で出された「ねぶた写真訴訟」の概要を紹介する。⁽⁶⁾
・原告は，青森市内のねぶた師とねぶた運行団体。
・被告は，東京都品川区の衣類販売店代表者の男性。

・事実関係は次のとおり：被告は，2009年夏の祭りに使われた大型ねぶたの写真に対し，ねぶたの看板部分に自身が経営する店の名称やURLを記載するなどの加工を加えた上で，2011年8月発売のファッション雑誌に広告として掲載。
・被告は，「(ねぶた)写真は有料インターネットサイトで購入し，そこには，広告作成のための加工も可能と記されていた。著作権侵害の認識はなかった」と主張。
・判決内容は，まず，ねぶたが「思想または感情を創作的に表現した美術」で著作権法上の著作物にあたるとし，その上で，写真を加工し雑誌に広告として掲載した行為は，「著作権や著作者人格権の侵害」とし，原告の主張を全面的に認め，請求全額の700万円を支払うよう命じた。

次に，この事例における「被写体の著作物性」，「利用許諾の有効性」，「映像／被写体の著作物性と著作者／著作権者」の3点に注目し検討する。

2 「ねぶた写真訴訟」の検討

この判決の第一の要点は，被写体の著作物性，つまり，被写体である「ねぶた」が美術作品として著作権の保護を受ける対象として認められたということであろう。このように，近年では，いわゆる美術作品とはみなされていないような対象においても，なんらかの創作性が認められれば，著作物と認定される傾向にある。

一方，この事例で注目されるのは，被告が，「写真は有料インターネットサイトで購入し，広告作成のための加工も可能と記されていた」と主張している点である。もし，これが真実だとすると，被告は，広告に利用した写真に関しては，複製権や変形・同一性(不)保持などの許諾を得ていたことになる。

ところが，この事例では，前述のとおり，写真の被写体である「ねぶた」が著作物とみなされたことにより，被告は著作権の侵害を問われることになった。つまり，通常，写真作品は，それ自体に著作物性が認められ著作権が生じるが，この場合，写真の被写体も著作物として認められたため，被写体である「ねぶ

た」が原著作物，それを撮影した写真が二次的著作物ということになる。そして，被告は(二次的著作物である)写真の著作権の利用許諾は得ていたが，原著作物の著作権の利用許諾は得ていなかったということである。

3　映像資料をめぐる著作権

このように，1つの対象に対し，重層的に著作物性が成立し，それに対応して，著作権／著作権者が複数存在していることも決してまれではない。その場合，原則として，すべての著作権者から利用許諾をとることが必要になる。

このような状態に容易になりうることは，映像資料の特質ともいえる。デジタル映像アーカイブに収録される映像資料が，どのような著作権の構成となっているのか，それに対応して，誰が著作者・著作権者であるのかを，収集に際しては，十分に確認しておく必要がある。

第4節　著作権の利用許諾をめぐる問題

前節の事例では，ねぶた写真を販売した者が，ねぶたが著作物として認められうることを想定し，原著作者から原著作物としてのねぶたの著作権の利用再許諾権(利用許諾を受けた者が第三者にさらに利用許諾をする権利)を得ていれば，おそらくこの訴訟は成立しなかったはずである。

デジタル映像アーカイブに即して考えてみると，デジタル映像アーカイブは，映像資料とその利用者との仲介を果たす存在であるから，上記の写真を販売した者に相当することになる。

デジタル映像アーカイブが関わる利用許諾は，デジタル映像アーカイブに映像資料を提供する者に対してと，その映像資料を利用する者に対しての大きく2つに分かれることになるが，前節の事例で考えると，映像資料を提供する者から，デジタル映像アーカイブがどのような利用許諾を得るかという点が重要となる。

ここでは，利用許諾の実際の例として，世界最大規模の動画アーカイブであるYouTubeのそれをとりあげ，それを元に，新潟大学地域映像アーカイブセンターでの利用許諾のあり方について検討する。

1　著作権利用許諾の検討：YouTubeを例に

表7-3は，YouTubeの利用規約のうち，動画投稿者に対する箇所を抜粋したものである。

その内容をまとめると，以下のようになる。

・まず，動画投稿者が，著作権者であるか，あるいは正当な著作権の利用許諾を得ていることを求めている（下線部a）。
・次に，動画投稿者から，YouTubeが獲得する権利（利用許諾）について述べている（下線部b）。
・さらに，上記のYouTubeが獲得する利用許諾について，追加の説明を行っている（下線部c）。ここで注目されるのは，「サブライセンス可能かつ譲渡可能な(sublicenseable and transferable)」とし，YouTubeによる他者への利用（再）許諾およびYouTubeから他者への利用許諾の譲渡が可能であることを求めている点である（下線部d）。さらに，「派生（二次的）著作物の作成(prepare derivative works of)」についても，その許諾を要求している（同）。
・最後に，動画投稿者がYouTubeに付与した利用許諾の終了について，述べられている（下線部e）。これによれば，「YouTubeサービスから自己の動画を削除又は消去」（ただし，「商業的に合理的な期間内（は存続）」と条件づけられているが）により，利用許諾の終了となることが示されている。

また，YouTubeでは，上記の標準的なYouTubeライセンスのほかに，著作物のより自由な流通・利用をめざすクリエイティブ・コモンズ(Creative Commons)ライセンスも選択できるようになっている。[8]

2　著作権利用許諾の検討：新潟大学地域映像アーカイブセンター

ここで，新潟大学地域映像アーカイブセンターで用いている利用許諾文書の

表 7-3 「YouTube 利用規約」2010 年 6 月 9 日（抜粋）

B. お客様は、自己の本コンテンツ及びそれらの本サービスへの投稿又は公表に伴う結果につき単独で責任を負うものとします。<u>a</u>お客様は、お客様が、本コンテンツを公開するために必要なライセンス、権利、同意及び許可を有していることを確認、表明及び保証します。<u>b</u>お客様は、本サービス規約に従い本サービス上で本コンテンツを公開するために、かかる本コンテンツに対する一切の特許権、商標権、企業秘密、著作権若しくはその他の財産権についてのライセンスを YouTube に提供します。 C. <u>c</u>明確にするために付言すると、お客様は、ご自分の本コンテンツに対する所有権を全て留保します。ただし、お客様は、<u>d</u>YouTube に本コンテンツを投稿することにより、YouTube に対して、本サービス及び YouTube(並びにその承継人及び関係会社）の事業 (本サービス (及びその派生著作物) の一部又は全部の、あらゆる媒体形式による、あらゆるメディアチャネルを通じてのプロモーション及び再配布を含みますが、これに限られません）に関連して、世界的、非独占的、無償、サブライセンス可能かつ譲渡可能な、本コンテンツの使用、複製、配布、派生著作物の作成、表示、出版、翻案、送信可能化及び実演に関するライセンスを付与します。お客様は、また、本サービスの各利用者に、本サービスの機能を通じてこれらの本サービス条件に基づいて認められる限度で、本サービスを通じてのお客様の本コンテンツへのアクセス、並びに当該本コンテンツを使用、複製、配布、派生著作物の作成、表示、出版、送信可能化及び実演することについての非独占的なライセンスをここに付与するものとします。<u>e</u>動画の本コンテンツに関してお客様により付与される上記のライセンスは、お客様が YouTube サービスから自己の動画を削除又は消去してから商業的に合理的な期間内に終了します。ただし、お客様は、YouTube が、削除または消去された動画のサーバー上の複製を、表示、配布、または実演しないことを条件に、保持できることを理解し同意します。お客様が投稿するユーザーコメントに関する上記のライセンスは、永久かつ撤回不能とします。 (http://www.youtube.com/t/terms?gl=JP)	B. You shall be solely responsible for your own Content and the consequences of submitting and publishing your Content on the Service. <u>a</u>You affirm, represent, and warrant that you own or have the necessary licenses, rights, consents, and permissions to publish Content you submit; and <u>b</u>you license to YouTube all patent, trademark, trade secret, copyright or other proprietary rights in and to such Content for publication on the Service pursuant to these Terms of Service. C. <u>c</u>For clarity, you retain all of your ownership rights in your Content. However, <u>d</u>by submitting Content to YouTube, you hereby grant YouTube a worldwide, non-exclusive, royalty-free, sublicenseable and transferable license to use, reproduce, distribute, prepare derivative works of, display, and perform the Content in connection with the Service and YouTube's (and its successors' and affiliates') business, including without limitation for promoting and redistributing part or all of the Service (and derivative works thereof) in any media formats and through any media channels. You also hereby grant each user of the Service a non-exclusive license to access your Content through the Service, and to use, reproduce, distribute, display and perform such Content as permitted through the functionality of the Service and under these Terms of Service. <u>e</u>The above licenses granted by you in video Content you submit to the Service terminate within a commercially reasonable time after you remove or delete your videos from the Service. You understand and agree, however, that YouTube may retain, but not display, distribute, or perform, server copies of your videos that have been removed or deleted. The above licenses granted by you in user comments you submit are perpetual and irrevocable. (http://www.youtube.com/t/terms?gl=US)

ひな形の主要部分を，下に示す。(なお，[　]内は，おのおのの利用許諾で変化する箇所である。)

　　［相手先氏名・組織名］が著作権を有している［下記の／別紙に記した］資料について：
　（1）　［相手先氏名・組織名］が有しているすべての著作権は，［相手先氏名・組織名］に留保されます。
　（2）　［学術研究・教育および文化の発展に資することを目的として］，新潟大学地域映像アーカイブセンターに，複製，変形，頒布，展示，上映，公衆送信することを許諾します。
　（3）　新潟大学地域映像アーカイブセンターが認めた第三者に対しても，同種の権利を許諾します。

この文書の要点は，次のとおりである。

まず，冒頭の文で，相手が著作権者であるかどうかの確認，および，相手が著作権を有している映像資料の特定を行っている[9]。

(1)については，この利用許諾文書が，著作権の譲渡を意味しているわけではないことを，あらためて説明している文である。

(2)の［　］内の箇所は，映像資料の利用にあたっての著作権者の意向・条件を反映させる箇所である[10]。また，後半部の許諾対象となる権利を列挙した部分は，デジタル映像アーカイブとしてのサービス提供に必要なものに加え，関連した利用——たとえば，デジタル映像アーカイブの映像資料を用いた上映・展示会や印刷物の作製など——も考慮したものとなっている。

(3)は，地域映像アーカイブセンターによる第三者への利用許諾を可能にするための文言である。

前述のように，映像資料では，単一の映像資料であっても，複数の権利および権利者が関係してくることが考えられるが，その場合でも，デジタル映像アーカイブが，利用者に対して一括で利用許諾を付与できるようになる形が望ま

しい。つまり，権利関係においても，デジタル映像アーカイブが，いわゆるワン・ストップ・サービスとして機能するということになる。これを実現するには，YouTube の利用許諾の例でみたように，映像資料の著作権者から，他者に対する利用許諾を付与（再ライセンス）できる権利を，デジタル映像アーカイブが得ておく必要がある。これを実現する文言が(3)である。[11]

第5節　デジタル映像アーカイブと著作権

　最後に，デジタル映像アーカイブと，それに関わる著作権，および，その利用許諾について，まとめておこう。
　一般に，著作権法は，著作物に対する著作権者の財産的権利を保護するものとみなされている場合が多いように思われる。しかし，著作権法の第1条に「これらの文化的所産の公正な利用に留意しつつ，著作者等の権利の保護を図り，もつて文化の発展に寄与することを目的」と書かれているように，著作権法の第一の目的は，「文化の発展に寄与」することである。そして，そのために，著作権者の財産的権利の保護と著作物の利用のバランスをとることが求められている。
　デジタル映像アーカイブの第一の目的は，地域に残るさまざまな貴重な映像資料を公のものとし，それへのアクセスの利便性を提供することにより，文化・学術や地域の発展に資することである。これを実現するためには，映像資料の自由な流通・利用が重要となるが，そのためには，いくつかの方策が考えられる。
　まずあげられるのは，前述のとおり，デジタル映像アーカイブが，自身の責任で他者への利用（再）許諾を可能とするような利用許諾を結ぶことである。これにより，デジタル映像アーカイブの利用者に対して利便性を提供すると同時に，著作権者に対しても，著作権者が望む利用条件が守られるかどうかを利用（再）許諾の権利を得た者が管理・保証することになり，自由な流通・利用に賛

同しながらも，無制約な利用・流通には抵抗感をもつ著作権者の要望に応えることができる。

次にあげられるのは，パブリック・ドメインとなった著作物の有効な活用である。しかしながら，収集された映像資料が，本当にパブリック・ドメインとなったのかどうか，あるいは，いつなるのかどうか，つまり，著作権の存続期間がいつまでなのかを判別することは，必ずしも容易ではない。その判定の基礎として，著作者・著作権者などについての正確なデータが必要となる。そのため，これらを正確に記録していくことも，デジタル映像アーカイブの重要な任務となる。

最後にあげられるのは，前述のクリエイティブ・コモンズ・ライセンスなどの著作物の自由な利用・流通を促進する著作権利用許諾の採用を広めていくことである。デジタル映像アーカイブは，このような啓蒙活動にも，一定の役割を果たすことになろう。

【注】
(1) 本稿では，この点に関しては，紙幅の制約のため，触れることができないが，堀部政男 (2010) などを参照。
(2) ここでの条文は，すべて現行著作権法（平成24年6月27日を最終改正とするもの）からである。
(3) 「公に」とは，「公衆に直接見せ又は聞かせることを目的として（以下「公に」という。）」（第22条）と説明されており，「公衆」の意味については，不特定であれば，その人数に関わらず，「公衆」にあたると考えられている。また，「この法律にいう『公衆』には，特定かつ多数の者を含むものとする」（第2条第5項）とあることから，特定であっても多人数であれば，「公衆」に含まれることになる。まとめると，「公衆」に含まれないのは，特定かつ少人数の場合のみということになる（島並良ほか(2009)参照）。
(4) 氏名表示権および同一性保持権については，著作者名表示／（作品の）同一性保持を他者に強いる（あるいは，それをしないことを許諾する）権利であり，著作権の場合と逆になっていることに注意。
(5) ただし，「著作物を公衆に提供し，又は提示する者は，その著作物の著作者が存しなくなつた後においても，著作者が存しているとしたならばその著作者人格権の侵害となるべき行為をしてはならない」（第60条）とされていることから，著作者人格権の存続期間については，理論的には期限がないと考えることもできる。この点については，中山信弘(2007)を参照。

(6) この概要は，新聞各紙の内容(2013年2月23日付の読売新聞，毎日新聞など)を総合したものである．
(7) ここでは，ねぶた写真を販売した者(有料インターネットサイト)が，その写真の撮影者(著作者)自身であるか，著作者から著作権の利用許諾を付与する権利を与えられていたと仮定している．もちろん，この仮定どおりでない可能性や，そもそも被告の主張が真実でない可能性もあるが，その場合，被告は，正当な利用許諾をまったく得ていなかったことになり，著作権および著作者人格権の侵害となる．
(8) Creative Commonsとは，著作物の自由な流通・利用を促進することを通じて，文化の発展をめざすことを目的とした運動・団体である．著作権者が，自らの著作物にすぐに適用できる整備された利用許諾ライセンスを提供している．http://creativecommons.jp/, http://creativecommons.org/, Lessigほか(2005)，Lessig(2004＝2004)，野口祐子(2010)を参照．
(9) 通常，映像資料の提供を受ける際，提供者はその映像資料の所有者の場合が多いが，所有者がその映像資料の著作権者であるとは限らない．そのため，まず，許諾を得る相手が，著作権者であるかどうかを確認する必要がある(とくに，映画については，著作者・著作権者がわかりにくいため，注意する必要がある)．なお，いうまでもなく，著作権者ではない者から利用許諾を得たとしても，有効な利用許諾とはならない．
(10) (2)の[　]内の使用目的について問題となるのは，商用利用をどう扱うかという点である．地域映像アーカイブセンターの性格から考えて，利潤追求を目的とすることはないにしろ，利潤追求と商用利用とを同義と捉え，商用利用一般を不可としてしまうと，問題が生じるおそれがある(たとえば，定価のついた出版物の作製や民間企業による地域振興での利用など)．そのため，可能であるならば，商用利用不可とする条件はつけないほうが望ましい．
(11) ただし，著作権の利用許諾を得るに当たり，前提となるのは著作権者の意向であり，前述の利用許諾文(2)の[　]内の場合と同様，利用許諾文(3)の文言は，著作権者の理解が得られない場合，変更されることもありうることに注意しておく必要がある．

第Ⅲ部
映像をデジタル化し創造する

第8章

動画，音声のデジタル化の実際

松本一正・渡辺一史

第1節 映像メディア・音声メディアのデジタル復元について

 2011年3月11日，東日本大震災により日本は大きな被害を受けた。経験したことがないほどの津波が各地を襲い，土地，家屋，各施設が甚大な被害を受け，大切な家族までも失う人びとが数多くいた。
 震災により，多くの記録映像が収められたフィルム，ビデオテープや個人宅に保管されていた，家族の思い出などが詰まったフィルム，ビデオテープが津波で流されてしまい，たまたま運良く発見された場合でも，砂，泥，海水（塩分）などから影響を受け，キズがついたり，乳剤面・磁性体の溶け，また貼り付き，フィルムケースやビデオカセットのネジや金属部分が錆びてしまう，といった酷いダメージを受けることになった。
 フィルムやビデオテープのなかにはその土地に関係した（お祭り，記念行事など）記録映像や人間の肖像，家族の映像やその時代の情景などが映し込まれ，いざ失ってしまってから，その場所，その時間にしか捉えることのできない映像だったという貴重さに気づくことになった。
 水没から受けるダメージもそうだが，元々のフィルム，ビデオテープの保管方法による劣化の問題もある。映像素材の保存可能年数も物によってまちまちであるし，たとえば温度・湿度が管理された環境下で保管されていた場合とそうではない劣悪な環境の場合では劣化の差が年数を経た現在にいたって，はっきり出てきてしまうのである。

第 8 章 動画, 音声のデジタル化の実際　163

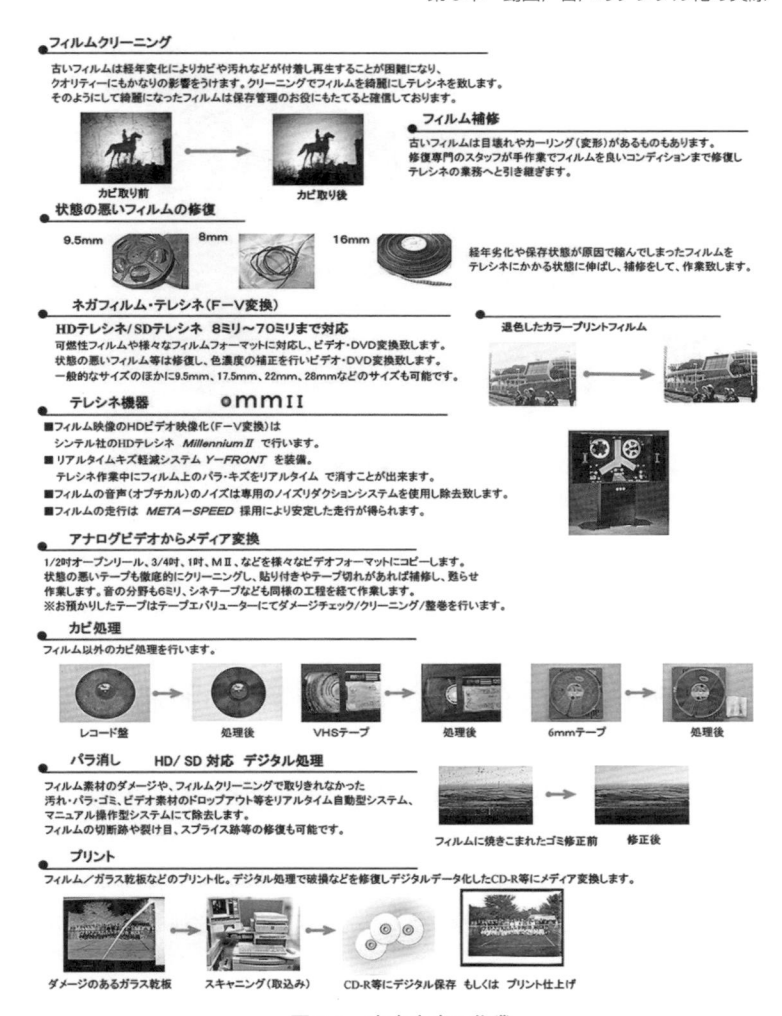

フィルムクリーニング
古いフィルムは経年変化によりカビや汚れなどが付着し再生することが困難になり、クオリティーにもかなりの影響をうけます。クリーニングでフィルムを綺麗にテレシネを致します。そのようにして綺麗になったフィルムは保存管理のお役にもたてると確信しております。

カビ取り前　　カビ取り後

フィルム補修
古いフィルムは目崩れやカーリング(変形)があるものもあります。修復専門のスタッフが手作業でフィルムを良いコンディションまで修復しテレシネの業務へと引き継ぎます。

状態の悪いフィルムの修復
9.5mm　8mm　16mm

経年劣化や保存状態が原因で縮んでしまったフィルムをテレシネにかかる状態に伸ばし、補修をして、作業致します。

ネガフィルム・テレシネ (F-V変換)
HDテレシネ/SDテレシネ　8ミリ～70ミリまで対応
可燃性フィルムや様々なフィルムフォーマットに対応し、ビデオ・DVD変換致します。
状態の悪いフィルム等は修復し、色濃度の補正を行いビデオ・DVD変換致します。
一般的なサイズのほかに9.5mm、17.5mm、22mm、28mmなどのサイズも可能です。

退色したカラープリントフィルム

テレシネ機器　ommII
■フィルム映像のHDビデオ映像化 (F-V変換)は
　シンテル社のHDテレシネ *MillenniumⅡ* で行います。
■リアルタイムキズ軽減システム Y-FRONT を装備。
　テレシネ作業中にフィルム上のバラ・キズをリアルタイムで消すことが出来ます。
■フィルムの音声(オプチカル)のノイズは専用のノイズリダクションシステムを使用し除去致します。
■フィルムの走行は *META-SPEED* 採用により安定した走行が得られます。

アナログビデオからメディア変換
1/2吋オープンリール、3/4吋、1吋、MⅡ、などを様々なビデオフォーマットにコピーします。
状態の悪いテープも徹底的にクリーニングし、貼り付きやテープ切れがあれば補修し、甦らせ作業します。音の分野も6ミリ、シネテープなども同様の工程を経て作業します。
※お預かりしたテープはテープエバリュエターにてダメージチェック/クリーニング/整巻を行います。

カビ処理
フィルム以外のカビ処理を行います。

レコード盤　処理後　VHSテープ　処理後　6mmテープ　処理後

バラ消し　HD/SD対応 デジタル処理
フィルム素材のダメージや、フィルムクリーニングで取りきれなかった汚れ・バラ・ゴミ、ビデオ素材のドロップアウト等をリアルタイム自動型システム、マニュアル操作型システムにて除去します。
フィルムの切断跡や裂け目、スプライス跡等の修復も可能です。

フィルムに焼きこまれたゴミ修正前　修正後

プリント
フィルム/ガラス乾板などのプリント化。デジタル処理で破損などを修復しデジタルデータ化したCD-R等にメディア変換します。

ダメージのあるガラス乾板　スキャニング(取込み)　CD-R等にデジタル保存　もしくは　プリント仕上げ

図 8-1　東京光音の作業

大切に保管しようとするあまり容器の密閉度を上げてしまいがちであるが、空気の入れ替えができずにそのことが原因で劣化の進行を早めてしまう場合もある。長期間全く使用していないから状態がよいということはなく、きちんと整備された環境で適時使用(風通し)していくこともこれから先、非常に重要に

図 8-2　ランクシンテル Millennium II

なるであろう。

　また，元素材を保存，保管することはもちろん重要であるが，それらを再生する機材は年数を経るにしたがってどんどん少なく，あるいはなくなっていくことを認識しなければならない。東京光音デジタル修復・復元センターでは，機材は故障していても部品取り用として確保し，部品交換のときに流用している。機材の確保が重要であると同時に，その時代に照らし合わせて随時，新メディアへの変換をする必要がある。数多く記録，保存していたものが年数を経て，いざ改めて視聴（再生）しようとした時に再生機材がなくなってしまっていて，ただの物品として保存しているだけになり，映像の役割そのものが失われてしまう事態になりかねないからだ。

　新メディアへの変換を行うにあたって，そのコストをどう捻出するかが頭の痛いところであろう。著作権の問題をクリアしたとして，映像を共通の財産として捉え，複数の団体で変換費用を出し合い，映像を共通の財産と捉え使用するというような方法もある。

第8章　動画,音声のデジタル化の実際　165

フィルム・ビデオダメージを受けたものの写真

図 8-3　貼り付きのあるフィルム

図 8-4　サビの中に埋もれたフィルム

図 8-5　震災のあった 8 ミリフィルム

図 8-6　修復された 8 ミリフィルム

図 8-7　水損で砂だらけの VHS テープ①

図 8-8　水損で砂だらけの VHS テープ②

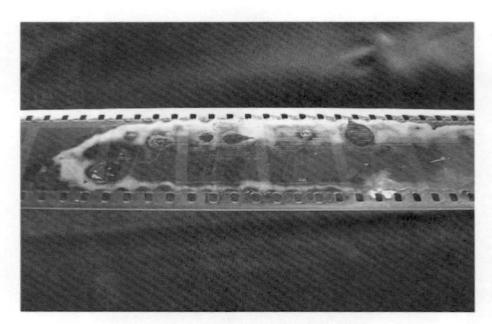

図 8-9　表面の変化（乳剤面）

図 8-10　U-matic テープの貼り付き

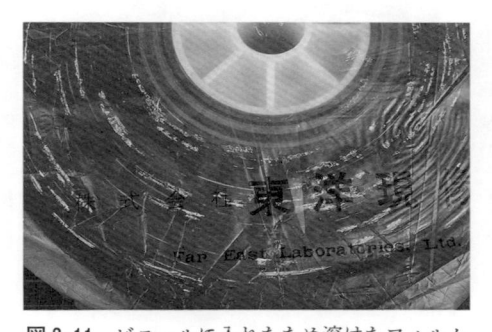

図 8-11　ビニールに入れたため溶けたフィルム

第 2 節　フィルム劣化の実際

1　フィルム・ビデオテープなど

　個人所有のフィルム・ビデオテープのなかにはその土地その土地の貴重な伝統行事や風景，すでに消え去った建物などが実に数多く収録されている。現在，これらの映像を自治体や大学などの研究機関，図書館や博物館などのアーカイブスが中心となって集め，地域の映像ライブラリーとしてデジタル化し，住民への貸出しや上映会などを行う機会が増えてきている。文書や写真もその時代風景，人物などを伝えられるが，動画でみた場合には，もっと素晴らしいインパクトをもって力強く訴えかけてくる場合が多い。表現している時間や空間の差異を感じるものである。

　東京光音デジタル修復・復元センターに集まってくるフィルム，ビデオテープの類は 30 年～40 年以上経っているものがほとんどで，保存環境，使用状況により劣化，損傷しているものがある。

第8章　動画, 音声のデジタル化の実際　167

　素材の状態は一本一本違っている。ビニールに入れ密閉されていたために，溶け出したフィルムや(図 8-11)，変形していたり，表面の乳剤面が変化していたり(図 8-9)，カビが発生していたり，また，フィルム・テープ同士がくっついている場合もある(図 8-10)。同じ状態のものがほとんどないので，それらを修復するには，基礎の技術・知識が必要なのはもちろんだが，今までの修復方法の常識を覆す大胆な発想の転換が必要な場合もある。

　一度，劣化がはじまって，何もしないまま放置すると，そこからは劣化スピードが加速度的に進んでしまう場合が考えられる。たとえばカビの発生したものは速やかにそれを取り除く必要があるわけだが，図 8-12 や図 8-19 など発生初期に表面についた状態のものはクリーニング作業で除去できる。カビのついた図 8-12 は，図 8-13 に除去できた例である。作業としては，手で除去する場合もあれば(図 8-14)，それでは時間が大幅にかかる場合は，このために製

図 8-12　カビの発生したフィルム

図 8-13　カビ取り処理後のフィルム

図 8-14　カビ取り処理

図 8-15　テープクリーニングの機械

作した特殊な機材(図8-15)を使う場合もある。進行してしまうと表面だけではなく，フィルム・テープの樹脂層にまで入り込んでしまう状態になる。そうなってしまうと，取り除くことが困難になったり，場合によっては不可能になる場合が多々ある。

修復するにあたってはおのおの状態が違うため自動化，機械化することはできない。その場合には技術者がみて，触って判断をくだし，確認してその素材に適した修復方法を考えて対応していくことになる。

ここで，簡単にフィルムのデジタル化の手順をまとめておこう。

① 古いものであればあるほど一本一本状態は違う。フィルムを詳しく調べ，傷んだ部分(切断，パーフォレーション目壊れ，など)を補修・補強する。

② フィルムの変形・貼り付きがあった場合，フィルムそのものを平面化する（デジタル化する時，機材にかけられ，ピントが取れる状態にする）。

図8-16 状態の悪い8ミリフィルム

図8-17 状態の悪い9.5ミリフィルム

図8-18 状態の悪い16ミリフィルム

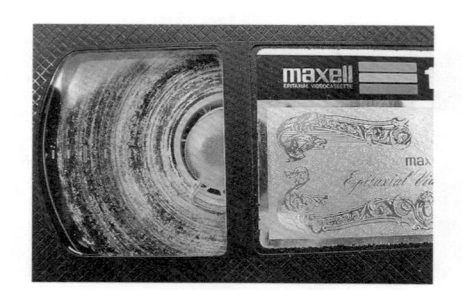

図8-19 カビの発生したVHSテープ

図8-20 カビ取り処理後

③ 目視で確認できる汚れ，付着物は手拭きで取り除く。
④ フィルムクリーニング機材を使用し，細かい汚れ，付着物を取り除く。
⑤ フィルムにカビが発生した場合，前述のクリーニングに加えて作業する。
⑥ フィルムをテレシネ機材にセットして，色調調整（カラー作品の場合），濃度補正（白黒作品の場合）を行いテレシネ作業（ビデオ収録をする）。
⑦ さらにハイクオリティを求める場合，収録した映像のキズ・汚れを1つずつ除去するデジタル修復作業を行う。
⑧ 希望のメディアに変換して納品となる。

次に，ビデオテープのデジタル化の手順もまとめておく。
① フィルムと同様に古いものであれば状態はまちまち。まず外観上で汚れ，カビの発生はないか確認する。
② 専用機材でテープをクリーニングする。状況によっては手でテープを拭く時もある。
③ 再生して映像を確認して，もし画にノイズがあった場合，再度クリーニングして収録する。
④ ハイクオリティを求める場合，収録した映像のキズ・汚れを1つずつ除去するデジタル修復作業を行う。
⑤ 希望のメディアに変換して納品となる。

　当然のことながら取り扱いの基礎知識・技術を引き継いでいく後継者の育成が重要になってくるだろう。ここでポイントになるのは，単純に今までの技術だけを習得するのではなく，「よいもの（映像）を残したい」という強い気持ちがさまざまな発想を生み出し，より有意義な新しい方法をみつける手立てとなることである。

　ここでもコストの問題が出てくる。今，対処療法を実行していれば少ない費用で済むことが，それを先延ばしにして数年〜10数年後に行おうとする場合，劣化はさらに進んでしまい結局，多額の費用が必要になってしまう。さらに悪いことには修復すらできなくなってしまう可能性が考えられる。

　またそういった修復を行える会社があることすら知らずに修復を諦めてしま

い，映像を処分してしまうことがあるのが残念でならない。こういった映像メディアの修復，それに携わっているわれわれこそが，上映会や講演会などで修復できる会社があることを世間，社会に知らしめ，映像を後世に残すという意味合いじたいをも啓蒙していく活動が大切であろう。

2 音声テープなど

　また，映像フィルム・ビデオテープの修復，デジタル化もそうだが，音声テープ（6ミリ・カセットテープ・レコードなど）の修復・デジタル化も多くなってきている。大体映画フィルムがあるところには音声のテープも一緒に保管されている場合が多い。音声も映像フィルム・ビデオテープと同様に劣化による変形，カビの発生，テープ同士の貼り付きがある場合がある。これらも丁寧にクリーニングをして再生すればよりクリアのものが再生できる。貴重な音源資料もあるからよいものを残したいところである（図8-21～8-26）。

　フィルムやビデオテープの再生機材もなくなってきていて，機材のメンテナンスも大変であるが，音声テープの機材も同じである。動かなくなったものを部品取りにして修理する時もある。機材のメンテナンス費用も古いものであれば費用もかかるし，修理できる人材が少なくなってきているのも頭を悩ませることである。

3 ガラス乾板

　また，ガラス乾板をデジタル化することもできる。個人・法人に関わらず，問い合わせや依頼がくる。この素材も作られてから数十年経っているので劣化による乳剤面の剥離が起きているものや，ガラス面にヒビ，割れがみられることも多い（図8-22）。そういったものは修復してからデジタル化するのだが，キズや汚れはデータ化したあとに処理をすることになる（図8-23）。データ修正で元々あった画像を，余計に消したり修正したりしないように，注意深く作業をしていく。そのため取り込んだデータはバックアップも兼ねて保存している。

第8章 動画，音声のデジタル化の実際　　171

図 8-21　切断されたカセットテープ

図 8-22　手動によるテープクリーニング

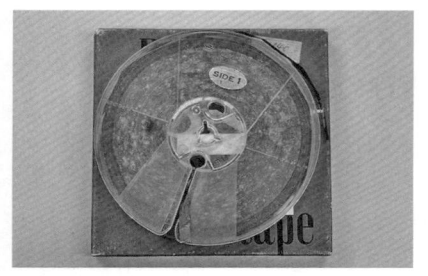

図 8-23　6ミリテープのカビ

図 8-24　処　理　後

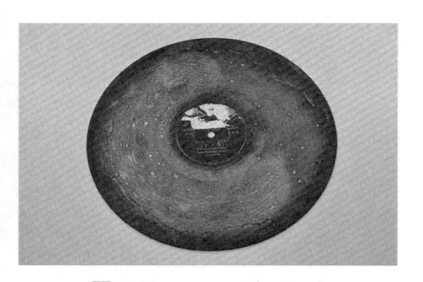

図 8-25　レコードのカビ

図 8-26　処　理　後

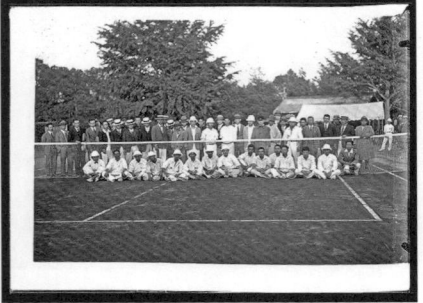

図 8-27　修復前　　　　　　　　　　図 8-28　修復後

第 3 節　映像保存の媒体

「映像を保存するメディアは何がよい？」という質問が時々ある。「永遠に再生・視聴できるメディア」はないのが現状である。フィルム・ビデオテープ・ディスクメディア（CD，DVD など）・ハードディスクなどのデータが保存媒体としてあげられる。そのなかでも多種・多様にデータ形式があるので，どの映像を，どのようにして使用（展示用・貸出用・配信用など）したいのかという目的を明確にしてから作成しないと，一度変換したものをまたもう一度やり直すことになり，余分な費用をかけてしまうことになる。

ある程度の時期がきたらメディアを書き換えることは必須になる。そこで機会を逸してしまうといざ活用しようとした時に再生困難な状況に陥ってしまうことになるわけだ。今テープでいうと Hi8 のカセットテープや VHS テープなどがあげられ，再生機材が少なくなりつつある。

フィルムの場合，何かしらのメディアに変換して映像を保存・活用することになるが，フィルムそのものは処分しないで保管して欲しいものである。保管スペース，温度・湿度の設定など難しい部分があるが，しかるべき施設（東京国立近代美術館フィルムセンターなど）へ相談・寄贈することも 1 つの方法である。

おわりに

　映像アーカイブのデジタル化作業に携わって，もうみられないとあきらめていたものが，修復，再生できてお客様に大変喜ばれることがある．ある人はなくなった家族の映像を取り戻し，またある人は自分の小さい頃の映像を再び眼にした．また当時のニュースや情景など，それらの映し出された映像をみて感謝された時こそ，この仕事をしていてよかったと思う瞬間である．どんなことにでも通用するかもしれないが，よいものを作成しようとする時ほど時間がかかるものである．携わる人の熱意，会社の社風で品質が変わることも多い．運良く助けられたものもあり，そうでないものも数多くあるだろう．デジタル化する機材は年々進歩していき，すぐれたものが出てきているが，それを取り扱う人が「古いものだから」とか「状態が悪いから」と諦めてしまってはどうしようもない．一秒でも，一コマでも残せるように，映像との出会いを大切にしていきたいものと考えている．

第9章

デジタル映像の展示の可能性
――「今成家写真」展における
映像アーカイブ資料の活用を事例として――

榎本千賀子

第1節　ブロイラースペースにおける「今成家写真」展

　2010年から2011年にかけて，私は小松浩子とともに東京杉並区に築40年余りの2階建ての建物を借り，ブロイラースペースというギャラリーを開いた。このギャラリーは，私と小松という2人の写真家が1年の間，ひと月に一度作品の展示を続けるプロジェクトを行うために開いた自主ギャラリーであった。[1]
40年の間さまざまな用途に用いられてきた痕跡が残るブロイラースペースの

図9-1　「今成家写真」展（東京，ブロイラースペース）1階展示風景　撮影：越間有紀子

特異な空間のうちで，短期間に展示を繰り返すというプロジェクトを通じて，私たちは自分自身にも予想できない展開をよび込むことを意図していた(榎本，2011, online : frombroilertoraven)。

このプロジェクトの期間中，私たちは自分たちの営みを制作とは異なる角度から捉え直すため，自分たちの作品展示に加えて，数本の企画展

図 9-2 「今成家写真」展関連イベント
（スクリーン手前左より原田健一，金村修）

を開催した。そうした企画展のひとつが，本章で取り上げる「今成家写真：写真との出会い──幕末から明治，新潟にて」(2010 年 10 月 12 日-10 月 23 日，東京，ブロイラースペース)と題した展覧会である。「今成家写真」とは，新潟県南魚沼市六日町の裕福な地主として，村役人として，地域の指導者的立場にあった今成家の人びとが幕末・明治初期に撮影した 52 枚の湿板写真を中心とする写真コレクションである(榎本，2013；第 1 章参照)。本展はこの「今成家写真」の複製プリントの展示を中心とし，1940 年代に同六日町で平賀洗一が制作した映画を同時上映するというものであった(図 9-1)。また，展覧会期中には，写真家の金村修と新潟大学地域映像アーカイブ代表である原田健一の対談，アーカイブ所蔵映画の上映イベントを開催した(図 9-2)。

今成家の写真は，新潟大学による調査の後 2009 年のシンポジウム「地域映像の力──新潟からの情報発信とアーカイブ構築をめざして」(2009 年 2 月 7 日，新潟，新潟県民会館小ホール)において初めて一般に公開された。このコレクションの原板は現在も今成家に保存されているが，新潟大学人文学部人文社会・教育科学系附置地域映像アーカイブセンターが原板から高画質デジタルデータを作成・所蔵している。「今成家写真」展は，この地域映像アーカイブセンター所蔵の今成家写真コレクションデジタル映像資料を活用して実現した展示である。本章では，この「今成家写真」展の事例を通じて，映像のデジタル化が展示

176　第Ⅲ部　映像をデジタル化し創造する

という営みにもたらす可能性について，とくにデジタル・アーカイブ資料の活用という観点から考察してみたい。

第2節　「今成家写真」展の展示構成

　議論に入る前に，今回展示した今成家コレクションについて簡単に説明し，そのコレクションを「今成家写真」展ではどのように展示したのか，その概要を確認しておこう。

　「今成家写真」展の中心となった今成家コレクション中の52枚の湿板写真は，今成家十九代目当主，今成無事平(1837～81)が中心となって撮影したものである。

図9-3　IF-P-001-009-00

第 9 章　デジタル映像の展示の可能性　177

　今成家の写真は，その大部分が人物を中心的な被写体とした「肖像写真」であるのだが，現在でも写真館での記念写真で用いられるようないわゆる「肖像写真」の定型的な表現やポーズが採用されたものは少なく，当時の文脈を共有しない現代の私たちには容易にはその意味を捉えきれない衣装やポーズが頻出し（図9-3），試行錯誤の跡が感じられる写真も多い。

　また，この湿板写真は，すべてがガラスネガ，もしくはガラスネガ原板を直接ポジ画像として鑑賞可能な形にしたアンブロタイプないしコロジオン・ポジティブとして残されている。今成家に残された写真技法書『写真傳法』1870（明治3）年およびその草稿によれば，当時の今成家では鶏卵紙プリントも制作されていた可能性が高い。しかし，残念ながらプリントの存在は今成家では確認されていない。

　現在までに確認された原板は，すべて手のひらに乗るほどの小さい写真である。額装された写真は，アンブロタイプ特有の，鈍く，しかし繊細なコントラストのなかにグレーを基調とした画像を浮かび上がらせている。紙焼き写真，

図 9-4　IF-P-001-056-00

図 9-6　部分
細部に目をこらすと襖や着物の柄が見えてくる。

ディスプレイ上に映写される彩度の高い写真を見慣れた現在の観者の目からは，見えづらいとさえ感じられるかもしれない原板のあり方は，至近距離からの鑑賞と，高いレベルでの注視を観者に要請する。しかし，一度集中した視線を写真に向けてみると，今成家の写真には，衣服や背景や敷物の模様や人びとの表情，爪が小さく光る手足など，凝視を通じて分け入り，探索できる細部が，濃密に圧縮されて写し出されていることが分かる（図9-4）。つまり，この写真はその物理的なサイズに反して，細部の中に視線を広く遊ばせることが可能な「大きな」写真であるともいえるのである。

　また，そのまま鑑賞可能な形に加工された写真は木製の額に収められており，写真によっては和紙に金箔を施したマットで装飾されている。このような凝った額装方法は，当時の人びとがこの写真を貴重なものとして扱っていただろうことを伝えている。そして，原板のそこかしこを覆う変色や剥落は，この写真が過ごしてきた約150年の長い年月を感じさせる。

　だが，「今成家写真」展では，モノとして以上のように実に多くのことを教えてくれる湿板原板を全く展示しなかった。そして，原板の代わりに，地域映像アーカイブ所蔵のデジタル映像データから制作したインクジェットプリントを作成，展示したのであった。プリント制作にあたっては，新潟大学のディレクションの下，東京光音が作成したデータを使用した。

　さらに具体的な展示内容を紹介しておこう。「今成家写真」展では，97×85mmの原板の原寸大プリントから1030×1456mmのB0判という巨大なサイズまで，幅広いサイズを取り混ぜた30点のプリントを制作した。そして，道路に面した二辺が全面ガラス張りで開放的な空間となっているブロイラースペースの1階には，等身大以上の大きさに引き伸ばしたプリントを並べた（図9-1）。さらに，1階とは対照的に壁に囲まれた閉じた空間である2階には，細長い空間を暗幕で手前と奥にほぼ半分に仕切り，入り口側には小ぶりのプリントを中心としてランダムに配置，暗幕の奥にはスクリーンを設置して平賀の映画をDVD上映した（図9-5）。

　また，プリント制作については，インクジェットプリント用紙メーカーであ

図 9-5 「今成家写真」展(東京, Broiler Space) 2 階展示風景　撮影：越間有紀子
（暗幕の奥にスクリーンを設置し，平賀洗一の映画を上映した）

る株式会社ピクトリコの協賛が得られたため，同社のプリント工房という出力サービス(ピクトリコ, online：print_kobo)を利用した。出力用紙やサイズの決定，色校正等のプリントのディレクションについては，新潟大学協力の下，榎本が中心となって進めた。

第3節　「今成家写真」展におけるデジタルデータの利用の背景

　前節に述べたような「今成家写真」展の展示方法——湿板写真原板を直接展示するのではなく，新たにデジタルデータから制作したインクジェット複製プリントを展示する——は，ブロイラースペースという場所がもつ特殊性や，展示した資料の特性など，相互に関連するさまざまな事項を背景として選択した方法であった。「今成家写真」展からみえてくるデジタル展示の可能性を考えるためには，この背景を理解しておく必要がある。

1　資料保存の問題

　まず，今回原板の展示を見送ったのは，資料保存の観点から判断した結果であった。

　今成家の写真コレクションは，今成家にとって家族の歴史を伝える財産であるだけでなく，新潟県内における最初期の写真への取り組みを伝える地域の貴重な歴史的財産であるといえる。しかも，このコレクションは 52 枚というまとまった枚数から構成されており，技法書等の関連文書と共に，このコレクションを生み出した今成家に代々伝えられてきた。営業写真師ではない在村指導者層における幕末から明治初期にかけての私的な写真実践を伝える写真が，撮影時の文脈を保ったまま保存されているのは全国的にみても珍しい。さらに，多様な写真経験をいかに捉えなおすかが，日本における写真史のひとつの課題であること（緒川，2012）を併せて考えると，今成家コレクションは，新潟のみならず日本の初期写真史全体にとっても重要な意味をもつ重要な資料であるといえるのである。

　しかし，このように貴重な写真を展示するにあたって，ブロイラースペースは残念ながら適した空間ではなかった。築 40 年以上の古い店舗を，大規模な改装をすることもなく，ほぼそのまま転用したこのギャラリーでは，写真の保存上重要な温湿度や光，そして塵埃の管理（山口，2005）は困難であった。そこで今回は，原板の保護を優先して展示を見送り，その代わりにデジタル映像を使用したのである。

2　インクジェットプリントの利点

　しかし，たとえ原板の展示を見送るとしても，代わりに何をどのように展示するのか，その可能性は一義的に決まるわけではない。また，地域映像アーカイブ所蔵のデジタルデータを活用するとしても，そのデータをどのように利用して展示を行うのかは，無数の可能性に開かれているはずである。

　その中で私がインクジェットプリントの展示を選択したのは，ブロイラースペースが小規模な自主ギャラリーであり，予算，会場，準備期間，そして人的

第9章　デジタル映像の展示の可能性　181

資源に至るまで，利用できるリソースが極めて限られていたという理由が大きい。ブロイラースペースは，基本的には2人の写真家が持ち寄った運営資金でその活動を賄っていた。加えて，展示の企画，運営，広報から雑務に至るまで，展示に必要な業務は基本的には写真家2人が自らの作品制作と並行して行っていた。「今成家写真」展に関しても，新潟大学とピクトリコの協力・協賛が得られたとはいえ，やはり利用可能なリソースが潤沢であったわけではない。

　予算と手間を惜しまなければ，当時の湿板技術や，鶏卵紙を用いた複製プリントを作るという方法がありえたかもしれない。また，デジタルデータを用いるにしても，ラムダプリント，ライトジェットプリントなどとよばれるデジタルデータをレーザーによって銀塩感光材に焼き付ける印画方法での出力も選択可能である。ほかにも，たとえばでき上がったプリントの表面にフォトアクリルともよばれるアクリル圧着の加工を施して，表面に透明で厚みのある光沢をもつガラスネガ原板に近い質感をプリントに与えるなど，プリント後の加工や展示方法を工夫することもできただろう。さらにいえば，そもそもデジタルデータを用いた展示を行うならば，わざわざペーパーベースのプリントを作ることなく，液晶ディスプレイやプロジェクターによる映写を用いても展示は成立するのである。[2]

　しかし，以上に例としてあげた方法の多くは，私たちの限られたリソースでは実現可能な範囲を超えており，無理に実行すれば，展示できる枚数やサイズ等の選択肢が極端に限られてしまうなど，かえって展示の可能性を大きく狭めてしまいかねないものであった。たとえば，液晶ディスプレイやプロジェクター数台ならば私たちにも調達できただろう。しかし，予算内で調達できる液晶ディスプレイの画面サイズは限定的なものにならざるをえない。また，プロジェクターで写真を映写する場合には，解像度が低いために原板の細部が犠牲になってしまう。そして何より，会期中の機材のレンタル代金を考えると，そうした映像機器を何台も使って写真を並列させてみせることは困難なのである。ディスプレイやプロジェクションといったデジタル技術の中で完結する展示の方法は，一見すると自由度が高く，また機器の再利用が可能であるという点か

らすれば安価であるようにも感じられるかもしれない。だが，ブロイラースペースという小規模団体が一度きりの展示を実現するにあたっては，そうした利点を活かすことは難しかった。

　それに対してインクジェットプリントは，他の方法に比べて安価に高精細プリントの出力が可能であり，しかもサイズや用紙，コントラストや濃度等の調整も容易であるという利点をもっていた。大まかな目安ではあるが，インクジェットプリントでは従来の銀塩ケミカルプロセスと比較した場合，数分の一程度の金額で同サイズの高精細なプリントを作成することが可能である。コストの問題は些細な問題にみえるかもしれない。しかし，現実問題として，自由になるリソースに乏しい小規模団体にとってはこの障壁を乗り越えることが大変難しく，切実な問題なのである。低コストであり，しかも高精細な画質を実現できるというインクジェットプリントの2つの特徴は，そうした乏しいリソースのなかで頭を悩ませながら展示を計画していた私たちには，共に重要な特徴であった。

3　原板解釈の提示
(1)サイズの選択

　ここまで述べてきたとおり，原板の展示を断念した理由，そしてインクジェットプリントを採用した理由は，ブロイラースペースの会場で展示をする上で避けられない制約に大きく規定されていた。しかし，私はインクジェットプリントによる展示を，単なる原板展示の代替として消極的に扱いたくはなかった。ブロイラースペースのような自主ギャラリーは，リソースの乏しさによる制約の反面，身軽で自由であるという利点を有している。そして，これらの利点を活かすことができなければ，わざわざ資金，労力をつぎ込んで自主ギャラリーを運営する意義は薄い。もちろん，今成家の写真といういまだ評価の定まらない写真コレクションを紹介するという試み自体，ブロイラースペースの機敏性を活かした活動であるといえるだろう。だが，それだけでは十分ではない。原板を展示しないのであればそれを逆手にとり，新たに制作するプリント自体を

第 9 章　デジタル映像の展示の可能性　183

図 9-6　IF-P-001-054-00
顔を動かさないように大人が子どもの頭部を手で支えている。大人の顔と身体の大部分は青色の縁取りさらには金箔のマットで隠されている。

　ブロイラースペースによる原板の解釈を示すひとつの表現として積極的に提示したいと私は考えていた。実際に複製するにあたってプリントディレクションを行った際に私の念頭にあったのは以上のような思いである。
　六日町の旧家に残された約 150 年前に撮られた写真と，東京都杉並区に 40 年前に作られた店舗を利用した自主ギャラリーであるブロイラースペースは，地理的にも歴史的にもほぼ無関係である。しかし，ブロイラースペースで写真を用いた制作の試みに身を投じていた当時，私は今成家の人びとが好奇心と喜びと戸惑いを露わにしながら写真という新技術に挑む様に，自分自身の写真制作を重ねていた。それはもちろん，私的な共感でしかない。しかし，美術館や博物館のような公的な調査・研究・教育機関ではない，2 人の写真家が手ずから運営するブロイラースペースという場所で今成家の写真の展示を行うのであ

れば，むしろこうした私的な共感にこそ，躊躇せずに立脚点を置くべきであろうと私は考えていた。

　そこで，複製プリントの作成にあたっては，写真という新しい技術に対するさまざまな反応を示す人びとの表情や，露光時間の長さをはじめとする写真の扱い難さに試行錯誤する人びとの姿態(図9-6)，写真への情熱が伺える凝った衣装や小道具(図9-7)，さらには当時の人びとが驚嘆しながらみつめたに違いない緻密な細部を提示することを重視した。なぜなら，このような部分こそ，おかれた状況は違っても，同じ「写真」というメディアをその実践のなかから捉えたいと制作を続けていた私に共感をよび起こす当のものだったからである。そして，等身大以上の大きなプリントサイズは，小さな原板の細部を注視することで私が得た感覚を，インクジェットプリントという原板とは全く異なる技術で再現するために選んだサイズであった。

　現在のインクジェットプリントは，かなり高い解像度での出力が可能である。だが，プリントのごくごく細部に注目してみると，インクジェットプリントと今成家の写真の原板は，かなり大きな違いをもっている。

　この章の冒頭で述べたように，今成家の引き伸ばしを経ない小さな原板は，物理的なサイズ以上の大きさを感じさせる細密さをもっている。そして，実際虫眼鏡等で拡大すれば，肉眼では捉えきれない細部さえもそこには写し出されているのだ。小さな画面に膨大な情報が圧縮された原板は，非常に高い密度を有している。

　このような原板のありように対し，インクジェットプリントは，肉眼で一定の距離から画像を鑑賞することを前提に解像度が設計されている[3]。もちろん，それは通常画像をみるには必要十分以上の解像度である。しかし，画像を構成するドットは原板と比較すればはるかに荒い。そのため，どんなに高精細のデータを用いたとしても，たとえばガラス原板を原寸大のように小さなサイズで出力してしまうと，原板が有していた一定以上の細部はインクジェットプリント上に再現されることがない。虫眼鏡でプリントを覗いても，画像がインクのドットへと解体されるだけなのだ。だから，原板が有していた膨大な，肉眼で

第 9 章　デジタル映像の展示の可能性　185

図 9-7　錦絵を抱える男　IF-P-001-001-00

は捉えきれないほどの細部を十全にみせるためには，高精細なデータを使うだけでなく，一定以上のサイズでプリントを出力することが必要なのである。

　だがそれでも，とくにブロイラースペースの 1 階に並べたような等身大以上のプリントは，細部を提示するためだけなら過剰なサイズである。この過剰なサイズは，細部を提示するということと同時に，写真の特徴に反応して決定したものでもあった。今成家の写真には，地芝居が盛んであった六日町の地域性を反映し，演劇的な写真が多数含まれている（第 1 章参照）。また，今成家の写真が撮られた当時，写真はまだ見世物的な物珍しさを感じさせる技術であった。等身大以上の過剰なサイズを用いたのは，こうした写真の特徴と歴史的な背景を踏まえて，雑然とした「小屋」のような佇まいのブロイラースペースに，芝居小屋の絵看板が並ぶような空間を作り出すという意図があってのことだった。そして，この巨大なプリントは，実際に効果的であったと判断してよいだろう。ブロイラースペースでの展示や，後の新潟大学でのこのプリントを使用した展示でも，この巨大なプリントを目にしたことをきっかけとして，通りすがりの

人びとが多く会場に足を踏み入れてくれたのである。

(2)トーンの選択

　また、「今成家写真」展で展示したプリントは、大きさのみならず、トーンも結果的に原板とは大きく異なるものとなった。プリントの色校正は、先に述べたとおり、新潟大学と榎本が協力して行った。色校正は展示で使用するのと同じ用紙を使ってA4サイズの見本プリントを出力し、コントラストや色調、濃度などを一枚一枚の写真について校正し、その校正を反映したプリントを出力するという流れで行われ、展示プリント完成まで平均3回ほどこの流れを繰り返していった（図9-8）。

　この色校正にあたっては、ガラスの質感や、ネガ画像をそのままポジとしてみせることで生まれる独特の鈍いコントラストや、年月を経たことで生じた変色や剥落など、原板の物質的特徴は思い切って捨象し、むしろ現在のモノクロ・ゼラチン・シルバー・プリントのニュートラルなトーンで画像を出力することを目指した。今回のプリント制作で捨象した原板の物質的なありようが、写真

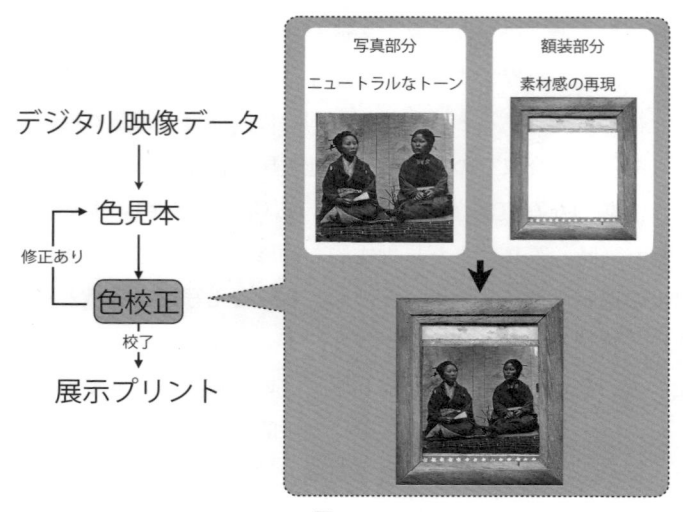

図 9-8

全体の印象を大きく左右する要素であるのは確かである。しかし，原板の物質的ありようは非常に繊細であり，インクジェットプリントはそれらを擬似的にしか表現できず，無理な再現は原板を目にすることができない観者に誤解を生みかねない。それならばいっそ，現在の観客に特別な意味を感じさせないであろう，見慣れたモノクロームのニュートラルなトーンを用いることで，トーンに余計な注目をさせず，観客の注意を写真が写し出すものへとスムーズに導こうという判断であった。原板の物質的なありようは別の機会に，実際に原板から感じ取って貰いたいと考えたのである。

　ただし，木製額に収められていた写真の，額装やマッティング部分に関しては別の方針で臨んだ。額装された写真は，なかに収められた写真だけでなく，額縁やマッティングを写真とともにスキャニングし，プリントに際しても，額縁やマッティングのデータを額に収められた写真そのもののデータとともに出力した。そして，この額縁やマッティング部分の色校正に関しては，写真とは逆に，積極的にだまし絵的表現を目論み，マットの金箔の光沢などは，できるだけ実物の素材感に近づけることを目指したのである。もちろんこの再現も擬似的にしか行えないものではある。だが，木や紙は現代においても日常的に目にする素材であり，再現から実物を想像することは難しくない。また，額装やマッティング等の写真画像とは明らかに別の位相にある情報に関しては，用いられた素材の物質感を再現しても，原板の写真の写り方に対して誤解を生む危険性は低いと考えられる。その上で，当時の人びとが写真をどのようなものとして扱ったのかを伝えるためには，豪華な金箔の輝きや，和紙の柔らかな質感を伝達することが必要ではないかと考えたのである。

　今成家の写真と同時期に撮影された初期写真は，博物館や美術館では，保存上の理由もあり，明るさを落とした照明のなか，ガラスケースにいかにも貴重品然とした雰囲気を纏って展示されることが多い。それに対して，ポスターを並べるかのように原板を極端に引き伸ばして展示してしまった「今成家写真」展は，一見すると原板を尊重しない挑発的な展示にみえたかもしれない。しかし，この展示はブロイラースペースを運営する私たちが，手持ちのリソースと理想

をすりあわせながら，インクジェットプリントという原板とは全く異なる技術を用いて，原板をいかに理解したのかを提示したものであり，奇を衒ったものではないのである。

第4節　デジタル映像が展示にもたらす可能性

　以上，紹介してきたブロイラースペースでの「今成家写真」展の試みは，デジタル映像が展示にいかなる可能性をもたらすことを示唆しているのだろうか。
　デジタル化された映像は，自由な加工・出力を可能にする高い可塑性をもっている。データ作成や，データの長期保存・管理全体としてみると，デジタル映像はアナログに比べて必ずしも安価というわけではない。しかし一方で，デジタル映像がもつ高い可塑性は，ひとたびデジタル化が完了した映像に関しては，それを加工・活用するコストを大幅に引き下げるのもまた事実である。このようなデジタル映像の利点は，多くの人びとに日常的に実感されており，改めてここで述べるまでもないことかもしれない。デジタルカメラで撮影された写真が，通信費や情報機器への初期投資を除けば，現像，プリント代不要のまま，全世界的に「共有」される可能性さえ有していることを思い浮かべれば，このことは十分に理解されるであろう。だが，「今成家写真」展からみえてくるのは，このようなデジタル映像のよく知られた利点が，映像アーカイブ資料の活用と結びついて広がる可能性である。
　写真や映像の展示だけに限ったことではないが，過去をふりかえり，歴史を記述するという営みは，未来へ向かう創造的な行為である。そして展示は，未来へ向けた過去の記述をヴィジュアルに行うにあたって，非常に強力な方法のひとつといえる。たとえば，1968年に「今成家写真」展と同じく，拡大された写真複製パネルを用いて日本写真家協会が開催した「写真100年」展は，続く1970年代に生み出された写真のあり方を大きく変えた展示として，展示の創造的側面が強力に発揮された事例としてあげられるだろう（土屋，2009；戸田，

2012)。映像アーカイブ活用と画像の加工・活用コストを引き下げるデジタル映像技術の結びつきは，この「写真100年」展のような歴史記述を通じた創造行為としての展示に，美術館や博物館等の公的な調査・研究・教育機関，そしてリソースに恵まれた企業や集団だけではない，より多様な主体が参加する可能性をもたらすのではないだろうか。

　「今成家写真」展の例から分かるように，予算も人手も限られた個人や集団が展示を行う際には，乗り越えなければならない障壁が数多く存在する。まず，原資料が安全に保存されなければならない。乏しいリソースしかもたない個人や集団にとって克服の困難なこの問題を，映像アーカイブのデジタル映像資料の活用は，原資料そのものは使わないという方法で根本的に解決してくれる。そして，費用や人的リソースの問題。もちろん，デジタル映像をいかなる方法で出力するかに大きく左右されるが，デジタル映像は個人や小規模集団にも実現可能な低コストの選択肢を，アナログ映像以上に豊富に提供するのである。

　つまり，デジタル映像は，これまで限られた主体にしか利用できなかった資料の活用を，より多様な主体へと開放し，多様な歴史への視点をさまざまな立場から示すことを可能にするツールであるともいえるのである。そして，こうしたアーカイブを活用した小規模展示は，それ自体強力な歴史記述のツールであるアーカイブの活動を，外部から批判し鍛えあげるという側面からも期待できる方法であるだろう。

　さらにいえば，固有の「時」と「場所」に限定された展示という方法は，到達可能性という点ではインターネット上におけるアーカイブ資料の公開等に比べて厳しい限界をもつものの，その限界故にこそ，「時」や「場所」から解き放たれた資料公開の場とは異なる力をもつとも考えられる。つまり，時を隔てたアーカイブ資料を，「今・ここ」という「時」と「場所」に生きる私たちがおのおの一回性のもとに出会い，活用すべきものであると体験を通じて実感する方法のひとつとして，展示は大きな可能性をもつのではないだろうか。この資料との出会いの実感は，アーカイブを生きた知として活用する上で欠かせないものである（遠藤，2010：155-156）。

もちろん，デジタル映像の活用可能性は，アーカイブ資料の不正使用や改変等の問題と表裏一体の危うい面も有しており，資料管理と並行して探られるべきであろう。しかし，映像アーカイブの資料収集・保存・管理は，資料を未来へと活かすためにあることを忘れてはならない。映像アーカイブの根幹にあるこの目的に立ち返るならば，展示をはじめとするアーカイブ資料の利用可能性が，積極的に探られるべきであるのは当然であろう。そして，アーカイブ資料活用の可能性を模索してゆくためには，アーカイブを構築する側の努力はもちろんのこと，アーカイブを利用する個人や集団，そして地域のアーカイブへの参加，積極的な働きかけが今後ますます重要となるだろう。

【注】
(1)自主ギャラリーは1970年代ごろより写真表現の場として，問題も孕みつつ機能してきており，2010-2011年当時も多くの自主ギャラリーが活動していた(明るい部屋・TAPギャラリー，2010)。また，2012年には東京国立近代美術館で「写真の現在4——その時の光，その先の風」(2012年6月1日-7月29日)と題した自主ギャラリーを中心に活動してきた作家による展示が開催された。
(2)たとえば，「液晶絵画」展(2008年8月23日-10月13日，東京，東京都写真美術館)は，すべて液晶ディスプレイやプロジェクターで映写された作品で構成されていた。
(3)たとえば，ピクトリコの出力サービスで用いられているエプソンPX-H10000の最小インクドットは，3.5pl(ピコリットル)，解像度は2880dpi(dots per inch)である(EPSON online：feature.html)。しかし，インクジェットプリントは従来の銀塩ケミカルプロセスとは描画方式が違うため，実質的な解像度は約200-300dpiといわれている。

第10章
共有化される映像展示の場所

石井　仁志

第1節　展覧会の現今と問題性

　静止画像(写真，絵葉書など)，動画(各種フィルムの映像，各種ディスクによる映像など)を問わず，近年の展覧会やイベントの会場における映像展示の方法は，そのメディアの多彩さと同様に複合形式を用いた多角的展示ともいえるものになって来たと認識している。もっともアナログ全盛期においてもスライドのマルチスクリーンや印刷技術を駆使した大きなパネル作品や垂れ幕，巨大印画紙への焼付けによる白黒，カラーの写真作品，ポラロイド写真を使ったインスタレーションなどとさまざまな展示方法がみられたが，今日のデジタル技術を駆使した展示の多様性は眼を見張るものがあると思う。しかし，一方で身近な展覧会などの展示形態はというと，たとえば写真展覧会の場合など，ホワイトキューブの会場に横一列のみやすい展示，目線の高さに揃った写真に観客の足取りはますます速まり，あっという間に見終わって，はて何をみたのやら，そういえばあそこの隅に何やら動画のスペースがあったような。などという笑えない感想を会場の外で聞くような場合がある。
　ホワイトキューブが悪いわけではない。白い壁は白黒写真，カラー作品，動画の上映にも適しているし，その作品をより際立った美しさでみせる力をもっている。旧来然の展示方法，甘い作品選択，展示点数の多少，こういった展示要素を創造力を発揮したよい均衡にもっていければ，おのずとその展覧会のグレードは格段に上がるに違いない。言い換えるならば，なにもお金を使ってこ

とさらに新技術を投入しなくとも，よい展覧会は創れるものである。経験上，注意を要するのは個人の展覧会の欲張りすぎである。あれもこれもみせたい，掛けたい。点数を絞れば，素晴らしい見え方になるのにと思う個展が多々ある。逆に，わたくしは作品に力があり，もっとみたい，壁全部を作品で埋めてみたいと思うような作品展に遭遇すると，一度この作家の企画および展示構成を手掛けてみたいなと強く意識しながら会場をあとにすることが多い。

　この日本では，独立して仕事を請けるプロデューサー，ディレクターさらには独立したキュレーターなどの仕事，いわゆる頭脳労働，感性を発揮し展覧会やイベントなどを創造することに対する評価が異常に低い。展覧会場を具体的に作るデザイナーや装備，備品の製作会社には相当の金額が支払われるのに対し，下手をすると最低限の時給にすら満たない金額が，項目がないという理由で物品の購入費という名目でかろうじて計上されることすらある。支払われないこともたびたびであると聞く。給料をもらって働いている美術館や博物館の学芸員（キュレーター）や大芸術家の冠仕事とは違って，悲しい笑い話はうじゃうじゃと存在する。展覧会（イベント）の大小を問わず作家（企画）と展示とのあいだを独創的に結ぶ人材は絶対に必要であるにもかかわらず，このように文化を下支えする人びとが評価されないこの国は，どこに向かっていくのか末恐ろしい限りだ。突き詰めて考えるならば，芸術家を支え，育て，社会的に一本立ちさせるような文化の基盤を常に考慮しつつ，彼らの表現を自らのものとして場を創り上げる人材の育成こそ，この国には急務である。みること，聴くこと，味わうこと，そういった本来最も大切な五感を養う鑑賞教育が，重要視されないというよりほとんどないに等しい競争社会，点数教育では文化国家は成り立つまい。ましてや人間社会の機微，大きな理想や夢，正しい認識から国家はどんどん懸け離れ，経済力と権力に固執し，現実の小異しかわからぬ，いびつな人間の集団に，未来をゆだねる愚を重ねていくことになりかねないのだ。後述するが，映像展示の場所の共有，ひいてはより広義な展示の可能性，時空の創造に対しても新たな感性，人材こそが必要不可欠なのである。

　さて展覧会を創り上げる上でコンセプトを明確にすることは，非常に重要だ

が，いかんせん作品がそれに追いついていないという場合も見受けられる。逆に多種多様なグレードの高い作品をどうコンセプトに合わせるのか，非常に困難な悩ましい状況もありえるのだ。ともすれば最終的な選別の過程における失敗が多いのかもしれない。企画展における複数の作家作品のバランスや全体のトーンをいかに捕まえるかによって展覧会の全体像はガラリと変わる。また個人の作家はえてして自己表現の深層を掴みあぐねている。したがって自己表現の，ある過程における展覧会を創ることに不慣れである場合もあるのだ。しかも鑑賞者は千差万別，それぞれの眼力で作品をみるのであり，作家や企画者の意図とは必ずしも受け取り方が一致するとは限らないのである。それならば，どこにその妥協点を見出すのだろう。ここで最も重要になるのが選択であろう。作品選択は大きな鍵になる。個人展，グループ展に限らず大きなコンセプトの色が多少薄まることがあっても，作品の幅，その意味するところの多彩さを盛り込んでいく必要を強く感じる。つまり，厭きさせない展示の必要だ。重要なのは，作家や企画者の自己満足だけでは感動は生まれないということだ。

第2節　新潟における実践，地方からの発信

　さてここでは，わたくしが関わった新潟大学「地域映像アーカイブ」における写真を中心とする映像展覧会や各種イベントの企画立ち上げや実践について振り返りながら，この論考を進めてみよう。何はともあれ，展覧会を開催する場所の問題こそ，プロデューサーディレクターの腕の見せ所である。しかし事はそう簡単ではない。企画展という形で場所を提供してくれる施設や団体を探して交渉する。実際に足を運んでその施設が展覧会を受け入れられるか否かの判断もつけなければならない。ましてや予算そのほかの関係で場所代が無料の所を探すなどとなるとより一層，提供者側にとって魅力的な企画の運営が求められるわけである。限られた予算内で如何に充実した展覧会を企画するか，これもなかなかの試練である。まずは，新潟大学「地域映像アーカイブ」が具現化す

るまでの小史を各種イベントの紹介で辿ってみよう。

　2008年4月，新潟大学人文社会・教育科学系の研究プロジェクト「地域文化に関するコミュナルな映像アーカイブ情報の構築と情報発信」が立ち上げられた。映像資料の発掘，調査，新たな地域に根ざした映像製作，それらの映像の公開，閲覧ができるようにという，地域連携型の実践的研究プロジェクトであり，以来この試みは「地域映像アーカイブ」の構築に繋がっていった。

　2009年2月7日，県民会館小ホールで，新潟大学人文学部，人文社会・教育科学系の研究プロジェクト主催で，「地域映像の力──新潟からの情報発信とアーカイブ構築をめざして」として上映展覧，イベントを行った。シンポジウム開催にあわせて小冊子『にいがた　地域映像アーカイブ』1号（口絵図47　表紙写真参照）が刊行された。その後，「地域映像アーカイブ」プロジェクトが立ち上げられた。地域の貴重な映像を発掘収集し多くの関連機関と提携のうえ，関係機関が自立してアーカイブスを展開できるよう，映像保存やデジタル化や発信方法などの支援を目的とした。2009年11月7日，南魚沼市民会館多目的ホールにて六日町の映像文化遺産を守る会，および新潟大学人文学部の主催による「甦る！六日町の映像文化遺産─昆虫博士（平賀壮太先生）大いに語る─」が開催された。また同年11月22日23日の両日，新潟の市民映画館シネ・ウインドを会場に「水と土の芸術祭」参加イベントとして「にいがた　水と土の記憶〜地域映像アーカイブの創生に向けて〜」を開催。主催は「水と土の芸術祭」実行委員会，新潟大学人文学部である。さらにこの年の12月1日「金時鐘の新潟・記憶と声」というイベントを新潟大学人文学部主催で新潟市万代市民会館で開催（あとがき参照），19日には新潟大学人文学部・愛媛大学法文学部学際協定事業シンポジウム「にいがた　戦争から占領へ〜映像で探る記憶の旅」を新潟県立生涯学習推進センター・ホールにて行った。

　ここまでの流れは研究会やシンポジウムとして参考資料を動画映像，静止画像の映像という形で紹介し，そこに講演発表，対談，座談，イベントを絡ませる形式での発表であった。2010年もこの流れは継承された。上映展覧シンポジウムとしてメル・プラッツ第20回公開研究会「地域と記憶〜地域社会で共有

される映像～」が7月24日に新潟大学(五十嵐キャンパス)で開催され，続いて10月15日～17日にかけては地域映像アーカイブ2010＆日本映像民俗学の会・佐渡大会「佐渡，新潟　記憶と映像の記録」と題して佐渡の数ヶ所の会場で各種のイベント，新発見の映像などを積極的に上映し，規模の大きなシンポジウムを展開した。

　同年10月12日～23日，東京都杉並区の自主ギャラリーにて，Broiler Space特別展「今成家写真：写真との出会い　幕末から明治，新潟にて」が開催された。この展覧会の詳細は当時この自主ギャラリーの運営者でもあり，キュレーターを務めた榎本千賀子(現・新潟大学人文学部助教)の第9章「デジタル映像の展示の可能性」を参照願いたい。実はこの展覧会こそ，後の新潟大学人文学部「地域映像アーカイブ」の各所における展示，基本的資料の提示方式の基礎を作り出した重要な展覧会であった。榎本の写真家としての素養と感性がキュレーションの過程で小さな古写真をデジタル画像として原寸のみならず，B0サイズなどといった大胆な拡大画面でみせるというメソッドを確立したのである。これにより静止映像の細部は生き返る効果をもたせられたといえよう。とくに今成家写真原板のデジタル映像化がもたらした展示効果は大きく，実際に足を運んだわたくし自身，大きな感動を覚えたことを思い出す。古民家のむき出しの壁や剥ぎ取られた床の見晴らしに，これらの古写真群の高画質デジタルデータを使用したインクジェット複製プリントの数々は奇妙に面白く，しかし何の違和感もなくマッチしていた。ここでは平賀洗一の貴重な映画作品『ながれ』(1936)『海女　へぐら島』(1937)『光の魚』(1938)が上映され，最終日の10月23日にはギャラリートークとして金村修(写真家)と原田健一の対談が企画された。

　わたくし自身，ここまで辿ってきた小史に登場した各種研究会，シンポジウムにも発表者(2009年2月「明治末から大正期の千枚のガラス乾板―高橋捨松の世界」)などとして関わることができ，さらに2011年の企画展覧会，共用スペースを異種展覧会の共催により展示効果と集客の増大を目指す，難しいプロデューサーディレクターの役割を担うという重責を目前にしていた。それに先立つ同年6月4日，県立生涯学習推進センター・新潟大学人文学部「地域映像アーカイ

ブ」プロジェクトの主催により「発掘‼　中俣正義と県観光課の映画」と題して新潟を代表する写真家，映像作家として知られている中俣正義の業績をテーマとした上映展覧シンポジウムが開催された。この催しをバネにして，1985年に亡くなるまでの約40年間，彼の公私両面で撮影された写真，観光映画の総体を地域映像アーカイブのもとで写真ネガフィルム，16ミリ映画フィルムがすべてデジタル化され，公開することを前提に着々と事業が進むこととなった。さらには，映画上映のみならず県立文書館収蔵の中俣正義撮影写真パネル（県観光課制作）を当日ロビーに展示し衆目を集めた。中俣に関する知人の貴重な証言や金子隆一（東京都写真美術館），水島久光（東海大学），原田健一の3人をパネラーに石井の司会で地域の映像アーカイブの可能性と問題についても議論がなされた。会場は盛況で熱のこもった上映展覧シンポジウムが展開された。

第3節　共有化される映像展示の場所，その実体化

　ここで少し時間を遡り，細江英公人間写真展「気骨」・今成家写真展「明治人」ジョイント展の詳細を述べる前に写真家　細江英公との関係を書いておかねばならない。世界的写真家の細江は舞踏家，土方巽らをモデルに『おとこと女』『鎌鼬』といった写真集を上梓し，三島由紀夫を被写体として編んだ『薔薇刑』で一世を風靡した。わたくしは縁あって細江先生の小さな人間写真展を2013年まで6回，毎年プロデュースさせていただいている。細江作品の知られざる魅力をわたくしなりの企画で世に知らしめようという小さいながらも大胆な発想から実現した展覧会だ。

　2010年の確か10月ころだったと思うが，新潟のさる印刷会社から長年の夢だった『気骨』という写真集が出版される。ついては新潟で「気骨写真展」をプロデュースしてみないかと細江先生からお誘いがあった。なんと展覧会用の写真作品は明治生まれの経済人を題材にし，ひとり1枚（松下幸之助，土光敏夫など）の大型の特性パネル（約90×150センチ）に数点から10数点，ヴィンテージ

写真が貼りこまれたものだった。気骨とは何かを問うた細江英公の意図は，著名な財界人を被写体に，実は日本人の中に脈々と流れる精神性を明らかにしようとするものだった。清里フォトアートミュージアムに所蔵されていた35枚の気骨パネルを一目みて，実行の腹をくくった。せっかくのパネル展示を一箇所の展覧会で終わりにするのはどうしてもいやだった。だが移動や場所選定は困難を極めるし，予算や日程などの関係で全国展開はとても無理だった。そこで浮かんだのが新潟県内，もっと限定した新潟市内で何箇所も気骨展ができないかという案だった。雪の新潟に通い場所選定に明け暮れた日々が懐かしい。限定した地域内でより多くの人びととの目に触れる素晴らしい写真展を目指していた。

　そしてもうひとつ，地域映像アーカイブの原田健一（新潟大学側監修）とブロイラースペースの展示で旧知の榎本千賀子さん（「明治人」キュレーター）を巻き込んで，今成家写真展「明治人」を細江英公人間写真展「気骨」とドッキング展示したいと申し出た。ふたつの展示のバランスなど，総合的企画およびキュレーションは石井がつとめた。細江のモデルを務めた財界人達がみせる気骨と今成家写真から匂いたつ精神性には何か共通項を感じる。時代の相違を超えて，人間の尊厳を垣間みるように感じたことが，大きなゆえんである。もちろん細江英公関連，今成家関連のイベントも同時に開催しようともくろんだ。大型パネルを展示するためのイーゼルをリースで検討したところ，最低でも10数万円かかるという見積もりが届き，わたくしは竹のイーゼルを35台自作して展示に備えた。なんと延べ10日間の不眠不休の作業だった。1台のイーゼルは，ざっと三百数十円でできた。おかげさまで，この展覧会，細江英公人間写真展「気骨」・今成家写真展「明治人」ジョイント展は新潟駅ビル群の一角にある新潟大学の出張スペース「ときめいと多目的ホール」で2011年6月16日から7月3日までの期間，細江英公人間写真展「気骨」実行委員会，新潟日報社，NST，砂丘館，新潟大学人文学部「地域映像アーカイブ」プロジェクトが主催する複合展覧会として無事現実のものとなった（口絵図72-74を参照）。18日間で2,350人（1日平均130人）の入場を数えた。主なイベントは次のようなものだった。

公開ワークショップ
日時：2011年6月17日(金)
会場：ミーティングルームB
報告者：榎本千賀子(ブロイラースペース)
発表概要：「古写真の展示のつくりかた―新潟・東京　ミュージアムの外側で―」
日時：2011年6月20日(月)
会場：ミーティングルームB
報告者：原田健一
発表概要：「六日町の映像について」
日時：2011年6月21日(火)
会場：ミーティングルームB
報告者：後藤雅博(新潟大学医学部教授)
発表概要：「精神医療としての写真」
日時：2011年6月22日(水)
会場：ミーティングルームB
報告者：石井仁志(写真評論家)
発表概要：「細江英公とVIVO」
日時：2011年6月23日(木)
会場：ミーティングルームB
報告者：石井仁志(写真評論家)
発表概要：「モノとしての写真」
日時：2011年6月24日(金)
会場：ミーティングルームB
報告者：原田健一(新潟大学)
発表概要：「中俣正義の写真と映画」
細江英公講演会
日時：2010年6月29日(水)
会場：ときめいと講義室
報告者：細江英公(写真家)
発表概要：「人間写真家細江英公講演会」
パフォーマンス
日時：2011年6月18日(土)・7月2日(土)
会場：ジュンク堂
上演概要：6月18日(土)堀川久子パフォーマンス「空と地のあいだに」
堀川久子(舞踏)石井朋子(ピアノ)
7月2日(土)堀川久子パフォーマンス「空と地のあいだに」
堀川久子　加藤千明　中野綾子　安達修子(舞踏)　鈴木正美(音)

ここからこの細江英公人間写真展「気骨」は，中心展示として単独，複合展覧を含め，次のように場所を移して開催され，好評をはくした。概況を記す。

細江英公人間写真展「気骨」
日時：2011年7月8日〜18日
会場：砂丘館
参加者：11日間で539人
展示概要：細江英公写真「気骨」（口絵図75参照）

細江英公人間写真展「気骨」・今成家写真展「草莽の人々」ジョイント展
日時：2011年9月15日〜10月1日
会場：新発田市生涯学習センター多目的ホール
参加者：17日間で653人
展示概要：細江英公写真「気骨」，今成家写真（口絵図76，77参照）

　じつはこの細江英公人間写真展「気骨」を継続している間に地域映像アーカイブの重要な展覧会をパリで制作することになった。概況は次のようなものであった。

新潟―2011地域映像アーカイブ・イン・パリ　写真展
"Le Japon vu de Niigata"
新潟発・日本の発見　映像と記憶のアルケオロジー　1865-2011
主催：新潟大学人文学部「地域映像アーカイブ」プロジェクト
共催：パリ国際大学都市日本館―薩摩財団
日時：2011年10月17日〜21日
会場：パリ国際大学都市日本館
参加者：5日間で298人
展示概要：今成家写真　高橋捨松写真　下平竜也写真　榎本千賀子写真
平賀洗一映画　中俣正義写真・映画（口絵図78-80参照）

講演
日時：10月20日（木）
会場：パリ国際大学都市日本館
報告者：原田健一（新潟大学）
発表概要：「新潟　地域映像アーカイブの試みについて」

　19世紀中頃から21世紀初頭の日本における写真の実情，しかも新潟という

―地方から発信されたこの展覧会は，パリ国際大学都市の日本館を訪れたフランス人に驚きの目をもって迎えられた。

伊藤家明治の絵葉書展「軌跡」・細江英公人間写真展「気骨」・今成家写真「草莽の人々」
日時：2011年11月3日〜11月29日
会場：北方文化博物館（屋根裏ギャラリー・大広間・母屋台所）
参加者：展覧会開催中，27日間の博物館の入場者数は13,040人で，そのうち屋根裏ギャラリーの来場者数は1,207人
展示概要：北方文化博物館所蔵絵葉書　細江英公人間写真展「気骨」
今成家写真「明治人」（口絵参照）

ギャラリー・トーク
「対談」伊藤文吉と細江英公（司会）石井仁志
日時：11月3日（木）　午前11時
場所：奥座敷
舞踏
「空と地のあいだに」
日時：11月23日（水）　午前11時と午後2時
出演：堀川久子（舞踏）永井健太（ギター）

　北方文化博物館の絵葉書発掘作業には2度講師として立ち会うことができた（口絵図64-66参照）。伊藤真砂（六代伊藤文吉の妻）による実逓便絵葉書コレクションは，この時点までで約1,200枚におよび，その後も発掘が続いている。当時の郵便事情や伊藤家の親類縁者，その他との交流を示唆する国内でも極めて貴重な，大きな規模の美しい蒐集である。この展示は新潟大学を通じて北方文化博物館より依頼を受けプロデューサーディレクターを引き受けた。細江英公人間写真展「気骨」の実行委員会委員長を務めていただいた御縁もあり，当代伊藤文吉館長の意向も受けて，「気骨」展のフィナーレと絵葉書展「軌跡」今成家「草莽の人々」の3つの複合展示を北方文化博物館で企画した。絵葉書展用には小冊子『にいがた　地域映像アーカイブ「伊藤家明治の絵葉書展　6代伊藤文吉時代の実逓便」』No.2も作られた（口絵図53-55参照）。屋根裏ギャラリーでは絵葉書展「軌跡」（口絵図81参照），母屋台所が今成家「草莽の人々」，大広間にて細江英公人間写真展「気骨」（口絵図85参照）という配置であった。

母屋台所に通じる板の間に石のブロックを積んでその上に配した古写真の画像に見入って，なんだろうと会話を交わす人びとが多かったのには，驚いた。台所の壁面を草莽の人びとの肖像が覆い，あまりの時代相の合致に思わずにやりとしたことも思い出す（口絵図 83 参照）。またとくに屋根裏ギャラリーの展示では，みつかった絵葉書約 180 点を展示，建物の太い梁を利用して絵葉書を両面がみられるように上からつるすという工夫をした（口絵図 82 参照）。博物館がもつ各時代の現物資料の力強さとデジタルプリントの精緻な印刷，拡大された細部のデティールから浮かび上がる絵葉書群の面白さが，よいコントラストを描き出し，思った以上の展示効果を感じた。現代の流行ともいえるホワイトキューブに展示する事例とは全く異なる新潟一の大豪農の館に，細江作品，地域映像アーカイブの諸資料映像は見事にはまり，より一層映像の力を発揮してくれた。しかし，思い返してみれば 2011 年，東京でも展覧会を作り上げているのだから，新潟において，これだけの展覧会を無事に切り盛りできたことは，奇跡に近いと思う。よいスタッフに恵まれたことを感謝している。

2012 年 5 月には「にいがた 地域映像アーカイブデータベース」をいよいよ公開するための説明会が行われている。そして同年 9 月 19 日〜10 月 4 日までの日程で砂丘館特別展示「私たちは，写真で，未来に，何を残せるのか？」が開催された。併せて小冊子『にいがた　地域映像アーカイブ No. 3　Spicilegium Amicitiae Ⅲ　私たちは，写真で，未来に，何を残せるのか？』（口絵図 56，57 参照）が発行された。砂丘館，若手と中堅の写真家集団である夜韻の会，そして地域映像アーカイブとの三者のコラボレーションによって，展覧会が構成された。わたくしは夜韻の会のマイスターという立場もあり，展示構成，企画からプロデュースまでを担当した。2011 年 3 月 11 日のあの地震以来，考え続けた「夢」の部分を写真展の中でどう具現化するかをテーマに大好きな空間，砂丘館，蔵のギャラリーと屋敷内の壁面構成をした（口絵図 86-88 参照）。写真のもつ多様性，個々の作家の視座から，作品をとおし現在をどうイメージして再構築するのか。または，映像という外部記憶装置によって，われわれは未来にどんな記憶を残すつもりなのか。過去と未来とが織りなす新しい写真展を，砂丘

館で開催できたと思う。期間中の9月30日に,「映像アーカイブ－記憶の共有化と創造」と題したシンポジウムが開かれた。

シンポジウム「映像アーカイブ－記憶の共有化と創造」
日時：2012年9月30日（日）14時より
会場：砂丘館広間
出席者：原田健一，佐藤守弘（京都精華大学）大倉宏（砂丘館），
　　　　下平竜矢（写真家），渡辺英明（写真家），司会・石井仁志

第4節　映像展示の場の共有化がもたらす効果など

　ここまで辿ってきた地域映像アーカイブの活動の小史にちりばめられた各種映像の展覧会や，イベントやシンポジウムのどれをとっても，写真作家達の優れた写真作品や古写真を核とした資料，絵葉書，各種動画や映画などそれぞれを切り離してジャンルとして取り上げるといった取り組みはなされていない。むしろ総体としてアーカイブス化される材料には現在過去未来の時空を自由に往来する映像の力強さが垣間みえてくる。さらにはひとつひとつの展覧会を切り離してブロック化するのではなく，共有した時空の中に材料を解き放つかのように広義の映像体験が求められる場を想像してゆく努力が必要な時代になってきた。それは単なるバーチャル体験空間とは違い，デジタル技術の粋を集めながらも核の部分には，実存するモノがしっかりと存在しなければならない。人類は，ヒトは多量の映像メディア，洪水のなかで掴むことができる杭を探しているのかもしれない。そのためにも現実と虚構の境目を提示していく映像展示の場の共有，実在の杭を打ち込み続ける展示空間を，時空を創造しなければなるまい。都市化の中で失われたもの，とくに文化の衰退の中で極端な伝統の喪失などを免れている地方から，発信すべき言葉，シーニュを地域映像アーカイブの複合展示や各種展覧会，イベント，シンポジウムの中に見出すのはわたくしだけだろうか。広いスタンス，長いスパンで育てるべきアーカイブの方向性が共有化する映像展示の場所にしっかりと映り込んでいるようだ。

第11章

美術館において写真の
アーカイブは成立するのか？

金子　隆一

はじめに

　写真は，19世紀前半に誕生して以来，人間の歴史のひとこまを記録し続けてきていることは，今あらためていうことではないだろう。写真が記録してきたことは，社会的な事件や風景，人物だけではなく，撮影した人間の感情や世界観を表現してきたことも忘れてはならないことである。そこからは，絵画や音楽，詩や小説，映画などと同じように「芸術」としての写真のあり方をみてゆこうという考え方も生まれている。
　これは20世紀に入り近代的写真表現，つまり写真だけが可能にする表現への追究によって確立する。そして美術館において正式に写真部門が最初に設置されたのは，1940年にニューヨーク近代美術館においてである。以来写真は，美術館で扱われるものとしての地位を獲得して，その領域を確実に拡大してきており，今日の芸術表現を考える上で，写真はなくてはならないものになっていることは疑いのないところである。
　一方，写真の記録性は，誕生以来変わらずに価値を与えられてきており，ジャーナリズムにおける「報道写真」としてだけではなく，文化財の記録写真に代表されるような学術的な意図をもって撮影された写真についても注目されてきている。さらにアマチュア写真家が撮影したファミリー・アルバムのための写

真や日々の記録写真についても，その価値があらためて見直されてきていよう。

　今日において，あらゆる写真が社会的な共有財産として認識され，つまり「アーカイブ」としてその保存と活用についての論議と実践が盛んに行われるようになっている。

　このような状況にあって，ここでは美術館における写真というものがアーカイブとしてどのように成立するのかをめぐって若干の考察をしてみたい。

第1節　美術館における写真

　一般的な意味で美術館が第一義的に扱うものは，絵画や彫刻，版画などジャンルは問わず作家の表現の最終的なかたちである「作品」である。これを写真にあてはめてみると，それは展示可能な著作物である「オリジナル・プリント」ということになる。多くの場合，撮影された写真原板をもとに，撮影者（作家）自身または第三者がなんらかの方法でプリントを行い，撮影者自身もしくは遺族などの関係者，さらには研究者などによって，撮影者（作家）の表現の最終的なかたちを現す「作品（著作物）」であると認定されたものをいう。

　通常，作品（オリジナル・プリント）に至るまでには，いくつもの選択のプロセスが存在する。

　写真は，撮影者が興味ある現実へカメラを向けてシャッターを切ることからはじまる。このとき撮影者は，あるフレームの枠のなかに現実を切り取り，さらにある瞬間を切り取る。この空間と時間を同時に切り取ることが撮影行為である。そしてこの行為を何度も繰り返し行い，写真原板（通常はネガ）を作り出す。そして19世紀後半に発明されたロール・フィルムの登場は連続撮影を可能にし，時代を下るにしたがって制作される写真原板の数は比較級数的に増大してゆく。

　そして撮影者は，この多くの写真原板のなかから適当なものを選択してプリントを行う。その際，写っている画面全体をそのままプリントするか，不要な

ものを除きその一部をトリミングしてプリントするかを選択する。さらに焼き込みや覆い焼きなどによって，画面を部分的に強調したり省略したりするのである。

最後に制作されたプリントのなかで，もっとも撮影者(作家)の意図が表現されているものを選択して，リリース(発表)される。

写真は「選択の芸術である」という言い方があるが，表現としての写真はまさにこのプロセスによって成立しているといってよいだろう。そして美術館にとっての写真(作品)というのは，このプロセスを背景として成立しているというべきである。

それゆえ美術館にとって写真原板は，あくまでも「作品」を生み出す中間的なメディア(媒体)でしかなく，さらにいえば著作権法でいうところの著作物ではない。「作品」と連続して，つまり等号で結ばれて存在するものではない。美術館にとって選択のプロセスを経た「作品」こそが，収集・保存・活用すべき一次資料であり，写真原板は二次資料もしくはそれ以下のものとして位置づけられる。美術館が通常，写真原板を収集の対象としないという根拠は，このように形成されている。

第2節　作家性について

この一連の選択のプロセスは，基本的に撮影者を作家つまり主体的な表現者と位置づけることによって保障されているわけだが，写真の場合の「作家性」はどのように成立していったのであろうか。

これは写真が発明された当初から成立していたわけではなく，写真が自立した芸術作品として確立してゆく歴史のなかで成立してきた。そしてそのターニング・ポイントは，近代写真が成立する1930年代に求められる。

近代写真は，写真だけが可能にする機械性にもとづく表現によって成立するわけだが，それを写真の本質とする写真史の成立によって保障されてゆく。こ

の中心にいたのが前述したニューヨーク近代美術館の初代写真部長に就任した写真史家のボーモント・ニューホール(1908-1993)である。ニューホールが企画した写真展「写真100年展(Photography 1839-1937)」(ニューヨーク近代美術館，1937年)のカタログに収められた写真の歴史のテキストがもととなって，刊行された『写真の歴史(The History of Photography from 1839 to the Present Day)』(ニューヨーク近代美術館，1949年)は，表現としての写真の歴史を編纂したものとして今日においても大きな影響力をもつものである。ここにおいてニューホールには，近代的な「作家性」を19世紀の写真群のなかにも，不完全ではあるが汲み取ってゆこうとする意志が貫かれている。それゆえ，ファミリー・アルバムの写真などは，ここからは排除されているといって過言ではない。言い方を変えれば，「作家性」を認められる写真だけの歴史が「写真史」として記述されたのである。

そしてこの枠組みこそがニューヨーク近代美術館にとっての写真であり，近代芸術の一分野としての写真ということとなっていったのである。この意味において，ニューホールの写真史観は優れて近代的ということができよう。

そして今日において世界的にこの枠組みは踏襲され，日本においても東京国立近代美術館を筆頭とする一般的な美術館における写真の位置づけ，さらには写真専門の美術館である東京都写真美術館においても，この「作家性」ということを中心として，収集・保存・活用がなされている。

第3節 美術館における写真原板

前述したように美術館においては通常，写真原板は扱う対象としていない。いわゆる収集方針のなかで写真原板を対象とすることをうたってはいない。つねに例外的なものとしてのみ扱われている。

たとえば東京都写真美術館は，収集方針では収集の対象は「作品」ということに限定しているが，例外的に写真原板を収集している事実はある。それは「作

家」もしくは「作品」をよりよく理解するための二次的な資料としての位置づけられる場合に限っている。

　では，美術館と名乗りながら写真原板を積極的に収集・保存をしているところがないかというと，そうではない。写真家個人の顕彰を目的とした美術館の場合は，「作品（オリジナル・プリント）」と同等の一次資料として写真原板を収集していることが多い。たとえば，リアリズム写真の象徴である土門拳を顕彰する目的で設立された土門拳記念館（山形県酒田市）や大和の風景，風物を撮影した入江泰吉を顕彰する目的で設立された奈良市写真美術館（奈良県奈良市），山陰の風土を独自のモダニズムで撮影した植田正治を顕彰する目的で設立された植田正治写真美術館（鳥取県西伯郡伯耆町）などがあげられる。

　だがこれらの美術館が，当該写真家の写真原板を収集・保存していることは事実であるが，それをアーカイブ化して公開しているかというと，現状ではそうはなっていない。収集・保存ということにおいては積極的な位置づけがなされているが，その活用ということになると未だ不明瞭であるといわざるを得ない。なぜかといえば，写真原板は「作品」を生み出す可能性をもつものであり，それを保障するのは「作家」であるという基本的な認識が横たわっているからである。写真原板と「作品（オリジナル・プリント）」は，機能的には連続しているわけだが，前述したように作家によるコマの選択という行為――ある意味，撮影行為と同等と考えられる――を絶対的なものとして考えているからであるといえよう。

　この写真原板と「作品」を非連続なものとして位置づけざるを得ないのは，美術館があくまでも近代的な意味での「作家性」によって成立しているからである。

第4節　美術館における写真のアーカイブ

　美術館があくまでも「作家性」という枠組みのなかで写真を収集・保存・活用をしようとする限りにおいては，写真原板と「作品」を断絶することを基本とす

る。つまり美術館にとっての「写真のアーカイブ化」というものは,「作品」のアーカイブ化ということとイコールである。

このとき再度問われるべきは,美術館に収集されている「作品」というものが,一元的な「作家性」によって保障されているものであるのだろうか,という点である。具体的には,作家の死後に制作されたプリントの問題である。

写真家が死んだあと残された膨大な写真原板からプリントを制作することは,それを管理する人間が許可すればいかようにでも可能である,いわゆる「未発表作品」というクレジットをもって,作家である写真家が選択しなかった画像を作品化することが可能であるということである。

その典型的な例としてあるのが,日本を代表する写真家のひとりである木村伊兵衛(1901-1974)の場合である。木村が亡くなった直後から「未発表作品」は,写真雑誌での追悼特集で発表されはじめ,『生き残る写真　木村伊兵衛を読む』(『アサヒカメラ』1979年12月増刊号,朝日新聞社)は,遺族のもとに残された膨大な写真原板(モノクロのネガ・フィルム)のベタ焼きを作り,それをもとにあらたな木村伊兵衛像を作り出そうという試みであった。いわば木村伊兵衛がシャッターを切ったものはすべて木村の作品であるという前提によって編まれたものであった。これは,今日の木村の作家像の基礎をなすものといってよい。このときの成果をもとに『木村伊兵衛写真全集　昭和時代』(全4巻,1984年,筑摩書房)が編まれている。この写真集には,生前に発表された代表的な作品を中心にしながらも,発表された作品の別テイクやまったく見過ごされた画像が数多く含まれている。それを「未発表作品」としてオーソライズしたのが写真家渡辺義雄や田沼武能らの編集委員である。この編纂のなかでどのような論議がなされたかはあきらかではないが,死後10年の間における日本の写真表現の変容に対応するかのように,木村の先駆性が全面に出ている。この意味において,この写真集は明らかに「死後」の解釈(選択)によっていて,『アサヒカメラ』の増刊号のタイトルどおり「生き残る」ことの意味を体現するものであるといってよいだろう。

そして東京都写真美術館における木村伊兵衛の収蔵作品のほとんどが,この

『木村伊兵衛写真全集』をもとに選択され，当時まだ健在で木村とともに暗室作業をしていた久子夫人監修のもとに制作されたプリントである。これらのプリントは，まさに「オリジナル・プリント」として同館に収蔵されている。

　このことは前述してきた美術館における写真，それを支える作家性ということに，ある意味矛盾しているといわざるを得ない。美術館自身が作品を創り出したわけではないが，作家本人が選択しなかった画像を「作品」として収蔵する，つまり二次的にオーソライズする役割を果たしていることになるからだ。

　この問題は，美術館にとって「写真原板とは何か」というあらたな問いかけを生みだすものであろう。つまり写真原板と作品の間にある断絶を，いかにして連続するものと考えるかという試みにほかならない。

　この木村伊兵衛の作品の問題は，「美術館における写真」というものにあらたな課題を与えることになろう。さらに美術館におけるアーカイブというものが，作家自身によってオーソライズされた作品をアーカイブすることにとどまらず，写真原板にまでさかのぼってアーカイブ「する／するべき」ということの可能性をはらむものとして立ち現われてくるのではないだろうか。

　このことは，現在，日本写真家協会が中心となって推進している「日本写真保存センター」における写真原板の収集・保存・利活用の問題と随伴して，今日における写真のアーカイブ化の根源的な問題を露わにしているといえよう。それ以上に「写真」とはいったいどのようなものであり，どのような可能性をもつものであるのか，という写真の本質にかかわる問題であるというべきである。

第IV部
アーカイブでつなげる

第12章

写真とアーカイブ
―― キャビネットのなかの世界 ――

佐藤　守弘

はじめに

　1929年に開館したニューヨーク近代美術館(MoMA)は，20世紀における絵画，彫刻，デザインの制度化に大きな役割を果たしたが，写真もその例外ではなかった。1940年には，それ以前に『写真の歴史　1839-1937』(Newhall, 1937)という写真の通史を上梓していたボーモント・ニューホール(Beaumont Newhall；1908〜1993)が写真部門の初代キュレーターに就任し，美術をモデルとした写真のコレクション／展示方法を構築していく。三代目のキュレーターとなったジョン・シャーカフスキー(John Szarkowski；1925〜2007)もその路線を踏襲し，写真は，絵画や版画のようにマッティング，額装され，適当な間隔をおいて一点一点，線的に展示される――こうした近代の美術館が作り上げた展示法を取り入れた写真の展示法は，いまでもニューヨーク近代美術館をはじめ，世界中の写真展示の主流となっている。これによって，写真は，絵画と同じように〈美術作品〉という身分を付与され，作者という主体の内面の表現として扱われることになったのである。

　シャーカフスキーは，自身がキュレーションを行った展覧会「写真家の眼(Photographer's Eye)」の図録の序文にあるように，「写真メディアの歴史を，メディア自身に内在する特質へと写真家の意識が進化していく過程として捉える」ことを目標とし，その特質を「モノそのもの／細部／フレーム／時間／視点」の5つの側面から追求した(Szarkowski, 1966)。これは，抽象表現主義に大きな影

響を与えた美術批評家クレメント・グリーンバーグ(Clement Greenberg；1909〜1994)の論に多くを負うもので，写真のモダニズムを確立させたものとされる。彼を継いだピーター・ガラシ(Peter Galassi)も，1981年の「写真以前(Before Photography)」という展覧会で，写真の歴史を美術史のなかに組み込むことを試みた(Galassi, 1981)。

このようなシャーカフスキーやガラシの活動は，写真を美術の文脈に置くことに大いなる功績を果たしたが，写真を美的な面にのみ矮小化したとの批判も受けるようになった。1980年代には，ロザリンド・クラウス(Rosalind Krauss)やアラン・セクーラ(Allan Sekula)などの批評家は，写真を「芸術」としてだけではなく，「文化」という視点から捉えることによって，写真が社会において果たしてきたさまざまな側面に目を向け，写真のもつ政治性などを掘り下げていった。こうした批評は，ポストモダン批評とよばれたが，そうした批評のなかで問題となったのが，写真とアーカイブの問題であった。

本論では，クラウスとセクーラによる写真アーカイブ論を紹介し，それを私の研究対象のなかから横浜写真，鉄道写真という二種類のジャンルをそれぞれケース・スタディとしてとりあげて写真とアーカイブの関係について考察していきたい。

第1節　美術館とキャビネット
―― クラウス「写真のディスクール空間」――

シャーカフスキーに代表される美術史をモデルとした写真の歴史の扱い方に異議を唱えた――直接的にはガラシへの反論であった――のが，美術批評家ロザリンド・クラウスによる論文「写真のディスクール空間(Photography's Discursive Space)」であった(Krauss, 1895 = 1994)。彼女によれば，美的な絵画が部屋や美術館の壁という展示空間に落ち着くものであるのに対して，写真が保管される物理的空間とは，何らかの体系によって分類整理されたアーカイブのキャビ

ネットのなかだという。ここでクラウスのいう「アーカイブ」とは，ミシェル・フーコー（Michel Foucault；1926〜1984）のアーカイブ概念にしたがったものである（Foulcault, 1969＝1970）。したがって，彼女のいっている写真的なアーカイブとは，具体的な，物理的に存在するアーカイブというよりは，「19世紀の写真が元来属していた一団の実践，制度，関係」のことである。

　そこで例としてあげられているのは，19世紀の写真家ティモシー・オサリヴァン（Timothy O'Sullivan；c. 1840〜1882）による写真——19世紀の風景写真の代表例として有名なもの——と，その石版画による複製——地質学の本に掲載されたもの——である（図12-1）。前者が美的な言説空間——芸術としての写真——に属するものであるのに対し，後者は地質学，すなわち経験科学の言説空間に属していて，その空間に合ったかたちで印刷され，地理学写真アーカイブ

図12-1　ティモシー・オサリヴァン《ネヴァダ州ピラミッド湖，トゥファのドーム》
　　　　（上）写真（1868年），（下）写真石版（『キング・サーヴェイ』報告書より，1875年）
出典：Richard Bolton, ed., *The Contest of Meaning: Critical Histories of Photography*, Cambridge, MA: The MIT Press, 1992.

におけるキャビネットに収められていた。クラウスは,「ファイル・キャビネットというものは,壁やイーゼルとは別物である。それはもろもろの情報断片の保管および相互参照,さらにそれらをある知の体系の特定の網目を通じて照合できるようにするものである」と述べる。オサリヴァンの写真は,19世紀の地理学アーカイブにおけるシステマティックな関係の網目のなか——経験科学の言説空間——に置き直してはじめて,その意味を理解することができるというのである。

　もちろん,クラウスは写真を展示することのすべてを否定しているわけではない。ただ芸術写真以前の展示を前提としていない写真をも,展示というシステム,つまり近代的な芸術概念に根ざしたプレゼンテーションのシステムに収めることによって,写真を芸術の領域内に矮小化することを批判しているのである。

　さらに彼女が指摘するのは,様式的な一貫性を有する「作者」や,その作者が様式的完成にいたるまでの「経歴」や,作者が生み出した一貫性を有する「全作品」といった絵画芸術を支える近代美学的な諸概念は,写真には当てはまらないということである。たとえば写真史家たちは,ウジェーヌ・アジェ(Eugène Atget ; 1857～1927)の遺した膨大な写真群に,その意図や様式的一貫性を何とか探しだそうとしているのであるが,クラウスは,アジェ自身による分類が,図書館や地誌学コレクション——まさにアーカイブにおける分類——に由来していたことをあげて,アジェの写真群が美的な言説に回収不可能であり,それが19世紀の経験科学的なアーカイブに深く関係付けられていたことを強調するのである。

第2節　アーカイブとしての横浜写真アルバム

　ここで,私自身の研究対象である横浜写真について,アーカイブ論の立場から考えてみたい(佐藤,2011a)。横浜写真とは,1860年代から1900年ごろまで

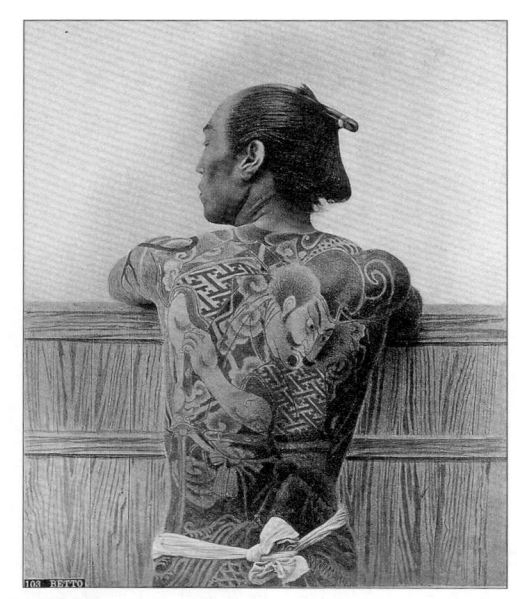

図 12-2　ファーサリ商会《別当》(アルバム『日本の風景と衣装』より)明治中期，鶏卵紙手彩色，横浜開港資料館蔵
出典：『幕末・明治の横浜展——新しい視覚と表現』横浜美術館，2000 年.

の間，横浜の写真スタジオによって制作され，おもに欧米への土産物として販売されたものである(図 12-2)。その多くは手で彩色され，多くの場合はエキゾティックな蒔絵などの表紙付きのアルバムという形態で販売された。

　横浜写真のレパートリーを大きく分けると 3 つに分類できる。1 つは日本の人びとの姿・服装や習俗を写したもの。第 2 には，寺社などの歴史的建造物を写したもの。そして 3 つ目は，自然景観を写したトポグラフィカルなものである。1 点のアルバムには上記の撮影対象が組み合わされ，日本という異国の自然景観，歴史，風俗を一覧できる，いわば小さなアーカイブであったと考えることができる。そしてそのアーカイブの裏にはより大きなアーカイブが存在していた。すなわち写真スタジオに蓄えられた無数のガラス・ネガである。横浜に降り立った外国人観光客たちは，まず写真スタジオに立ち寄り，自分たちの

旅程にあった写真をカタログから選び，発注した後，旅に出たと考えられる。彼らが旅している間にスタジオでは，現像，彩色，アルバムにマウントという作業が行われ，観光客が帰路につくため横浜に帰ってきた時に引き渡されていたのであろう。

　そのような写真スタジオは，横浜のみにあったわけではない。中国では上海，香港，あるいはインドの主要都市など，世界中のあらゆる場所に存在していた。そうしたスタジオで制作された写真は，「旅行写真」とよばれ，世界中の景観，歴史，風俗をアーカイブ化して，ヨーロッパにみせるという役割を果たしていた。総じていえば，横浜写真を含む19世紀の旅行写真とは，基本的には〈報告する〉という再現的機能をそなえた表象の実践であったといえよう。写真によって報告された世界の事物は，横浜写真アルバムにみられるように自然景観，建造物，人物風俗に分類され，それぞれ地理学，考古学，人類学という諸科学によって分析されることになる。

　こうした旅行写真は，同時期の万国博覧会や観光旅行とともに，ヨーロッパによる「世界の可視化」のプロジェクトの一環をなす一大アーカイブであったと考えることができる。ジャン＝リュック・ゴダール(Jean-Luc Godard)監督の『カラビニエ(Les Carabineers)』という映画のなかに，戦争に出かけた傭兵たちが，世界中のさまざまな風景，建造物，人物を描いた写真絵葉書を小さなトランク一杯につめ，戦利品としてもち帰る場面がある(Godard, 1963＝2003)。批評家スーザン・ソンタグ(Susan Sontag；1933〜2004)は，このシーンを引いて，「写真を収集するということは，世界を収集することである」と述べた(Sontag, 1977＝1979)。

　アビゲール・ソロモン＝ゴドー(Abigail Solomon-Godeau)のいうように，「19世紀中盤というのは，分類学，目録作成，生理学の最盛期であった。そして写真術は，あたかも世界のさまざまなものをリスト化し，知り，所有するための，とくに優れたエージェントとして受け止められたのであった。社会学的に応用された生理学〔中略〕，さらにいえば骨相学のように，写真術は，世界をその外観によって理解する方法であった。写真術自体が，外観の解読可能性に関する

絶対的な信仰——もちろん思想上では実証主義，芸術的にはリアリズムや自然主義を信条とするもの——の技術的な類似体であったのである」(Solomon-Godeau, 1991)。すなわち，世界中の景観や人びとは写真に収められたのち，ヨーロッパにおいて蒐集され，「科学的」に分類され，カタログ化され，アーカイブとなったのである。

　クラウスの論をもう一度参照したい。19世紀の旅行写真における自然景観表象とは，展覧会に展示される芸術的な写真のように美的な言説空間に属するものというよりは，地理学，地学などの経験科学的な言説空間の成員であり，風景(landscape)というよりは，眺め(view)であったという。そうした写真の第一の目的とは，未知の領域をいわば科学的なまなざしで切り取り，それをヨーロッパの受容者に提示するという点にあった。クラウスによれば，審美的な〈風景〉が基本的に部屋の壁という展示空間に落ち着くものであるのに対し，経験科学に利用される写真における〈眺め〉は，自然の特異性を「世界の１つの複合的な表象」のなかに登録する。「というのも『眺め』が保管された物理的空間は常に，１つのキャビネットの中だったのであり，その引き出しにはある地理的体系の全体が一定の順序に配列され保管されていたのである」。横浜写真アルバムとは，いわば日本という捉えどころのない総体を，地理学，考古学，人類学という３つの切り口から目録化したアーカイブとして，アルバムというキャビネットに収められたものであったといえるのではないだろうか。

第３節　キャビネットのなかのポートレート
——セクーラ「身体とアーカイブ」——

　もう１つ重要なアーカイブ論は，写真家でもあり批評家でもあるアラン・セクーラによるものである。セクーラのいうアーカイブとは，クラウスのような目にみえない「実践，制度，関係」だけではなく，物理的に存在する機関も含む。論文「身体とアーカイブ(The Body and the Archive)」(Sekula, 1992)で彼は，19世

紀におけるブルジョワの肖像写真から犯罪者の司法写真にいたるまでのポートレート群を，巨大なアーカイブであるという――その背景には，18世紀以来，ヨーロッパで大流行していた観相学や骨相学があった。その巨大なアーカイブのなかで，個々の肖像写真は，等価なものになり，まるで貨幣のように交換可能なイメージとなる。結果，そのアーカイブによって，個々人は社会の中で位置づけられることになる。しかし，そのアーカイブは一望のもとに捉えるには大きすぎて目に見えない。彼はそれを隠された，不可視の「影のアーカイブ」と名付けた。

ただしその部分部分は目に見える形で顕在化している。その例として彼があげるのが，19世紀におけるパリ警視庁のアルフォンス・ベルティヨン（Alphonse Bertillon, 1853～1914）による犯罪者の写真アーカイブである。ベルティヨンは，正面と横顔の写真を組み合わせた写真をカードに貼り付け，身体の測定値などの諸データを書き込んだものをキャビネットに分類して収めた（図12-3）。これが，ベルティヨン法と呼ばれる各国の警察に採用されたシステムで，もともとは他者である異民族を研究するために人類学において確立していた写真利用法を応用したものであった（渡辺，2003）。こうした写真アーカイブの利用は，書誌学や美術史，あるいは軍事にも応用されるようになる。19世紀後半からの経験諸学の基礎に写真アーカイブがあったというのがセクーラの主張である。

このような顕在化したアーカイブの例として注目できるのが，最近その詳細が明らかになった明治天皇による肖像写真を集めたアルバム「人物写真帖」である（宮内庁三の丸尚蔵館，2013）（図12-4）。『明治天皇記』によれば，1879年，明治天皇（1852-1912）は「群臣を深く信愛されたため，彼らの写真を自らの座右に備

図12-3 アルフォンス・ベルティヨン『身許同定の作業』
シカゴ万国博覧会（1893年）
出典：Bolton, *op. cit.*

図 12-4 『人物写真帖』Ⅱ類-1 より（左上から時計回りに山縣有朋，大木喬任，寺島宗則，伊藤博文）
出典：『明治十二年明治天皇御下命「人物写真帖」――四五〇〇余名の肖像』，2013 年

えようと，その蒐集を宮内卿に命じ」たという。宮内省の指揮下に大蔵省印刷局が撮影，印画から写真帖の制作を担当した。その事業はほぼ 1 年の間に完了し，全 39 冊の写真帖に皇族から諸官庁の高官に至るまで総勢 4,531 人の肖像写真が収められることになった。

　写真帖のサイズは，多少の差異はあるにせよ，おおよそ 40×30cm の大きさであり，「座右に備え」るといっても，手軽にページを繰ってみられるサイズではない。この写真帖の目的は，見ることにあるのではなく，手許に置くことに

あり，写真という表象手段によって，天皇の臣下を象徴的に所有し，支配する権力装置のひとつとして考えることができるのではないだろうか。

さらに，美術史と写真アーカイブの関係についても考えてみたい。美術史という学問領域が19世紀後半に近代的人文学として成立するにあたって，写真の果たした役割は重要であった。というのも，たとえばある時代の様式——ゴシックであれ，ルネサンスであれ——を抽出するにあたって必要なのは，その次代に属するさまざまな作品を比較して分析することであったからである。しかし，ある特定の時代に属する作品がひとつの美術館やコレクションに全部存在していることなどありえない。その時に活躍するのが写真による複製であった。

写真術の創始者たちは，しばしば撮影対象として小彫像や浅浮彫などを選んでいた。そこには，ロクサーナ・マルコキ(Roxana Marcoci)が指摘するように，「彫刻の不動性——初期の写真術における露光時間の長さに耐える——や，軽々ともち運びのできない対象を記録，蒐集，公開，散種させたいという欲望を含んださまざまな理由」があったのである(Marcoci, 2010)。1851年には，フランスでは歴史的建造物委員会による写真調査隊(Mission Héliographic)が，イギリスでは好古写真クラブ(Antiquarian Photographic Club)が写真によって建築や彫刻を撮影しはじめる。

やがてメアリー・バーグスタイン(Mary Bergstein)の指摘するとおり，さまざまな美術史研究者にとって，「写真は単なる記憶の乗り物ではなく，研究の道具——調査，比較，そして物質的証拠——となって」きた。たとえば，静物写真や風景写真など幅広いジャンルの写真を撮影していたフランスの写真師アドルフ・ブラウン(Adolphe Braun, 1812～77)は，絵画や彫刻の複製写真も多く制作し販売していた。美術史家ジョバンニ・モレッリ(Giovanni Morelli：1816～91)——美術作品の真贋を細部を観察することによって明らかにするというモレッリ法の創始者——は，1877年にブラウンのスタジオを訪れて入手した写真を比較研究のために用いていたという。1880年代には美術史は，写真を完全にその研究方法のなかに取り込むようになり，「美術史が形態学的科学としてなりたつ

ための条件として写真素材による実証を前提とするようになった。実際，美術史が科学的／人文学的研究領域であることの支柱として，写真を〈必要とする〉ようになっていたのである」(Bergstein, 2000)。美術史家ドナルド・プレツィオージ(Donald Preziosi)が「私たちが今日知っている美術史とは，写真術の子どもなのである」と断言するように(Marcoci, 2010)，近代的な美術史という研究領域において，写真は不可欠な研究のためのツールになったのである。

　絵画や彫刻は，写真複製によって「いつでも・どこでも」みることができるようになって，ヴァルター・ベンヤミン(Walter Benjamin, 1892～1940)のいう芸術作品のアウラ——「いま・ここ」でしか出会うことができないという一回性に基づくもの——は消え失せていく(Benjamin, 1932 = 1995)ものの，むしろアウラが複製によって消されてはじめて，〈科学〉としての美術史の対象になったと考えることも可能であろう。

　20世紀初頭に活躍した美術史家アビ・ヴァールブルク(Aby Warburg, 1866-1926)は，イコノグラフィー研究のために，美術や工芸やイラストレーションなどジャンルを問わずに，あるテーマの写真複製図版を集め，それらを黒いパ

図12-5　アビ・ヴァールブルク「ムネモシュネ・アトラス」図版7(1929年)，ウォーバーグ研究所アーカイヴ蔵
出典：Roxanna Marcoci, ed., *The Original Copy: Photography of Sculpture, 1839 to Today*, New York: Museum of Modern Art, 2010.

図 12-6 フランス，ブーローニュ・シュル・セーヌの自邸で『近代彫刻の空想の美術館』のための複製写真を選ぶアンドレ・マルロー（1953 年）
出典：Marcoci, *op. cit.*

ネルに貼りこんで，思考の対象とした。彼はそれをギリシア神話の記憶の女神から「ムネモシュネ」と名付けて，文化の記憶を顕在化させるための装置とした（Warburg, 2012）（図 12-5）。また作家のアンドレ・マルロー（André Malraux, 1901～1976）は，全世界の美術作品を複製によって一カ所に集めた「空想の美術館」というものを夢想した。そこでは，作品の物質性は失われるものの，複製によって集められて対照・比較されることにより，お互いの関係の網目のなかでその形式の特徴を確定されていく（Malraux, 1951＝1957）（図 12-6）。これはまさにベルティヨンによる犯罪者の写真のアーカイブと似通った性質をもつ。それだけでは意味を確定し得ない個々の写真は，アーカイブ化されることによって，他の膨大な写真との比較のなかで，はじめて意味づけられていくのである。

第 4 節　鉄道写真
——コレクションからアーカイブへ——

さて，セクーラは,「あるアーカイブを読み解く（Reading an Archive）」というも

う1つの重要な論文においても興味深い指摘をする。彼によれば，アーカイブにおける写真の解釈は，所有者が誰であるかによって変化する。写真群の移動とは，「意味論的なライセンス」の移動をともない，そして個々の写真の意味とは，アーカイブによって規定されるという。

　アーカイブの移動に関して，再び私の研究対象のなかから，ある鉄道写真コレクションを例としてあげてみたい（佐藤，2011b）。それは現在，さいたま市大宮の鉄道博物館に「岩崎・渡辺コレクション」として収蔵されている明治時代の蒸気機関車を撮影した膨大な写真群である。もともとそれらは，岩崎輝弥（1887～1956）――三菱財閥二代目当主，岩崎弥之助の三男――渡辺四郎（1880～1921）――銀行家，渡辺治右衛門の四男――という2人のブルジョワ青年たちのコレクションであった。学生の頃，2人はそれぞれ，1902年から1907年頃の期間に，当時の日本の写真界を代表する写真師，小川一真（1860～1929）に鉄道写真の撮影を依頼し，その写真群をコレクションとして所蔵していた。2人は，小川とその門弟をともなって日本全国を巡り，蒸気機関車，橋梁，トンネル，駅などの写真を撮影させたという。両人のコレクションは，小川らの撮影したキャビネ判を中心とした大量の写真乾板（合わせて3,500点におよぶといわれている）と，その他に鉄道関係絵葉書やアルバムや図書を含む膨大なコレクションである。

　岩崎・渡辺コレクションの大部分を占めるのは，鉄道写真の世界で〈形式写真〉とよばれる蒸気機関車の車両を撮影したものである。それは，鉄道車輌メーカーが宣伝用に撮影させた「公式写真」から派生したもので，車輌の「形式」――すなわち鉄道車輌の種類――を撮影する写真であり，列車の編成全体を写す編成写真，走行中の車輌を写す走行写真や，美的な要素の強い風景写真とは区別される。すなわち形式写真において，鉄道車輌は線路や風景，そして走行する機能といったコンテクストから引き剥がされ，それ自身のもつ物質性のみが前景化されるのである。コレクションに収められた形式写真は，アングルも正面観，側面，斜め前，斜め後方からとヴァラエティに富み，動輪など細部まで鮮明に写したものもみられる。

図 12-7 小川一真《形式 5500》(1902-07 年)，鉄道博物館蔵
出典：『交通博物館所蔵——明治の機関車コレクション』機芸出版社，1968 年．

　コレクションの写真を1点みてみたい（図12-7）。日本鉄道がイギリスのベイヤー・ピーコック社から輸入した形式5500という，動軸が2軸の2Bテンダー機関車である。日本鉄道の標準機関車で，官設鉄道や総武鉄道でも使用されていた。この写真に写されているのは，鉄道国有化以前の総武鉄道(1889～1907)で運行されていた車輛である。機関車は車庫の前で，斜め前から捉えられ，後方のテンダー車，すなわち石炭と水を載せる炭水車まで，全貌が余す所なく撮られている。形式の特徴がみて取れるように，細部までが精密に写し取られている。車体は黒光りし，それは仰ぎみるようなアングルと相まって，「鉄の馬」たる蒸気機関車の偉容をたたえているかのようである。

　表象としての鉄道写真の世界は，現実の鉄道の世界とは隔絶された閉じられた世界である。写真によって，取扱可能なミニアチュールとなった鉄道車輛は，それが現実世界で運用されるコンテクストとしての線路や鉄道施設から引きはがされて使用価値を喪い，さらにサイズが縮減され，属性が削減され——いわばアウラを喪って——岩崎と渡辺というコレクターの手許に蒐集——すなわち

象徴的に所有——される。車輌とその光学的痕跡——写真——というメトニミー的な変換を経て，日本の鉄道という不可視の全体と，コレクションという閉じられた記号保持物の世界が繋がるのである。

　このようにして，岩崎，渡辺の両名に所有された膨大な量の形式写真は，コレクションという現実世界と隔絶した場所にありながら，修辞的に現実世界と繋がる。日本全国の蒸気機関車は，写真技術によって複製されることによって，前述のマルローによる「空想の美術館」のように，一カ所に集められて対照・比較され，お互いの関係の網目のなかではじめてその形式の特徴を確定されていくのである。

　その後，渡辺四郎のコレクションは，彼の死後，1924年に遺族によって当時の鉄道博物館に寄贈され，岩崎輝弥のコレクションは本人によって1941年に寄贈された。

　現在の鉄道博物館の基は，1911年に鉄道院総裁，後藤新平によって発案され，10年後の鉄道開通50周年に開館した旧・鉄道博物館（東京駅～神田駅間の高架下から万世橋駅駅舎跡に移転）であった。その後，さまざまな経緯を経て，戦後に交通博物館となり，2007年に完成したさいたま市の鉄道博物館に受け継がれることになる。

　両者が寄贈されたのち，何時の時点かは定かではないが，両コレクションは一体化し，鉄道別，車両形式別という分類体系によって分類され，保管されることとなった。渡辺，岩崎の両者がどのような分類体系によって分けていたかは不明になったものの，彼らの蒐集した写真は，博物館における公的なアーカイブという新たなコンテクストに移住することによって，〈歴史的資料〉となったのである。本来は同時代の日本の鉄道の総体を表象するものであった2つの写真コレクションは，ひとつにまとめられ，歴史的資料としての「過去の日本の蒸気機関車の写真群」という意味を与えられた。言い換えれば，写真蒐集時における日本のさまざまな場所という空間的な隔たりが，〈過去〉という時間的な隔たりに変わったともいえよう。

　その変容の様子を眼にすることができるのが，1968年にコレクションから

選ばれた写真によって構成された『明治の機関車コレクション』という写真集である（交通博物館，1968）。この写真集においては，コレクションからの写真が，形式番号順に並べられ，複数の写真とともに，メーカー名，製造年代，所有会社というデータとともに，車両自体に関する解説が附されている。

またこの写真集のなかでの形式番号は，鉄道国有化以降の1909年に国有鉄道によって付与され直し，その後も使われ続けた番号である。これらの写真は，国有化以前に撮影されたものがほとんどと考えられるので，撮影当時の形式番号とは違うはずである。ということは，この分類は，あくまでも事後的なまなざしによってなされたものであるといえよう。

この写真集がコレクションの写真群に，もうひとつ新たな意味を付け加えていることも指摘しておきたい。当時の交通博物館館長，井上萬壽藏（1900～77）によって書かれた序文では，「遠くなったと云われてきた明治が，このところ明治百年を契機として，改めてみなおされるようになった」と，この写真集が「明治百年」(1968年)というナショナリスティックでレトロスペクティヴなイヴェントと関連付けられる。さらにさまざまな「失われゆく明治の面影を今のうちに集大成して置こうという努力」を評価した上で，「蒸気機関車も明治への郷愁を限りなく誘う不思議な魅力をもっている」と述べる。すなわちここでは，蒸気機関車の写真が，喪われた過去へと繋がるノスタルジアの装置となっているのである。さらに，出版の時期が蒸気機関車の通常営業運行が終焉していき，それに伴ってノスタルジックな「SLブーム」が起きていた頃であったことも忘れてはいけない。

要するに，鉄道車輛という物質は，2人のブルジョワ青年の欲望によって写真という視覚的なものに変換されて蒐集され，博物館という公的アーカイブに移動することによって「歴史的資料」となり，さらには1960年代の終りには，ノスタルジアを発動する装置ともなった。所属するアーカイブの形態が変わるたびに，それぞれの写真の意味が変わっていった好例であろう。

図 12-8　今成家写真　IF-P-001-002（幕末〜1880 年）ガラス湿板

おわりに
——にいがた地域映像アーカイブ——

　最後に，にいがた地域映像アーカイブの問題に触れたい。アーカイブに収められた一点の写真をみてみよう（図 12-8）。子供が，父親と思われる成年男性に抱かれている。その後ろにはもうひとり，少年も写っていて，画面左には盆栽が写っている。経年によって相当劣化が進んでいるが，メディアはガラス湿板——いわゆるアンブロタイプ——である。アンブロタイプとは，湿式コロディオン法という技法で撮影したガラス・ネガの裏に黒い紙や布を当てることによって，ポジ画像にするものである。ヨーロッパの場合は革製のケースに入れら

れ，日本の場合は桐箱に入れられる場合もあった。

　後の紙を支持体とした写真プリントと違い，ガラスという物質を支持体とするアンブロタイプは，銀メッキされた銅板を支持体としたダゲレオタイプや鉄板を支持体としたティンタイプなどの初期写真と同じく，それが被写体に関する情報を透明な媒体として伝えるだけのものではなく，〈モノ〉としての存在感—物質性—を感じさせる。それらは厚みがあり，重みがある。また，それらが革ケースや桐箱に収められたとき，それを手に取り見るものは，手にそれらの素材がもつテクスチュアを感じながら見る。エリザベス・エドワーズ(Elizabeth Edwards)とジャニス・ハート(Janice Hart)が指摘するように，「写真とは，二次元のイメージであるだけではなく，三次元の物体でもある。写真は，それ自身，世界のなかに物質的に存在している〔中略〕。写真は，イメージであるとともに，時間，空間のなかに存在し，ゆえに社会的，文化的な経験を受ける物質的なモノでもある」(Edwards and Hart, 2004)。

　もうひとつ，この写真の物質性を露わにするのは，経年による劣化である。おそらく制作されたときには，写真のなかの家族は，完全な姿で写っていたのであろうが，時による侵蝕によって物理的，科学的に劣化してしまい，その周りの映像は損なわれてしまっている。この写真は，なんとか時の攻勢に耐えて被写体の姿をとどめているものの，アーカイブに収められた写真には，あまりの劣化の故に被写体がなにかほぼ判別し得ないものさえある。そのような写真は，もはや何の情報も伝えていない。何も語らず，ただ写真という〈モノ〉としてそこに存在しているのである。「対象が私たちにとってうまく機能しなくなるときにはじめて，私たちはそのモノ性と向かいあうことになる。たとえばドリルが壊れたとき，車のエンジンが故障したとき，窓が汚れたとき，生産，流通，消費，展示といった回路のなかでの流れが，たとえ一時的であれ止められたとき」と文学研究者ビル・ブラウン(Bill Brown)は述べる(Brown, 2004およびサンド2009も参照のこと)。劣化しきった写真は，私たちに写真が透明なメディアであるだけではなく，時の痕跡を身にまとった物質として存在し続けることを教えてくれるのである。

こうした写真が，デジタル化され，ネットワーク上にアーカイブ化されることによって，何が起こるだろうか。まずは，上記のような物質性が喪失してしまうことが指摘される（ただし本アーカイブにおいては，被写体が判別され得ないものまでナンバリングされ，登録されているので，それらがモノとして存在し続けていることは確認できる）。もうひとつ重要なことは，この写真が属していた本来のコンテクスト——六日町の今成家における家族の記憶——から引き剥がされてしまうことがあげられる。

　そうしたコンテクストを失うかわりに，アーカイブ化がこの写真にもたらすものは何であろうか。それは写真が，本来所属していた単一のコンテクストだけではない，複数の多彩なコンテクストに開かれるという点である。写真がアーカイブ化されることによって，添えられた撮影エリアや年代，そして「人物」，「衣」，「住」，「文物」などのイコノグラフィカルな「インデックス」ごとに平行宇宙のようなさまざまな世界が広がっていると考えられる。それはコンピュータの検索機能を利用して，たとえば「子ども」で検索してみると，同じページには，他のコレクションからの，時代もあるいはメディアも違うものが並列されて出てくる。これがコンピュータを利用したアーカイブの興味深い点であろう。写真は，今成家という「家族」のコンテクストから離脱して，今度は「新潟」という新たなコンテクストのなかで，複数の意味を帯びてくるのである。

　そして，これこそがクラウスやセクーラが指摘したアーカイブの特徴であるといえよう。繰り返していうと，クラウスによれば写真アーカイブとは，「一団の実践，制度，関係」であり，セクーラにしたがえば，アーカイブのなかで，個々の写真は，等価な，まるで貨幣のように交換可能なイメージとなり，そのアーカイブによって，個々の写真は他の写真との関係のなかで秩序立てられ，運用されるのである。

第13章
地域メディアと映像アーカイブをつなげる

北村　順生

はじめに

　近年，さまざまな地域でさまざまな種類の映像アーカイブを構築していこうという動きがみられる。これらのなかには，大学や学術機関が中心となって行う学術・研究目的を中心としたものや，地域の博物館や図書館などの公共施設が中心となって一種の街づくりや地域活性化の一環として行っているものなど，その運営の担い手や目的はそれぞれさまざまである。
　こうした地域における映像アーカイブの広がりの原因のひとつに，まずデジタル技術を中心とする各種の技術革新の進展があげられる。従来のように写真やフィルムという映像の記録媒体そのものを保存していくだけではなく，それらの映像資料をデジタル化し，データベース化して，コンピュータ・ネットワークのなかで簡単に取り出し，見比べることができるようなシステムが，少なくとも技術的には比較的容易に構築できるようになった。そしてもうひとつ，現在の地域映像アーカイブの拡大の要因として考えられるのが，現在の地域社会が直面している状況だ。少子高齢化の進む人口減少社会の一方で，ますます社会経済的な中央への一極集中が進展するなかで，地域社会を維持し再生していこうという文化的な拠り所のひとつとして，映像アーカイブの役割も期待されている。
　こうした地域映像アーカイブが収集，保存する映像資料とは，当然，その地域で暮らす人びとや風景，あるいはその地域で生じた出来事などを映像に収め

たものということになる。本章の観点からしてまず問題になるのは，こうした地域にまつわる映像を写真や動画像の形で撮影する主体はいったい誰なのかということだ。もちろんその時々において，地域に住む一般の市民が撮影した写真やフィルムが映像アーカイブとして保存されている場合は多い。本書で紹介している新潟の地域映像をアーカイブする「にいがた 地域映像アーカイブ」の場合でも，映像を生業としているわけではない市井の人びとが記録した写真やフィルムが数多く収集，保存されている。

　しかし現在の地域社会のなかで，日々の地域の様子をもっとも頻繁に映像に捉えているのは，地域で活動する地域メディアであることは間違いない。たとえば地方紙の記者やカメラマンたちは，地域で発生した事件や人びとを取材し，記事と写真に収めることを日々の仕事としてきた。放送局でも同様に，記者やカメラマンが地域の日常的な出来事や風景をフィルムやビデオの映像に記録し続けてきている。マスメディアの活動を指し示す「ジャーナリズム」という言葉があるが，この言葉の語源はラテン語の「ジャーナル」に由来するものであり，もともと「毎日の記録」を意味するといわれる（鶴見，1965：7）。しかも，こうした地域の日常生活の記録者たる地域メディアの記者やカメラマンは，いずれもプロフェッショナルのジャーナリストであり，程度の差はあるにせよ相対的に質の高い映像を記録し続けている。

　このように，地域社会の日常を日々記録し続けている地域メディアは，地域の映像アーカイブの担い手としても大きな役割を果たすことが期待されるはずである。しかしながら，これまでの地域映像アーカイブの現実を振りかえってみると，地域メディアが必ずしも中心的な役割を果たしてきたとは言い難い状況がある。地域メディアにとって，ジャーナリズムとしての報道や論評といった日常的な活動と，アーカイブとしてそれらを記録，整理，保存し，さらに活用していこうということの間には，さまざまな問題が横たわっているのである。本章では，このような地域メディアと地域映像アーカイブとの間の関係性の現状について，「にいがた 地域映像アーカイブ」との関連を中心に検討すると同時に，そこに存在する課題について考えていきたい。

第13章　地域メディアと映像アーカイブをつなげる

第1節　コミュナルな映像空間と地域映像アーカイブ

　地域映像アーカイブと地域メディアとの関係を考えるにあたって，まず，現在の日常的な映像空間のありかたについて検討しておきたい。

　現代社会を生きるわれわれの日常は，非常に多くの映像で溢れている。これらの映像は大きく二種類に大別することができる。ひとつは，一般の市民が日常生活におけるさまざまな風景や出来事，周囲の人びとなどを写真やビデオとして撮影，記録していくというパーソナルな映像だ。こうした映像は，デジタルカメラの普及やカメラ付きケータイ，スマートホンなどのモバイル端末の普及，あるいはビデオカメラの一般家庭への広がりによって急速にその数を増やしている。従来より，入学式や運動会，知人や親類の集まりなどのハレの日や記念の行事の際に，記念写真などの写真を撮影することは頻繁に行われていた。しかし，多様で手軽な撮影機材の普及は写真撮影という行為のハードルを大幅に低下させ，その意味づけを大きく変えつつある。映像の記録がほとんどなんのためらいもなく行われるようになっていき，結果としてケータイやスマホのメモリのなかに大量の映像が残されるようになっている。

　他方で，われわれをとりまくもうひとつの種類の地域の映像として，テレビや新聞，雑誌，映画，あるいは写真集なども含めた広義のマスコミュニケーションを通じて社会に流通している映像をあげることができる。テレビのローカルニュースや地域の問題を取り上げたドキュメンタリーの番組，地方紙に掲載された地域の人びとや出来事についての写真，街中で流行の店や行き交う人びとの写真など，地域のマスメディアの取り扱っている映像である。これらの映像は，基本的にプロの記者やカメラマンによって撮影され，商品として街中で消費の対象となるものである。

　このようにわれわれを取り巻いている大量の映像は，一方ではきわめて個人的でプライベートな映像と，もう片方では商品として消費されるコマーシャルな映像との両極に大きく偏っているのである。われわれを取り巻くこうした映

像空間の状況は，はたしてどのように捉えることができるであろうか。その際に，ケータイのコミュニケーション空間の現状に対する水越伸の批判的な分析は示唆的である。

　国家的な公共サービスの構造が変容し，ユニバーサル・サービスの理念が事実上，消費社会の論理に取って代わられて以降，ケータイのコミュニケーションはプライベートなおしゃべりやメールのやり取りからなる，いわば極私圏と，ネットを介したモノやサービスの売買，交換といった商業圏での活用に二極化されてきてしまったのではないだろうか（水越，2007：40-41）。

　水越がここで批判しているのは，ケータイを通じたコミュニケーションのあり方が，私的なおしゃべりに終始する「極私圏」と，さまざまなモバイル・サービスやコンテンツの流通・消費とがやり取りされる「商業圏」の二極へと引き裂かれてしまい，しかも，それが自明化してしまっているため，それ以外のケータイのコミュニケーションのあり方がみえにくくなっている点である。その上で，繭玉のような私的なおしゃべりの空間とも，情報サービスの商業的な消費の空間とも異なるオルタナティブなケータイのコミュニケーション空間として，より開かれたコミュニティ的かつ公共的な圏域を担う「コミュナルなケータイ空間」というのを提起していくのである。

　ここで，いささか乱暴ではあるが，ケータイのコミュニケーション空間の議論を地域の映像空間に置き換えて考えてみたい。つまり，現在のわれわれの日常生活をとりまく大量の映像の現状を，ひとつには家族写真やホームムービーのようなきわめて極私的なプライベートな映像空間として，もう一方ではマスメディアが生産する商品としてのコマーシャルな映像空間として捉えるということだ。そして，その両方の映像空間とは異なるオルタナティブな映像空間として，「コミュナルな映像空間」というものを考えてみる。コミュナルな映像空間とは，個人や身内だけで楽しむような極私的でプライベートな映像に留まるものでもなく，また商業的な消費の対象としての映像からなる空間とも異なる。

第 13 章　地域メディアと映像アーカイブをつなげる　235

〔プライベート〕な映像空間
・家族写真
・ホームビデオ
...etc.

〔コミュナル〕な映像空間
・地域映像アーカイブ
地域で共有され，地域の記憶と結びつく映像

〔コマーシャル〕な映像空間
・テレビ
・写真集
...etc.

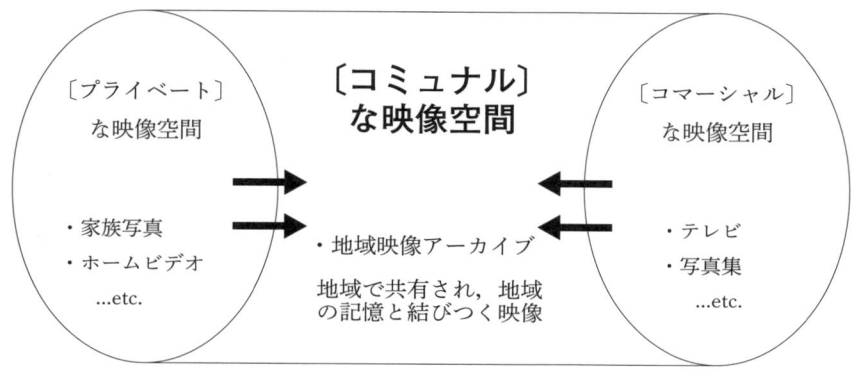

図 13-1　コミュナルな映像空間の概念

　それは地域社会で共有され，地域の人びとの記憶と結びついていくような公共的な映像空間であり，そのなかで映像アーカイブは，映像の集積と交流の役割を担う中核的な役割を果たしていくことが期待されるであろう。
　ここで重要なのは，地域社会のなかで共有され地域の人びとの記憶と結びついていくようなコミュナルな映像空間とプライベートな映像空間，あるいはコマーシャルな映像空間との関係である。一方ではさまざまな撮影ツールの氾濫により，個人レベルで地域の日常生活を映像として撮影し記録する機会は急速に増えている。こうして生み出されたプライベートな映像空間の映像情報は，多くの場合は個人的な記録の保存やきわめて親しい人たちとの間に限った私的な交換に用いられるのみで，地域社会のようなより開かれた場で共有していこうという社会性を帯びた表現活動に向けた意識はきわめて薄い。しかし，そのように当初は個人的な意図で撮影・保存された映像であっても，時間が経過し異なる文脈のなかで異なる解釈をほどこされた場合に，新たに重要な価値を生じる可能性がある。映像アーカイブとは，まさにこのように私的なプライベート空間にあった映像を，地域の人びとが共有するコミュナルな映像へと変換していくような場として機能していくのである。
　この観点で注目されるのは，近年の SNS の広がりだ。近年の Facebook や

twitterなどさまざまなSNSの普及は、たしかに個人から情報発信された映像を社会的に共有していくインフラを提供しており、実際に一般の個人から投稿された映像が広くネットワーク上で話題をよぶ場合もある。しかし、利用者たちがSNSへ映像コンテンツを公開する場合、その多くは開かれた公共的な空間に向けてというよりは、すでに見知った仲間内での交流や交感を目的としたものにとどまっている。さらに、インターネット上で公開されるさまざまな地域映像は個々別々に公開されていくため、たとえば新潟というひとつの地域に関する映像情報を俯瞰的、全体的に把握することが難しい。そうした個々の断片的な映像情報を整理し、異なる映像と異なる映像との間のつながりや関係性を作り出していくような映像情報間のネットワーク化の働きを映像アーカイブが果たすことによって、地域で共有される公共的でコミュナルな映像空間の成立に大きく寄与していくにちがいない。

このように、プライベートな映像が時間を経てコミュナルな映像と地域の貴重な財産となっていくのと同様に、当初はコマーシャルな映像空間のなかで商品として流通していたマスメディアによる映像情報も、同じように異なる文脈のなかで位置づけられることで、地域で共有されるコミュナルな映像として新たな価値を生み出していく可能性がある。

もともと不特定多数の受け手を想定しているマスメディアの映像は、当然、広い社会性を意識したものである。ただし、そこではそれぞれのメディアの特性に応じて、取り扱う映像情報にはあらかじめ枠付けがなされている。たとえば新聞の報道写真やテレビの番組映像の場合、出来事を伝えるという目的のなかで映像が作られ、伝えられる。ところが、同じ出来事の同じ映像を取り上げたとしても、新聞の社会面と生活面では捉える角度が異なるし、テレビのニュース番組と情報番組でもやはり取り上げ方は違ってくるであろう。マスメディアの表現のなかでは、そうしたジャンルやフォーマットといわれるものは情報の中身と同様に受け手にとって意味をもつ。逆にいえば、マスメディアにおける映像情報の意味づけは、その映像がどのような目的をもち、どのような文脈で、どのような枠組みで提供されるかによって大きく左右される。

そのため，その映像が当初伝えられた目的や文脈から切り離され，地域の映像アーカイブとして他の映像情報と並べられて整理されることで，さらに新たな価値を生み出していく可能性がある。たとえば，マスメディアの映像がアーカイブのなかで同じ題材を扱った個人ベースの映像と並べられることで，かつては気づかなかった映像の意味や価値を発見することがありうるのだ。プライベートな映像からコマーシャルな映像まで，もともとの目的や意図はさまざまな映像資料が，同じ地域で共有されるべきコミュナルな映像として集積し，再編成されて，地域で共有されることに，地域情報アーカイブの意味があると思われる。

第 2 節　地域メディアの諸相と映像アーカイブ

これまで，コミュナルな映像空間という視点から地域映像アーカイブを現在の映像環境のなかに位置づけてみた。そこで問題となるのは，このようなコミュナルな映像空間に，実際の地域メディアがどのような形でかかわっていくのかという問題である。とはいえ，ひとことで地域メディアとよんではいても，その活動の範囲や規模，内容は多様であり，それによってアーカイブとの関わり方も全く異なる。ここでは，地域メディアをいくつかのタイプに分類した上で，それぞれの地域メディアのタイプごとにみられる映像アーカイブとの関わり方について検討していきたい。

1　県域メディア

まず，一般的に地域メディアとして地域社会にもっとも強い影響力をもっているのが，広域の地域メディアである県域メディアである。このタイプのメディアの代表例としてあげられるのが，県紙とよばれる地方紙と，地上波テレビの民放ローカル局だ。さらに，各都府県に存在するNHKの放送局もこのタイプに含めてもいいであろう。このタイプの地域メディアの特徴としては，地域

メディアとしては歴史も長く，対象とする範囲も広くて，経営規模も比較的大きいため，人的にも産業的にも安定したメディア活動を行っていることである。さらに付け加えるならば，ナショナル・メディアとローカル・メディアとの棲み分けが整然と秩序づけられてきた日本のメディア構造全体のなかで，このタイプの地域メディアはナショナルなメディアを補完し，あるいはその一角を担う役割を果たすことで，日本の全体的なメディア秩序を支える重要な屋台骨として機能してきた。

　たとえば新聞についてみれば，日本の新聞産業の構造は全国的に事業展開を行う全国紙と，県域の範囲で展開する県紙が各県に1紙ずつというのが標準的なスタイルとなっている。こうした産業構造の原型は，戦前から戦中に実施された「一県一紙」の新聞統合政策に由来するものであり，基本的にその構造が現在にまで継続しているものなのだ（里見，2011）。こうした伝統的な新聞の産業構造のなかで，局地的には全国紙と地方紙との間で激しい部数競争を行いながらも，全体としてはナショナルなメディアとローカルなメディアとが予定調和的な関係性を保ちながら発展してきたといえる。

　一方でテレビ放送をみてみると，全国あまねく放送を届けることを最大の責務とするNHKと，県域を基本とした地域メディアの集合体である民間放送の併存体制として戦後の放送システムの枠組みは作られてきた。しかし，民間放送の実態としては，番組制作の効率化と広告放送による経営の合理化を目的として東京のキー局を中心に地方民放局の全国的な系列下が進み，5つの系列ネットワークに属す形で多くの民放テレビ局は編成されるようになった。こうした構造のなかで，民放ローカル局の自社制作番組の比率は多くの局で1割前後に留まっている現状である。ローカル局は一方ではナショナルな放送ネットワークの一角を担いつつ，地域メディアとして地域の社会や文化を映像情報として発信し続けているのである。

　このように比較的大規模で安定した経営基盤をもつ県域メディアでは，全般的に各社が取材，収集，掲載または放送してきた映像情報について，社内的には保存していこうという意識は強い。それは後々に映像の再利用や二次利用を

行うことを想定しており，また実際に活用してきたという実績もある。そのために，各社は社内的，局内的または系列内での映像情報のデータベースを構築しているか，現在，構築中である。しかしこの社内データベースに関しては，新規に制作した番組や写真をデータベース登録していく作業は容易であるが，過去に蓄積された映像のデータベース化は困難をともなう。それまで写真やフィルム，テープなどのアナログ媒体の形で保存していた膨大な量の映像コンテンツを遡及的にデジタル化し，フォーマットにあわせたキーワードなどのメタデータを付与して，データベースに登録していく作業が必要になるのだ。こうした作業は，過去の映像資料の遺産が多ければ多いほど多量の労力とコストが必要となる。しかも映像アーカイブのデータベース構築自体は，短期的に利益を生み出すものではない。県域メディアの各社各局にとっては，社内アーカイブの整備は中長期的にみて不可欠のものであると広く認識されてはいるが，実際のデータベースの構築作業，とくに過去の映像コンテンツを遡ってデータベース化する作業については長期計画で実施されている状況にある。

2　ケーブルテレビ局

　県域の新聞社やテレビ局ほど一般的とはいえないが，より小さな範囲で，概ね市町村程度の範囲を対象とした地域メディアも存在する。具体的なメディアの種別としては，県紙よりもさらに地域に密着した視点で新聞を発行している地域紙や，災害発生時の地域情報の伝達手段として大きな注目を集めているコミュニティ FM 放送などがあげられるが，本稿の映像アーカイブとの関わりにおいて重要なのがケーブルテレビ局だ。

　ケーブルテレビは，当初は山間部やビル街などにおける地上テレビ放送の難視聴対策を目的としており，1955 年に群馬県伊香保で開始されたのが最初とされる。その後，1963 年に岐阜県郡上八幡のケーブルテレビで住民たちによる自主制作番組の放送が開始された。これ以降，全国各地のケーブルテレビ局において自主制作番組の放送が広まり，各ケーブルテレビ局がいわゆるコミュニティ・チャンネルを開設することが一般的に行われるようになった。コミュ

ニティ・チャンネルで放送される番組のなかには，地域のお祭りや学校の運動会を取り上げたものなど，地域に根差したケーブルテレビらしく地域の日常の姿を放送していくものが多い。その後，1980年代のいわゆるニューメディア・ブームのなかでケーブルテレビは高度情報サービスを提供するインフラとして注目され，異業種からの事業参入が相次いだ。さらに1990年代になるとインターネットへのアクセスを提供するプロバイダ事業を兼ねるケーブルテレビ局が増え，また規制緩和によりMSOとよばれる大資本による広域の事業展開も可能となり，外資系も含めたM&Aが頻発する市場環境となって現在に至っている。しかしながら，ケーブルテレビがグローバルな情報サービス産業の激しい競争に取り囲まれたとはいえ，各ケーブルテレビ局にとってはコミュニティ・チャンネルにおいて地元の話題を取り上げる自主制作番組は依然として重要な役割を果たしている(岩佐, 2007)。大資本のMSOにより運営されている傘下の各ケーブルテレビ局においても，少くとも当面はコミュニティ・チャンネルで自主制作番組の放送がなくなってしまう気配はない。

　こうしたケーブルテレビ局における映像アーカイブの状況は，県域メディアと比較すると全般的に遅れているといわざるをえない。MSO化の進展によりケーブルテレビ事業全体の資本力は大きく変わったが，番組制作現場の人的状況に変化はなく，恒常的に人手不足の状況であるといえる。記者の仕事からカメラマン，レポーター，編集と一人で何役も兼ねることが一般的であり，そのような状況下では放送済の番組コンテンツによる映像アーカイブの構築まではなかなか手が回らないのが実情だ。もちろん，放送した番組の保存は一般的に行われているが，番組のデータベース化や過去の番組のデジタル化といった点については全般的にあまり手が回らない状況であるといえるであろう。

3　市民メディア

　地域映像アーカイブと地域メディアとの関係性について検討する本稿の観点からして，地域メディアのひとつのタイプとして触れておきたいのが，いわゆる市民メディアとよばれる一般市民によるメディア表現についてだ。市民メデ

ィアの様相は多様であり，利用するメディアの種類や参加する市民の状況，表現される内容もさまざまであるが，いずれも新聞社やテレビ局のスタッフのような専門的なプロフェッショナルではない人たちが，メディアの送り手として参画するものを指す。代表的な市民メディアとしてあげられるのは，ケーブルテレビで特定のチャンネルや時間枠を視聴者に開放し，一般の市民が制作した番組をそのなかで放送していくパブリック・アクセスとよばれる活動だ。欧米のケーブルテレビではパブリック・アクセスが制度化されている国や地域も多いが，日本ではケーブルテレビにおいて恒常的にパブリック・アクセスが確保されている局は少ない。その他，ケーブルテレビ以外でも，インターネットを活用したものなど市民メディアにはさまざまな種類がある。

　これらの市民メディアでは，身近な地域社会の様子や出来事を取り上げて，同じ地域の人びとに伝えることが多い。ただ，現状の市民メディアにおいては，どうしても社会のなかで共時的なコミュニケーションの広がりを指向する傾向が強い。これまでメディア表現の送り手へとアクセスする手段のなかった人びとが，なんらかのメディア表現のツールや場を得て，社会に向けて発信していくということで，同時代的な情報の発信に主眼がおかれがちであり，時代を超えて後世に伝えていこうという意識は弱かったと思う。

　しかしそんな市民メディアのなかでも，一部で映像アーカイブとして通時的なコミュニケーションを念頭においた動きもみられるようになってきた。たとえば，政府の政策主導のもとで2000年代に全国の市町村合併が大きく進んだが，合併により消えることになった市町村における伝統行事や祭りの様子などを市民メディアの活動のなかで撮影し，合併後の新市町村のなかで，地域で共有すべき記録，記憶として保存していこうという動きなどである。その背景には，これまで地域の行事を経済的あるいは精神的に支えてきた自治体がなくなることで，こうした行事そのものが消滅してしまうのではないかという危機感がある。このように，地域社会の現在だけではなく未来に渡る問題にも思いをはせていくことが，将来的には市民メディアも地域の映像アーカイブと関わりをもつきっかけになるであろう。

第3節　地域メディアによる映像アーカイブの可能性と課題

　ここまで，多様な地域メディアのあり方について映像アーカイブとの関連から考察してきた。以下では，「にいがた 地域映像アーカイブ」プロジェクトの活動を通じて体験した具体的事例なども含めながら，地域メディアが映像アーカイブとどのように関わっていくことが可能であるのか，そこにはどのような課題があるのかを検討していきたい。

1　議論の場の設定

　地域の映像アーカイブの問題が特徴的なのは，社会的にさまざまな立場の組織や団体，個人が潜在的に関わっていく必要性があることだ。大学などの研究機関，県や市などの地方自治体，図書館や博物館，文書館などの公共施設，学校などの教育現場，映像媒体に関する専門家，そして地域メディア。当然，それぞれの組織や団体はそれぞれの目的や使命があるため，映像アーカイブに対する期待や望む方向性も異なってくる。たとえば大学などの研究組織が映像アーカイブについて考える時には，研究ができるだけ自由にできるように可能な限りオープンな姿であることを望む。一方で映像の権利保持者である地域メディアにとっては，権利が十分に守られているかどうかが問題になる。さらに，行政や公共施設の立場からすれば，利用者が公平かつ公正に利用できるか，法的侵害を生じさせないような状況にあるのかが重要となる。こうした関係者それぞれに異なる関心や目的を整理，調整していくためには，まずなによりもお互いの状況を相互に明らかにし，課題を見出していくような議論の場づくりが必要となる。とりわけ，映像アーカイブと地域メディアとの連携を目指すのであれば，地域メディアとの対話が重要だ。

　「にいがた 地域映像アーカイブ」プロジェクトでは，過去に何回も映像アーカイブに関わるシンポジウムや研究会を開催してきたが，そのなかでは地域メディアの担当者を招いて議論することを積極的に行ってきている。2009 年 11

月開催のシンポジウムでは地元民放局の新潟放送の担当者を招いて，社内で構築している映像ライブラリーや将来的な課題について議論を行った。また，2011年6月には地元地方紙の新潟日報の担当者を招き，同社の構築している記事と写真のデータベースとその公開方針について報告と議論を行った。さらに 2012 年 10 月に開催された市民メディアの交流会である「第 10 回市民メディア全国交流集会 (くびき野メディフェス 2012)」では，市民メディアにとっての映像アーカイブの意義について議論を行った。もちろん，こうした議論自体もまだ端緒についたばかりであるが，今後も継続して地域メディアを含む議論の場を設定していくことが必要になるであろう。

2 社内データベースの公開

　前述のシンポジウムなどでも明らかになったことであるが，地域メディアのなかでも県域の新聞社や放送局はすでに相当程度の規模のデータベースを構築している。このうち，新聞社の記事データベースについては，紙面として公開された記事の一部として写真も含めて一般公開されている[2]。しかし放送局に関しては，自社内の映像ライブラリーや系列ネットワークにおけるニュースライブラリーを整備しているものの，その利用は番組制作への活用など基本的に自社内・系列内に限られている。地域の放送局が保持している映像を一般市民が見ることができるのは，現在の放送番組中で資料映像などの形でかつての映像が使用される場合や，何かの折に映像データベースの一部が DVD などの形で販売される場合などに限られている[3]。

　今後の課題は，前述のコマーシャルな映像として位置づけられる放送局の社内映像データベースを，どのような形でコミュナルな映像として地域社会へ公開していくかという点である。この点で参考になるのが，2003 年に埼玉県川口市にオープンした NHK アーカイブスである。NHK アーカイブスは，過去にNHK が制作した 64 万 7000 本のテレビ・ラジオ番組や 176 万 8000 項目のニュース映像などが保存されている (2011 年度末現在)。このうち，一部は公開ライブラリーや NHK オンデマンドの形で一般公開されているし，現在では学術研

究目的での利用をトライアル研究として試行的に開始している。また，民放の番組の公開は，1991年に神奈川県横浜市にオープンした放送ライブラリーが，NHKと民放のテレビ番組およびラジオ番組の保存と公開を行っている。しかし，放送ライブラリーの収録番組数は非常に少ない。

　こうした現状に対して，丹羽（2013：260-262）は，民放アーカイブの充実とローカルなアーカイブの充実を課題としてあげている。地域メディアとして，これまで民放ローカル局が地域の映像文化に果たしてきた役割はきわめて大きい。もちろん，系列ネットワークとの関係など課題もあるが，ジャンルや年代を区切ったり，あるいは災害などの特定のトピックに関するものに限定する形からはじめるなど，民放ローカル局のアーカイブをコミュナルな映像へと徐々にでもオープンにしていく努力が望まれる。

3　著作権や肖像権の権利処理

　映像アーカイブの課題として常に議論されるのは，著作権や著作隣接権，あるいは肖像権といった各種の権利処理の問題だ。テレビ番組には制作者のもつ著作権や，実演家のもつ権利である著作隣接権，あるいは撮影対象者の肖像権など，複数の権利が複雑に絡まり合っている。映像アーカイブで映像資料を公開するためには，こうした権利について，権利所有者をひとつひとつ確認し，関係者すべてにいちいち許諾を得るという，膨大な労力と時間が必要とされてきた。

　しかし，必ずしも利益の実体が明確でない権利保有者の権利を守るために，結果的に貴重な映像が死蔵されてしまうのであれば本末転倒であるといわざるをえない。地域メディアが撮影した対象は，もともとは地域社会の人や風景，出来事である。権利保有者の利益を尊重しつつも，可能な限りオープンな形で地域社会へと映像を還元していくことが可能になる仕組みを検討していく必要がある。

　その際に参考になるのは，特定の知的財産権を主張しないで公共財として自由な活用を認めていく「パブリック・ドメイン」の考え方や，著作物の利用が特

定の基準に照らして公正な利用と認められる場合には，著作権の侵害とはみなさない「フェアユース」の考え方などは十分に考慮すべきであろう。また，現行の制度上で著作物の活用を促進していくための方策として「クリエイティブ・コモンズ」などの方法も重要である。

著作権や肖像権などの権利が，映像の公共的な活用を過剰に阻害しないようにするための議論を進めていく必要がある。とりわけ，コミュナルな映像空間という形で，利用する側と利用される側の範囲が限定され，相互の関係性が互酬的なものになるように空間を限定するのであれば，より積極的な活用の方向性が開かれるのではないかと期待している。

4　地域メディアによる地域映像アーカイブの活用

地域メディアと地域映像アーカイブの関係性は，地域メディアが一方的に地域映像アーカイブへと映像コンテンツを提供していく方向だけではない。地域の映像アーカイブが整備されていけば，地域メディアの側が番組作りや新聞制作などの自分たちの活動において映像アーカイブを活用していく局面も出てくる。

「にいがた 地域映像アーカイブ」の事例では，ひとつには放送局の番組での活用がある。NHK新潟放送局では，2012年4月から年に4回のシリーズとして，夕方6時代のローカル・ニュース番組内の特集企画として，地域の古い映像を発掘して紹介する内容を放送した。また，2013年4月26日午後7時30分からの30分番組「金よう夜きらっと新潟」においても，地域に残された古い映像を紹介する番組を放送した。これらの番組においては，「にいがた 地域映像アーカイブ」プロジェクトの活動について紹介するだけではなく，同プロジェクトがデータベース化している映像の一部を活用し，NHKが発掘した映像とあわせて放送している。地域の映像アーカイブを活用することで，地域メディアの側の内容もより豊かなものへと向上していく可能性があるのだ。

同様のことは，地元県紙である新潟日報との関係においてもいえる。同社は2013年4月に市内中心部に新社屋「メディアシップ」を開設したが，その一角

に「新潟日報情報館COMPASS」という施設を設けて，同社の記事，写真や権利を所有しているニュース映画などを紹介して，新潟地域の歴史や文化を視覚的に理解できるようにしている。その中で，「にいがた 地域映像アーカイブ」プロジェクトの所蔵映像も活用しており，新潟地域の歴史を多角的に見ることができるようになっている。

このように，地域メディアが地域映像アーカイブと連携を深め，その映像を活用していくことにより，地域メディア側の活動もより質の高いものに向上させていくケースもあるのだ。

おわりに

地域映像アーカイブとは，決して過去の映像を保存して，懐かしむための存在ではない。過去の映像を批判的に検証し，再発見することで，将来の新しい地域の映像文化を形作っていくためのものである。地域メディアは，そのための中心的な役割を果たすことが期待される存在である。われわれの暮らす地域の文化をあらためて見直し，よりよい地域の映像文化を作り上げていくためにも，地域メディアと映像アーカイブとの積極的な連携が切に望まれる。

【注】
(1) その他に，県域をまたいで展開するブロック紙とよばれる新聞社も複数存在する。また，大都市圏などで有力な県紙が存在しない地域もある。
(2) 新潟日報記事データベースについては，大学図書館や公共図書館との契約により，利用者は自由に使用することが可能となっている。
(3) たとえば，新潟放送と新潟日報社の共同制作により一般販売した「懐かしの新潟国体と当時の暮らし」2008年(DVD)など。

第14章 アーカイブとアーカイブをつなげる
――連携の諸相・その必然性――

水島　久光

第1節　「小さなアーカイブ」と「大きなアーカイブ」

　映像アーカイブの研究をしていると，必ず先進的事例として取り上げられるのがフランスの国立視聴覚研究所(INA)だ。国内すべてのテレビ・ラジオ放送番組を網羅的に保存し，研究や二次活用に関する仕組みを整えたこの機関は，世界のアーキビストたちから常に羨望の眼差しを向けられてきた。この国家的プロジェクトがフランスで実現し得た背景には当時のミッテラン大統領による「巨大図書館建設(グラン・プロジェ)」の構想があったことが知られている。いかにもかの国ならではの歴史・文化的産物である(Hoog, 2006)。

　アーカイブの作り方には絶対的な方程式はない。それは記憶の残り方が，その人の生き方や，社会・環境によって異なるのと同じように，多様であってしかるべきである。しかしアーカイブなるものが記憶の外化・蓄積態であることを考えれば，それが「誰によって，どのような目的」で構築されるのかは，その性格を形づくる決定的要因であるといえる。この点からみれば，アーカイブがイコール国家的，あるいは網羅的たらねばならないとする考え方に偏ることは，「大文字の歴史」の上書きに加担する危険性がある。

　一方で今日のアーカイブに対する関心の多くは，デジタル技術の普及が下支えしている。スマートでソーシャルなテクノロジーはいずれも現代人の記憶の外化・蓄積を著しく促進させるだけでなく，その連携可能性を広範に担保する。

パーソナル，コミュナル，マスの各レイヤーを制御単位とする新たな情報の流れは，これまでのコミュニケーションと書き込み（キットラー）を縦割り化したシステムとは全く異次元にある。かつて人びとを「いま，ここ」にくぎ付けにしていた 20 世紀型メディアの呪縛は解かれた。アーカイブは「いま」に「あの時」を召還し，「ここ」を「広い世界」の中に相対化する。このような環境でデザインされる公共圏は，当然それまでのハーバーマス的論理を超えた地平に企図されよう。

本稿は，私がこれまで関わったアーカイブ・プロジェクトを具体的に辿りながら，そこに現れた上記の「予感」について，拙いながらの整理を試みるものである。

第2節　そもそもアーカイブは分断されていた

とはいうものの，こうした技術が人びとの記憶と記録を一気に「1つのもの（Google的に）」にしてしまうというのは幻想である。むしろ無数の「小さなアーカイブ」が「大きなアーカイブ」の構想から零れ落ち，あるいはその脅威に晒されているという方が実態ではないか。世界中に数多く視聴覚アーカイブが存在しながら，それらが組織的にもシステム的にも分断された状態に放置されてきたことに私たちはもっと目を向けるべきだろう[1]。これは技術に対する楽観主義だけで救えるものではない。

そもそも「百科全書」的な「統合された知」のイメージは，啓蒙的イデオロギーの産物であり，人類史上一度たりとて実現はしていない[2]。これまでの「記録」技術が未成熟さを前提とするならば，それを標榜するものはいずれも選別された記憶の一部なのである。

たとえば，公文書館の思想と歴史資料の民主化を求める史料学の理想との断絶は，その典型であろう。統治の対象たる記録保全の要求と，近代の歴史意識そのものを問い直す研究者のアプローチとの間に生ずる亀裂は，現在から「過去」

にむけた眼差しの矛盾表現であるといえる。前者が主に,「記録」を存在として,施設や制度との関係で論ずるのに対し,後者の立場では,「記録」は検証すべき事象や出来事の周りに組織される。そこには当然,集積を秩序づける方法の違いが浮かび上がり,結果そのフレームから外れる「欠損部分」が生じることになる——互いの「記録」に対するフラストレーションは,ここに起因する(水島,2009a:21〜23)。

　だがこの両者は単純な対立関係にはなく,将来の「統合された知」を志向する弁証法的二項を成しているのも事実だ。そこには記録をめぐる過去と現在の力学——過去を現在の正統性に引きつけるか,過去を過去自身の文脈の中に位置づけようとするかが働く。したがって両者の分断は,アーカイブが過程的であり,どこまでも未完たらざるを得ないことを表している。「アーカイブには予め時間が組み込まれる」ことの意味は,こうした運動性の中で理解されるべきなのだ。[3]

　しかし,記録技術が発達した今日においては,アーカイブの分断はより複雑な様相を呈している。上記のように歴史資料に対して強い関心をもつ人びとばかりではなく,時間の流れに添って,自覚なくデジタルメディア上に記録を残す人びとが大量に出現している。これは人類史上かつてなかった現象である。この環境変化は,記録と記憶の「図-地」関係を反転させた。その結果,今日私たちのメディア圏には,旧いレジームに基づく「記憶の一部としての記録」と,それとは全く性格を異にする「記憶の媒介を経ることなく蓄積される記録」の二種類が存在することになる。

　そうなると断層は新たに,記録の蓄積に対する意識／無意識の間に引かれることになる。前者にとってアーカイブは意識的に構築されるべきものであるのに対し,後者にとってはオートマティックに堆積していくものと定義される。ただしこの対比は,単に「記録」に対してナイーブであるか否かを意味してはいない。むしろ後者は,記録そのものではなく「記録が残されている仕組み」への関心に導かれているといえる。そのベースには,「システムに対する信頼」がある。[4]

この観点でいえば「記録」の近接者,「記録」される当事者も, アーカイブを可能とする世界のステークホルダーということができる。ここでは「大きなアーカイブ」対「小さなアーカイブ」の対立は仮象に過ぎず, とくにパーソナルコンピュータのフォルダを極小のアーカイブとみなすならば,[5]「小さなアーカイブ」の問題は,「大きなシステムの中に取り込まれた個人」というパースペクティブへの反転を可能にするだろう。それはネットワークに媒介された巨大なデジタルアーカイブの構想につながる。

　もちろん「小さなアーカイブ」への視線を, 決定論的に情報技術に紐付けすることは適切ではないが, デジタル以前と以降では, その「大きなアーカイブ」との関係が大きく変化したことは間違いない。これまで「大きなアーカイブ」に従属する「部分」の役割を果たすにすぎなかったものが, 独立して存在しうる, あるいは「大きなアーカイブ」を時に補完し, 時に批判的に対峙しうる状況はかつてなかった。つまり現代社会におけるアーカイブの意義は, 歴史記述と記録技術のマトリックスにおいて, 認識主体によって多様に位置づけられる。このような環境の中でそれらは, 必然的にその輪郭を固定化することはできない。すなわち私たちは, おのおのが他のアーカイブとの「連携」の可能性を予め備えた, 相対的に開かれた存在であることを理解する必要があるだろう。

　私たちにとっての「歴史」は, もはやリニアに流れる大河ではない。アナール学派の宣誓以降, それはさまざまな構造的仮説に照らされ, 検証されうるものとみなされている。現代はそれに技術の進展が相俟って,「歴史」は記憶と忘却をめぐる攻防の場に変貌し, 意識／無意識をめぐる生政治的な問題をも提起しつづけている。その意味で, アーカイブが「分断」されたものであることを前提にその「連携」を模索する行為は, 現代のメディア環境における熟議型民主主義の発展に寄与するものとはいえないだろうか——ハーバーマスを超える地平とは, まさにそこから拓かれるのだ。

第3節　アーカイブ体験とは何か
──コンテンツの「集積」,「群」との出会い──

　アーカイブは，どのような意味で繋がりうる「開かれた存在」なのか。ここからは，私自身が2005年以降に携わったいくつかのプロジェクトを辿りながら，「連携の芽」について考えていくことにする。

　当初，放送研究を出自とする私にとって「アーカイブ」は，そのデジタル化の一側面として想起された問題にすぎなかった。「送り放し」であり，「いま・ここ」（リアルな時空間）に縛り付けられたメディアであった放送も，デジタル技術をベースとすることによってその軛から解放され，新たなコミュニケーション秩序がそこには要求されるようになる。アーカイブはそこに現れた，デジタル放送が実装するただの一機能にみえた。しかしその印象は実際にアーカイブに触れることで，一瞬にして変わった。「かたまり」としての出現。「集積体」「一群の」コンテンツとの出会い──番組単体の録画視聴と異なる感覚は，まさに新たな「アーカイブ体験」とよぶべきものであった。

　最初の体験は2005年，「戦後60年」が与えてくれた。この年地上波各放送局は，多くの戦争関連番組を放送した。放送に限らずこの年は「かの戦争」を振り返る言説が溢れた。もちろんそれ自体が批判対象たる「8月ジャーナリズム」ではあったのだが，それにしても以前の10年刻みのメモリアル・イヤーと比べてもその量は突出していた。それは歴史と記憶の関係の臨界点だった。この60年という歳月は当時20歳だった若者を，80歳の老人に変えていた。戦後間もないころは「語る」ことができなかった記憶の生々しさが時とともに希釈され，またそれに代わって「語らないまま死ぬ」ことの罪悪感が歳を重ねた彼らを襲うようになっていた。それが空前の「証言ブーム」を生んだのだ。

　しかしこの「戦争番組の大量生産」を説明する理由はほかにもある。この時期，数多くの記録が機密指定を解除され，パブリックドメインに入ったこともその1つだ。アメリカ国立公文書記録管理局（NARA）や各大学の資料室には，閲覧

許可が下りた膨大な未整理資料が積み上げられ，研究者やジャーナリストが発掘を行うチャンスが広がった。それに(とくにNHKには)制作環境の変化が重なった。2005年1月の「番組改変問題」(『ETV2001問われる戦時性暴力』(2001年放送))の表面化によって，一時的にいわゆる「圧力」が低下し，積極的に「検証」番組を制作する機運が盛り上がったという[9]。

さらにそこに「大きなアーカイブ」の整備事業が重なる。2003年に埼玉県川口で運用開始されたNHKアーカイブスは，それまでの番組や映像資料再利用のための「保管庫」としての役割に止まらず，諸権利許諾をクリアした番組を「公開ライブラリー」に移す作業に力を入れるようになった。しかしその許諾を得る手間は尋常ではなく，保存を前提とした制作ルーチンの改訂により全体規模が飛躍的に膨らむのに比して「公開」は遅々として進まないジレンマにぶつかる。そこで公開数拡大の切り札として導入されたのが「特集」化であり，その第一弾が2005年の「平和アーカイブス」の企画だった[10]。

この「戦争番組の大量生産」という現象に出会った私は，その重要性を直観し，2005年8月1日～31日まで，NHK総合・教育・BS，および関東圏のキー局5局で放送された戦争関連番組(ニュースを除く)を録画，研究用の私的アーカイブを構築することを計画した。この時，録画した番組数は110。内不完全録画および重複(期間内再放送)を除いた78が分析対象となった。

それまで私は個々のテレビ番組をミクロに内省し，記号論を応用した方法を用い，分析を行っていた。そこでは，番組が置かれた時空間的地位は，あくまでテクストの後景にあるものとして扱われていた。しかしコンテンツが「集積体」として現れた瞬間,「時空間」そのものが認識すべき対象として迫ってきた。この感覚が，その構造的特質を抽出する研究へと私を導いた。そして，以下の三つの分析的補助線を引くことを試みた(水島，2009b)。

① リアルな時空間との参照関係

8月には6日，9日，15日の3つのメモリアル・デー(原爆，終戦)が刻まれている。この年の毎日のように放送された「戦争番組群」でも，このリアルな時間が主題変遷の節目となっている。「原爆」から「都市爆撃」「核と現代の戦争」,「前

線・外地の状況」から「戦後処理問題」へ、さらに15日以降は「終戦から戦後(昭和のイメージ)へ」「戦争問題の普遍化」「検証・秘話の発掘〜寓話化」に物語は拡張していった。

② 「過去」と「現在」の節合パターン

ドキュメンタリーに限らず、ドラマや情報番組など、あらゆる番組で「ジャンル規制」を超えて「過去」と「現在」の出会いが演出された(ジョスト、2007)。それはおおよそ4つのパターンに整理できる——① 再現(現在を消し、超越的な位置から過去を再構成する)、② 検証(現在の位置から、過去の経緯、妥当性、因果性を問い、評価する)、③ 想起(個人の記憶レベルで思い出し、語る。記録映像がその妥当性を保証する)、④ 参照(記録映像を含むすべての過去は現在的主題に奉仕する)。

③ 「ハブ番組」の出現

過去の関連番組を束ね、そのインデックスとして番組相互のリンク関係を示すのみならず、もともとの番組の文脈から映像を引き離して別の解釈を与え、構成。その結果それ自体が「圧縮されたアーカイブ映像」として機能する「ハブ番組」が出現していた(桜井、2010)。2005年の場合、『ZONE—核と人間』(NHK、8月7日)、『ヒロシマ』(TBS、8月5日)がそれにあたる。

この3つの補助線は、「アーカイブ」が単なる閉じた、静的な情報の集積体ではなく、映像を体験する主体との関係性の中でダイナミックに自らを組織し、生成変化しつづける「システム」であることを示唆するものであった。

第4節 アーカイブはいかにして生まれるか
——本質的な課題としての「連携」——

生きたアーカイブとは、いつまでも完結しないものである。すなわちあるアーカイブは、必ず他のアーカイブと連携しあうための「触手(ノード)」を、弁証法的な発展を促す「矛盾」として内包しているのだ。したがってあるアーカイブ

との出会いは，すべからく他のアーカイブへと問題意識をリレーする機会となる。2005年の私的な「戦争番組アーカイブ」構築の試みも，そこから意外な方向に開かれていったのだ。しかも複線的に——それは，テレビジョン・システムの両義性(閉じ／開き)を，表しているかのようであった。

1 記憶と忘却の間——鹿児島・大隅半島へ(2006〜2009年)

　2005年に録画した78本の「戦争番組」を見続けるなかで，その「矛盾」は早速，問題意識を刺激しはじめた。それは放送というナショナルなシステムのアジェンダの偏り(先に述べた「8月ジャーナリズム」とも重なる問題)である。

　私たちにとって「かの戦争」とは何だったのか。その認識フレームは「昭和20年8月15日」の「大本営」を中心に，最初から組織されたものだったのか。本来これだけ沢山の番組が制作されれば，「主題」には広がりがもたらされて当然だ。しかしコンテンツの集積はむしろ逆説的に中心の存在を際立たせる。この拮抗する力学と，政治的意図の関係について，私たちはまだ決定的なメスを差し込むに至っていない。

　そうした問題に向き合っていた2006年夏，たまたま私は偶然訪ねた鹿児島県大隅で，かの「認識フレーム」から外れた「戦時記憶」に出会った。それが，昭和19年2月6日に錦江湾で起った「第六垂水丸遭難」の物語である。肝付町高山の元教員，竹之井敏が私費出版し，鹿屋市の朗読サークルに所属する中西久美子が「そら」で語る物語『冬の波』は，その場に集まった地元の人びとが誰も知らない衝撃的なものだった。[11]

　「第六垂水丸遭難」は，高等海難審判庁の記録によると466人の死者行方不明者を数えたとされる。一般船を対象としたものとしては1954年(昭和29年)の洞爺丸事故に次ぐ犠牲者を出した戦時下の海難事故である(高等海難審判庁，1997：109)。これだけの大事故にも関わらず，地域にはほとんど記憶を掘り起こす手がかりが見あたらない。社会には「伝承される物語と，されない記憶」がある。なぜ残らないのか。私はこの問いに引き寄せられていった。

　はじめに入手した戦後の新聞記事(「南日本新聞」昭和59年2月6日)は，この

記憶の亡失の理由を，戦時下の言論統制の結果と一刀両断にしていた。私も当初はそう考えた。しかしその先入観はあっという間に崩れた。実は「南日本新聞」の前身である戦前の県紙「鹿児島日報」は，事故後ほぼ一週間にわたって刻々と状況を報じ続け，伏せるどころかむしろ積極的に戦意高揚に結びつけようとしていたのだ。

　2007年6月本格的に調査を開始。徐々に人づてに資料および当時の記憶をもつ人びとの情報が集まりはじめた。それらにもとづき2008年3月から4回にわたって19人(遭難者，遭難者の家族，郷土史家，その他関係者)のインタビューを映像収録した。その結果みえてきた「記憶の亡失」の過程は，実に意外かつ素朴なものだった——人びとは，身近に起きたあまりに衝撃的な出来事を前に「言葉を失った」のである。そしてその反動のように，65年の時を経てこの地方に迷い込んだ「余所者(私たち取材者)」の存在は，当事者たちが封印を解き，堰を切ったように語りはじめる契機となった。

　収録したインタビューは編集を施し，後にドキュメンタリー(現地上映版；『冬の波―第六垂水丸遭難とおおすみの記憶』)作品として鹿屋市，垂水市，鹿児島市で上映。さらには収集した資料を鹿屋・垂水の図書館に寄贈した。驚くべきことは，私たちの調査をきっかけに地元垂水市では遺族会が発足，草生した駐車場に放置されていた慰霊碑を再建立，同時期に発足した「NPO法人まちづくりたるみず」が運営する歴史資料館「文行館」を拠点にさらなる資料収集とアーカイブ化，そしてそれらを地域の学校・社会教育に活かす取り組みが生まれたのである。[12]

　この大隅での経験は，周縁地域，そしてまだほとんど本土における戦禍のない時期の銃後の生活，そして口承による記憶保持という観点において，「2005年の戦争番組アーカイブ」の完全な対極に位置するものであった。それはさらに，とかく収集・保存に関心が傾きがちな「アーカイブ」問題を，地域のアイデンティティの創出という活用フェイズから遡及的に考えるという，オルタナティブな視座を提起してくれたのだ。

2　風景の亡失とコミュニケーション不全——夕張へ（2007〜現在）

　記録・記憶が残らない現実に対する興味関心は，次の新たな偶然に引き寄せてくれた。2007年夏，当時ニュースを賑わしていた「財政破綻の町」北海道夕張市を，私は市民メディア全国交流集会の企画に参加するかたちで訪問する[13]。そこでみたものは1960年代の最盛期には12万人近い人口を誇った国内エネルギー産業の拠点が，みるも無残に朽ち果てた姿であった。それは「ナショナル」の隙間にこぼれた大隅の記憶とは対照的に，国策の名の下に徹頭徹尾「大きな物語」に翻弄されつづけた地域の残骸であった。

　記録が乏しかった大隅に対して，夕張にはしっかりと映像記録が残っていた。石炭博物館の資料室には，古くは大正時代から，直近の「破綻の現状」を伝えるテレビ・ドキュメンタリーまで，元館長青木隆夫（現・夕張地域史研究資料調査室室長）が丹念に集めた映像がVHSテープ約500本。私は青木と話し合った結果，これらのテープを雨漏りが危惧される資料室から救出し，デジタル保存することにした。

　デジタル化した映像資料は，重複および視聴不能なものを除くと413本。これらの内約2/3は1980年代の炭鉱事故・閉山等による地域の変貌を記録した放送番組映像，残り1/3は，大正や昭和初期のフィルムから複写されたものを含む市民，地元企業，自治体等の手によるもの。これらの映像を1本ずつダビングしていく作業は，さながら夕張という数奇な運命を辿った街を早回しでレビューするかのような体験となった。

　繁栄を謳歌する豊かな映像のなかの世界と，何もなくなった町とのコントラスト。そして18年の長きにわたって，借金を返し続けなくてはならない厳しい現実[14]。この環境のなかで思考停止に陥らずに，前を向いて生きていくためにはどうしたらよいだろうか——「ゆうばりアーカイブ」の構想は，こうした議論のなかから生まれた。

　夕張の街の静けさは，決して人口の流失だけが原因ではない。80〜90年代の石炭政策の転換期に畳み掛けるように人びとを追い込んだ事故・閉山。そして2006〜7年の破綻。この二度にわたって押された「リセットボタン」が，こ

の地域の「風景」を崩壊させたことによる。それはかつてのこの街の人びとにとって，言葉をつなぐ参照項だった。「あれ・これ」といった指示代名詞が意味をもたない空間は，コミュニケーション不全を生じさせる。私たちはそれを映像の力で補完し，地域を言語共同体として回復させることはできないだろうかと考えた（水島，2010）。

2009年2月末，復活した「ゆうばり国際ファンタスティック映画祭」の会場で，青木と私は夕張の古い映像を市民と共にみる会を開催した（2013年は5回目）。そして翌2010年夏，大学生と地域住民（総勢30名）による5日間のワークショップを行った。この実践は，アーカイブ映像を手がかりに現在の夕張を撮影し，過去と現在の出会いを，協働を通じて体験するものであった。さらに実践に参加した学生のうち有志6名は，秋，冬と撮影を続け，『夕張はいま―消え続けるまち，生き続けるもの』という作品に仕上げ，2011年の映画祭会場で上映した（水島・北條・松本・山本，2011）。

アーカイブは「連携可能性」を本質的に有している――このテーゼが，具体的なアーカイブの在りようとともに像を結ぶようになったのはこの頃からである。この夕張の実践は，集積された映像資料に間違いなく「動き」を与えるものであったといえる。それと同時に，映像と人びととのコミュニケーション行為との間に見出された関係は，「過去の惨事をいかに想起するか」という現実的な問題次元において，遠く離れた夕張と大隅を結んだのだ。

また夕張の映像群は，その3分の2がテレビ番組録画であるという点において，「戦争番組アーカイブ」と成り立ちが共通している。ただしあくまで分析対象として手元に置いておこうとして保存した後者に対し，「ゆうばりアーカイブ」はそれに止まらない意味をもちはじめていた。それは「風景」を失った市民の「記憶」に再生を促す「地域の文化資源」としての役割への期待である。

すでに述べたように，基本的に放送番組は，同時かつ一方向的な電波の流れに乗る限りにおいて権利処理が施されたコンテンツである。その点でいえば，いくら社会的な活用価値があるとしても，安易に「公開」の場に委ねることはできない。しかし今日の多様なアーカイブの発生を支えるデジタル環境は，むし

ろその秩序の組み換えを要求している。とするならば，夕張の事例はその転回の可能性を拓くチャンスなのではないか——私はここから，「大きなアーカイブ」と「小さなアーカイブ」の現実的な連携方法を構想しはじめた。

3　「地域の肖像権」——夕張から，三陸へ（2011〜2012）

　権利処理は，今日「大きなアーカイブ」の公開を阻む困難な壁になっている。それは，映像なるものが（動画・静止画のいずれも）時間を静止させた「過去の光学的痕跡」である限り，逃れようのない宿命的な縛りである。リニアな時空間的秩序の中にのみ生きられる「有機体」としての私たちにとって，映像は時としてその存在を穿つ潜在的なリスクを抱え込んでいるのである。

　著作権と肖像権が，そこで考慮すべき二大リスクということになるのだが，過去（制作時点）を基点に，未来に「拡張していく権利」である前者に対し，後者は常に「現在に生きる者」を足場にしている点にその制約の核心がある。著作権が「請求権」であるのに対し，肖像権が「拒否権」として行使され続けてきた歴史は，そのことを端的に表しているといえよう。[15]

　しかしその肖像権も，その現在の足場が失われた状況にあるとするならばどうだろう。転じて「請求権」として解釈することはできるのではないか。しかも「拒否権」としての肖像権の根拠とされる個人の権利に対置しうるものとして，集合的権利を想定するならば，この解釈の妥当性は高まるのではないか——こうした思考実験を経て，仮説的にまとめた権利概念が「地域の肖像権」である。

　地域は，その場所で生きるという日々の行為が生み出す，再帰的かつエコロジカルな環境である。地域は風景の集積によって形成されている。それは人びとの集合的生活空間，すなわち「くらし」を「ひとつのまとまり」として把握することを促すゲシュタルト（＝認識単位）である。したがって「風景の喪失する」ということは，地域そのもののアイデンティティ，あるいは存立根拠を失うことを意味する。

　これまで多くの肖像権に関わる要求が，個人のアイデンティティに関わるものとして，公開の場での拒否権として表れていたとするならば，対偶にある集

合的アイデンティティに関わるものとして，そこに暮らす人びとの眼差しの先にある「風景」を，映像の中から記憶へ回帰させる「請求権」は，シンメトリックに成立しうる――とりわけ夕張は，その運動を必要としており，また可能性もある。

　もちろんこのステップは簡単に踏み出せるものではない。「地域の肖像権」に基づく，特定の地域と特定の目的に限定した「大きなアーカイブ」の公開モデルは，たとえ理論的には妥当であったとしても，手続きや組織的慣習などさまざまなハードルが待ち構えている。しかしそれは確かに，2011年2月の映画祭を終えた私たちが次に向かうべき目標となった。

　そこに「東日本大震災」が起こった。

　1000年に1度の地震が揺さぶったものは，「社会そのもの」であった。津波・原発事故をともなった複合災害以降，「新たな生き方」を渇望する要求と「思考停止」の間に引き裂かれた人びとの間で，私たちはいまだ落着きようのない不安定な気分に苛まれている。それでもこの状況は，「一歩」を踏み出すチャンスも確実に生み出している。

　明けて2012年，NHKは「公共放送」の使命を果たすべく，震災に向き合う事業計画を策定した。そのなかに「被災地の映像を復興支援に役立てる」というテーマが加わり，「大きなアーカイブ」と「小さなアーカイブ」の連携は，この文脈のなかに位置づけられることになった。計画はあくまで「試行」に止まるものではあったが，NHKアーカイブスに保存された，とくに「津波」によって壊滅的被害を受けた地域の過去の映像は，「再生」に役立てることができるとの仮説を採用したのだ。アーカイブ映像は，住民の記憶を支えるものとして，変貌した地域の姿を過去との対比を介して認識し，将来に向けた「対話」を深める契機を与える――このコンセプトによって「夕張」と「三陸」は結ばれたのである。[16]

　この計画に先だって，私は準備段階として「NHKアーカイブスの学術利用に向けたトライアル研究（第三期）」に「三陸の津波被災地の風景の消失を考える――『景観史』として還元される地域の肖像――」のタイトルで応募し，採択を受けていた（NHKアーカイブス，2013，online）。「夕張」の場合は，私的録画素材で作業

を進めていたために,「大きなアーカイブ」との間にハードルが生じたが,「三陸」の場合は最初から「大きなアーカイブ」のなかに,「小さなアーカイブ」を見出すアプローチを採ったことで,前に進むことができたといえる。

4　津波は何を押し流したのか
　　——「記憶」の現在性。そしてさらなる連携へ(2013〜)

　「夕張」と「三陸」は,「風景の喪失」というコンセプトで結ばれてはいるが,必ずしも安易に同じように扱うことはできない——夕張の風景は二度のピークを経て,30〜40年の長い歳月をかけて失われていった。それに対して三陸では今,津波によって「僅か一日にして,その風景は失われた」と語られている。

　津波の凄まじい映像は,繰り返し放送されたことで,今もなお脳裡にリピートされ続けている。また現地を訪ね,人びとと言葉を交わすたびに,津波は断層のようにトラウマティックに振る舞う。「復興」の足取りに感じるもどかしさにも,その前提に「時間からの脱線」ともいうべきこの感覚の狂いがある——しかしそれは「夕張」の「風景の喪失」と,決定的に異なる状況なのであろうか。

　ところが「トライアル研究」を通じ,その「喪失」の構造は,実はそれほど単純でないことが明らかになっていった。まず,津波で失われた風景の記憶を「映像」のなかから取り戻していくという狙い自体の困難さ——そもそもNHKアーカイブスには期待したほど東北の映像が残されていなかったのだ。さらに,風景の姿が期待された「紀行映像」は「ナショナルな視点」に基づいて構成されたものが多く,地域の視点に立った映像は決して多くないという現実もあった(水島・兼古・小河原,2012b)。

　それでも残されたいくつかの映像は「三陸の風景」に関する重要な事実を浮かび上がらせた——それは「津波によって,すべてが流されたのではない」ということだ。夕張の「石炭政策」は,三陸では「200海里問題」に当たる。すなわち三陸も夕張と同様,「国策」に翻弄された地域なのだ。そしてこの「地域の主題」は,「戦争番組」同様,リアルな時間軸を参照しながら「節目」を成していく。三陸には夕張ほどの明白な「リセット」はなかったが,それでも領海法制定(1977年)以

降,漁場の変更・減船は常に人びとの暮らしを脅かし,「港町」のエコロジー＝エコノミーを変質させていったのだ(水島・兼古・小河原,2012b)。

その変質の節目に「ハブ番組」が存在している。夕張では,『地底の葬列』(1983年,北海道放送)がその代表格であろう。そこには1981年10月の北炭夕張新炭鉱ガス突出事故を「大きな節目」として描くために,炭都100年のさまざまな映像が織り込まれている(水島・兼古・小河原,2012a)。一方三陸ではNHKの『嵐の気仙沼』(2009年)がその役割を果たしていた。『地底の葬列』と異なり,それ自体にアーカイブ映像が挿入されているわけではないが,配置された数々のエピソードや証言が,いずれも過去の港町の賑わいを間接的に指し示していた。

興味深いことに,これらの2つの番組には,いずれも「続編」がある。『地底の葬列』には,事故の10年後に『過ぎてゆく風景』(1991年),そして『嵐の気仙沼』については,登場人物の震災後を追う番組が定点観測的に積み上げられている。「ハブ番組」は過去に対するインデックスであるだけでなく,現在進行形で「記録」を積み上げていくフレームとしても機能することを示している。

三陸を対象とした「連携」のアクションは,さらに2012年の年末に仙台で開催した「『嵐の気仙沼』を気仙沼の人びとと一緒にみる」ミニ・ワークショップで一歩を踏み出した。NHKが公式に展開するプログラムだけに,それはさまざまなリスクを考慮し,慎重に準備がなされたが,しかしその心配をよそに,参加者たちは口々に「映像アーカイブ」が復興に役立つだろうと期待を語った。

被災地では時間の経過とともに,「震災」に対する人びとの意識の格差が広がりつつあるという。加えて概ねがれきが片付き更地が広がるにつれ,その風景の空白によって「復興」の目標を見失い,無用な対立やコミュニケーション次元の混乱が生じることも少なくないようである。そのようななかで過去の映像は「この町はそもそもどんな街だったか。人びとはどうやって生きてきたか」を教えてくれる。復興とは,第一義的にはもちろん,物理レベルの回復を目指すものではある。しかしそれだけでは街のダイナミズムは再生できない。生態系としての都市機能の回復を目指すならば,そこには人間のこころの「復興」が必要である。映像は間違いなくその力になる。[17]

振り返れば2005年から8年経ち,私的に録画した「戦争番組」群に見出されたアーカイブ連携のノードは,結果的に大隅,夕張,三陸という地域を結びつけ,そこからNHKアーカイブスという「大きなアーカイブ」が,地域に暮すひとりひとりの記憶に重なる「小さなアーカイブ」にリンクするところまで到達した。アナログ時代の放送から出発した映像が,地域を媒介し,新たに再び放送システムに戻っていくこの循環こそ,デジタル環境における公共圏の生成プロセスの一側面だとはいえないだろうか。

第5節 さまざまな連携の可能性
―― アーカイブを結ぶ「縦糸／横糸」――

　この循環が結びつけた「地域」は,大隅,夕張,三陸だけではない。すでにみてきたようにアーカイブ連携のノードには一定の普遍性があり,それは私たちのアイデンティティそのものの成り立ち,その構造性を詳らかにしていく手がかりを示している。世界中に遍在するアーカイブが常に「誰の」「何のために」という問いと切り離して存在しえない理由はここにある。
　本章冒頭に示した2つの仮説的な軸―歴史叙述,記録技術と主体の関係性は,私たちが何をどのような手順で意識の対象としていくか,その秩序を明らかにしていくだろう。たとえば,歴史を系譜学的にみるか,それとも遡及的にみていくかだけでもその解釈は大きく異なるし,記録すべき対象をどのように組織していくかについても「アーカイブ」は可能性の幅を可視化させてくれる。
　たとえば,大隅,夕張,三陸におけるアーカイブ実践を通じて見出された,歴史叙述カテゴリーに「国策」がある。それがわが国の「地域」に1つの「生態学的」なまとまりを与えてきたのは事実だ。とくに,戦前―戦後の連続性と地方の衰退を考えた時に,その産業的基盤に注目することは極めて重要である。基地を中心にさまざまな「国家プロジェクト」誘致で生きつないできた大隅,エネルギー産業の夕張,漁業のグローバル化に揺れ続けた三陸以外でも,たとえば

第14章　アーカイブとアーカイブをつなげる　263

それは注目すべきアーカイブ実践が行われている地域，港湾都市横浜，長野県の蚕都上田，キューポラの街川口との連携を拓くアプローチたりうる(18)。

　しかしアーカイブが「地域」を結びつける糸は，こうした産業の生態学的組織性に関する観点にとどまらない。夕張の上映会で私は，常にその街を取り巻く一回り大きな地域を想定しながらプログラムを組むことを心掛けていた。夕張の周囲は，旧産炭地の記憶を共有する三笠，美唄，赤平などの自治体が取り巻いている。「ゆうばりアーカイブ」にはもちろんこれらの街に関わる映像資料も含まれている。さらにそれは，「近代北海道」という空間の成立に想像を広げることを可能にしてくれる。

　この国の「近代」という時空間を措定したとき，「地域」に視線を向けた小さな映像アーカイブは，時間軸上に過去の記録を「縦」に組織する（「いま」に「あの時」を召還する）だけでなく，「交通網」や「物流（モノの流れ）」などを通じて，空間を「横＝共時的」に結んでいく（「ここ」を，「広い世界」のなかに相対化する）ことができる。大隅の記録は当時の人びとの日常の移動を可視化したし，新たに実践を模索した地域でいえば，横浜と上田を繋ぐ「日本シルクロード」研究は，「生糸」が地域を繋ぐ姿を明らかにした。それは小樽や室蘭という港湾都市と山間部の空知を，石炭を運ぶ鉄道が結んでいった歴史を彷彿とさせる。こうした空間イメージは，やがて「ナショナル」，そして「グローバル」という同心円的グラデーションを描く。

　その広がりが，映像そのものの1つのカテゴリーとなって現れることがある。その1つが，「ゆうばりアーカイブ」のなかでの発見がきっかけとなり，全国規模で作品が遍在することを突き止めるに至った「パテ・ベビー（1920～30年代に流行した，家庭用9.5ミリ映像システム）」の存在である。このフランス生まれの映像文化は，日本ではアマチュア制作者コミュニティの成立を媒介に，短期間で全国に十数万人の愛好者を育てた。とくに小樽総合博物館は約200タイトルのコレクションを有しているが，他にも新潟，長野，東京，京都，大阪，愛媛のさまざまなアーカイブのなかにこの映像の存在を確認することができている（水島，2013）。これらの映像を辿ると，1930年前後の「ナショナル」空間が，「ロ

ーカル」を基礎にいかにして出来上がったかを一続きのものとして体験できる。「パテ・ベビー」は、旧来の「大きなアーカイブ」が志向した網羅性とは別のかたちで、アーカイブを繋ぐ可能性を示唆している。

　こうした「つながること」自体によって現れる「大きなアーカイブ」のモデルを、ここでは暫定的に「メタ・アーカイブ」とよんでみることにしよう。連携のノードを可視化し、必ずしも記録素材を抱え込まずに、その所在とつながる意味を指し示すこと——そのネットワーク性によって、開かれたアーカイブを可能にしようとする試み。それらはたとえば、大学等研究組織連携（たとえば、本書刊行の核となった新潟大学の地域映像アーカイブ・プロジェクトなど。すなわちこの本自体が、「メタ・アーカイブ」といえる）、あるいは震災後、とくにその重要性が叫ばれるようになった「MLA連携」（地域の博物館、図書館、文書館の連携）の運動も、こうした「メタ・アーカイブ」の受け皿として期待される（米津・伊吹、2013）。

　物理的に資料を収容するために権威的な大きな建物を用意しなくても、それこそ技術環境の一大転換をうけて、さまざまなメタ・アーカイブが情報空間上に柔軟に建設されうる時代になったのである。「記憶」と「記録」の関係は、かつてのように前者から後者へ、あるいは今日の技術的無意識環境のように後者から前者へと、一方的に定義されるものであってはいけない。それを揺さぶり、流動化させる仕組みが必要なのだ。したがってアーカイブは決して固形化した過去の記録の集積体ではなく、日々の時間の流れとそこに関わる人びとのアクションのなかで動き続けるものでなくてはいけない。「連携」あるいは「メタ・アーカイブ」はそれを担保するための方法概念である。

　あくまで暫定的な結論ではあるが、その方法は4つのタイプに整理することができよう。

　第1に「大きなアーカイブ」と「小さなアーカイブ」の連携。それは「大きなアーカイブ」のなかに「小さなアーカイブ」を見出す行為、あるいは「小さなアーカイブ」のなかにそれを横断する「大きなアーカイブ」の可能態を発見することから生まれる。

第2に「小さなアーカイブ」同士の連携，それは，地域間に止まらずテーマやコンセプトが異なる「かたまり」を繋いでいくことである。それはさまざまな実在する多様なアーカイブの中に普遍的な「連携のノード」を見出すこととも言える。

　第3に,「アーカイブ」とリアルな生活圏，そこで生きる人びとのコミュニケーションとの接続。一見これは「活用」の次元の話にみえるかもしれないが，そのアクションが新しいアーカイブを生成する点は決して見逃すことはできない。

　そして最後にこれらすべてのプロセスに関わる「アーカイブの自己言及的再生産」。アーカイブが動的であるということは，最も単純な意味で新たな資料が日々付け加わるというだけでなく，その枠組みが随時組み替えられうるという可能性に開かれているということだ。

　生まれ変わるものとしての「アーカイブ」に，日々新たに出会いなおすこと。それは，「アーカイブ」に関わる私たちひとりひとりが，固有の歴史と文化的環境のなかで生きる主体性を，認識レベルで更新し続けること，すなわち新たに生きなおすことだとはいえないだろうか。そのためには，アイデンティティの鏡としてのアーカイブを，技術の力を借りつつ手の届くところに置く必要がある。「小さなアーカイブ」に関わるプロジェクトは，その出発点に位置づけられる。

【注】
(1) 視聴覚資料のアーカイブは，現実には放送局，大学・学術機関，地域の図書館・博物館，視聴覚機材や制作者を扱った博物館，撮影所，テーマ別のさまざまな施設に散在し，フランスやアメリカのような国立視聴覚アーカイブのかたちが成立しているケースは稀である。
(2) その意味で吉見俊哉「新百学連環—エンサイクロペディアの思想と知のデジタル・シフト」(吉見，2006)などの論考は，両義的に読むべきであろう。
(3) アーカイブとアルケオロジーの類語関係に注目し，この大前提に立ち返ることから議論をスタートさせる(水島久光・桜井均・西兼志，2011)。
(4) この新たな断層に焦点を当て，新しい権利・規範に対するアプローチが必要であることを訴える(水島，2012)。
(5) IT 用語辞典 e-words (IT 用語辞典 e-words, 1999, online)によると，アーカイブとは「複数のファイルを1つのファイルにまとめること」である。
(6) テレビとオーディエンスの関係変化によって生じた「公共圏」のクライシスからの脱出口を，「アーカイブ」的視聴の可能性に懸け，全体の論を論じている(水島，2008)。

(7)「8月ジャーナリズム」を批判した、佐藤卓巳『八月十五日の神話―終戦記念日のメディア学』も、2005年に初版が刊行された。
(8)桜井均は、戦後日本人の戦争に対しての語りがモノローグからポリローグへ移行していく様を描いているが、「1990年前後以降」の特質としてこうした資料の発掘・公開の影響があったことを指摘している(とくに第四部・四章「東京裁判と天皇」第五部「戦争責任と戦後補償」)(桜井、2005)。
(9) 2005年から2007年までの3年間、8月13日～15日は3夜連続で「靖国神社」「日中関係」「東京裁判」のおのおのの検証を行うシリーズが制作された。「これが可能なチャンスである雰囲気があった」とは、当時の番組制作者の証言。
(10)この重点特集企画は「平和アーカイブス」(2005)、「環境アーカイブス」(2006)、「にっぽんくらしの記憶」(2007)と続いたが、「ともに、いきる」(2008)以降「教育アーカイブス～学び、伝え、はぐくむ」(2009)「女性のためのアーカイブ」(2010)とだんだんトーンダウンし、番組企画との連動も減少。公開番組数のアップへの貢献も目立たなくなる。
(11)竹之井敏『冬の波』(1987＝2008)は、当初「コピー」の状態のみで、知人に手渡しされていたものだったが、2008年に自費出版にて書籍の体裁となった。大隅地域は、こうした市民による文芸活動が盛んで、図書館等を中心にいくつものサークルが活動を続けている。
(12)水島久光、五嶋正治『冬の波―第六垂水丸遭難とおおすみの記憶』(56分、非売品：科学研究費助成の成果〈その他―論文に準ずるもの〉として記載)、とその制作(および調査)に用いた収集資料は、市および遺族会に管理まで委託し、必要とする人びとへのコピー等も含め、関係者の判断に基づいて自由に活用していただくようにしている。
(13)市民メディア全国交流集会は2003年発足した市民メディア全国交流協議会(J-CAM)により、地域メディア(地方紙・地域紙、ケーブルテレビ、コミュニティFM)およびそれらを媒体としたパブリックアクセスなどの市民活動、インターネットを用いたオルタナティブなメディア活動、さらにはそれらを研究フィールドとする研究者やジャーナリストによって開催されるイベント。http://medifes.wordpress.com/about/
(14)財政再建計画の終了年月は2030年3月。返済残高の目やすとして「借金時計」を公開している。http://www.city.yubari.lg.jp/contents/municipal/zaisei/s_tokei/index.html
(15)著作権が成文法に規定された規範である一方、肖像権は判例によって積み上げられてきた。このあたりの違いと、とくにアーカイブの運用において後者の扱いが複雑である事情については、「『記録』と『記憶』と『約束ごと』―デジタル映像アーカイブをめぐる規範と権利」(水島、2012)で扱った。
(16)事業計画の詳細については、部外秘のため記載できないが、水島はこの策定のために「アーカイブ映像の地域公開の意義とその方法について」と題した提案文書をNHKに提出している(2011)。
(17)この成果については、「NHK放送文化研究所2013年春の研究発表とシンポジウム」(2013年3月13、14日開催)の中で「3.11震災アーカイブ活用の可能性　～防災・減災、復興にいかすために～」として報告された。
(18)これらの地域連携を模索するプロジェクトは、2009～2011年度まで文部科学省「平成21年度大学教育のための戦略的大学連携支援プログラム」の採択を受けて開校された北仲スクール(横浜文化創造都市スクール)のワークショップ授業「景観アーカイブ論」で扱われた。

あとがき

原田　健一

「目に映る／通りを／道と／決めてはならない。
　誰知らず／踏まれてできた／筋を／道と／呼ぶべきではない。
　海にかかる／橋を／想像しよう。
　地底をつらぬく／坑道を／考えよう。」(金，1991：305〜306)

　長篇詩集『新潟』の冒頭の言葉である。2009年12月1日，新潟市万代市民会館の暗闇のなか，金時鐘自らが読む声が，生きてきた時間の肌理，孤立した時間そのものを彫り刻む。
　人びとの声にならない声を聞こうとするわたしたちの地域映像アーカイブの試みは，道なき道を探すものだったろうか。多分，そうではない。みえない人びとの存在を想像し，考えようとする試行錯誤の連続にすぎなかったのだ。
　「各家庭に保存されている古い写真，誰もかえりみなくなってしまった色あせた写真，じつはそういった写真が「地域の履歴書」なのだ」というわたしたちの言葉には，まだどこか侮りがあったのだ。
　次つぎと発掘される膨大な日常生活の映像の堆積に，わたしたちは息を呑み，巨大な津波のように押し寄せてくる，記憶のコミュニティの声なき声の波，また人びとの未来へと思い残そうとする意思の波にのみ込まれたのだ。
　長篇詩集『新潟』の「Ⅰ雁木のうた」は，こうしめくくられている。
　「海を／くりぬいてこそ／道だ！」(金，1991：371)

　私たちの試行錯誤の過程が，研究そのものであり，また同時に実践的な記録であるようなものができないだろうか。それは，地域で映像アーカイブを志す

多くの人びとにとって、羅針盤のような、時に指針となるような理論的な内容であると同時に、今日の現実に具体的な方策を示すことができるような、実践的な本にならないだろうか。どこに出られるかも分からぬ坑道のなかで、私たちは、海をくりぬくためにも喚びをあげたのだ。

私たちの「地域映像アーカイブ」の研究はメディア研究を基本としているが、その内容は地域社会学にも、歴史学にも、民俗学にも、映像学にも、美学にも関連している。1つの立場にたって論議すれば間違いないといった、専門性が発揮される場所ではない。何気なく書いた一言が、他の領域の研究者からみれば、笑いものになるような危険性に常に脅かされながら、研究を一歩一歩進めるしかない場所なのだ。しかし、誤ちを恐れていては、この領域は何1つ進むものはない。

映像メディアが本質的にもつ「OUT OF CONTROL」の自然性は、私たちの思考しえないものを誘発すると同時に、研究者の研究領域をも越えたところで、さまざまな事態を生み出していることに、真摯に向き合うべき時にきているのかもしれない。私たちもまた、横断的であるべきなのだ。

映像を語ることが、そこに写されなかった、見えないものをいうことであるならば、外部記憶装置である映像の膨大な堆積に、秘かに隠された未来へと自らの意思を残そうとした多くの人びとの痕跡に意味があることも、また確かなことだろう。死者を語るものは、生者であることの意味を、また、思い致す時季に来ているに違いない。メディアは、時間をも媒介し、未来と過去とをつなげる。

私たちの現在形は、常に未来に向かっている。懐かしさは過去のことではない。会ったこともない人が、なぜか会うべくして会った、旧知の仲であるかのように感じるとき、そこにはどんな私たちの懐かしいコミュニティが隠されているのだろうか。

映像のもつ「OUT OF CONTROL」な力は、そうしたことをかいまみせてくれるだろう。

参考文献

明るい部屋・TAP Gallery, 2010, 『A&T Press』明るい部屋・TAP Gallery
Anderson, Benedict, 1991 = 1997, *Imagined Comunities: Reflections on the Origin and Spread of Nationalism*, Verso Editions and NLB. (白石さや・白石隆訳『増補 想像の共同体―ナショナリズムの起源と流行』NTT 出版)
有馬学, 2012, 「方法としての家族アルバム―地域社会の〈近代〉をめぐって―」緒川直人・後藤真『写真経験の社会史』岩田書院
Barthes, Roland, 1980 = 1985, *La Chambre Claire*, Gallimard. (花輪光訳『明るい部屋』みすず書房)
Bellah, Robert N. et al., 1985 = 1991, *Habits of the Heart*, University of California Press. (島薗進他訳『心の習慣』みすず書房)
Benjamin, Walter, 1932 = 1995, "Das Kunstwerk im Zeitalter Seiner Technischen Reproduzierbarkei." (久保哲司訳『複製技術時代の芸術』浅井健二郎編訳『ベンヤミン・コレクション 1――近代の意味』筑摩書房)
Bergstein, Mary, 2000, "Art Enlightening the World," Maureen C. O'Brien and Mary Bergstein, eds., *Image and Enterprise: The Photographs of Adolphe Braun*, London: Themes & Hudson.
Brown, Bill, 2004, "Thing Theory," Brown, eds., *Things*, Chicago: Chicago University Press.
Burke, Peter, ed., 1991 = 1996, *New perspectives on historical writing*, Polity. (谷川稔他訳『ニュー・ヒストリーの現在―歴史叙述の新しい展望』人文書院)
Edwards, Elizabeth and Janice Hart, 2004, "Introduction: Photographs as Objects," Edwards and Hart, eds., *Photographs Objects Histories: On the Materiality of Images*, London and New York: Routledge.
江口圭一, 1998, 『日本帝国主義史研究』青木書店
遠藤薫, 2010, 「メタ複製技術時代における〈知〉の公共性」長尾真・遠藤薫・吉見俊哉編『書物と映像の未来―グーグル化する世界の知の課題とは』岩波書店
榎本千賀子, 2013, 「合わせ鏡の写真論―新潟県南魚沼郡六日町今成家の写真に見る写真経験への江戸文化の影響」『言語社会』第 7 号, 一橋大学言語社会研究科
江東迂人, 1912, 『魚水余声』図南協会
Foucault, Michel, 1969 = 1970, *L'archéologie du savoir*, Paris Gallimard. (中村雄二郎訳『知の考古学』河出書房新社)
Galassi, Peter, 1981, *Before Photography*, New York: Museum of Modern Art.
Godard, Jean-Luc, 1963 = 2003, *Les Carabiniers*, Laetitia Film (『カラビニエ』紀伊國屋書

店，DVD ヴィデオ）
Halbwachs, Maurice, 1950 = 1989, *La Memoire collective*（小関藤一訳『集合的記憶』行路社）
原田健一，2009a，「六日町の映像文化から見えて来るもの　日本海文化と地域映像アーカイブが切り結ぶ場所」『新潟地域映像アーカイブ』第1号，新潟大学人文学部
原田健一，2009b，「新潟・六日町の映像文化から」『図書』第724号，岩波書店，pp. 18-21.
原田健一，2010，「『地域映像アーカイブ』はいかにして可能か　その実際と理論」『人文科学研究』第127号，新潟大学人文学部
原田健一，2012a，「写真家は，いかに世界と対峙するか？―中俣正義の軌跡を追って」『にいがた　地域映像アーカイブ』3号
原田健一，2012b，『第2版　映像社会学の展開』学文社
原田健一，2012c，「CIE 映画／スライドの日本的受容」土屋由香・吉見俊哉編『占領する眼・占領する声』東京大学出版会
原直史，2013，「近世越後平野の舟運について―『下条船』経営史料の基礎的考察―」『近世社会史論叢』東京大学日本史学研究室紀要別冊
橋本正男，1952，「觀光映畫國際コンクールについて」『国際観光』5巻3号
平賀錬二，1972，『自治研と私』ノート　個人蔵
Hoog, Emmanuel., 2006 = 2007, *L'INA*, Presses universitaires de France.（西兼志訳『世界最大デジタル映像アーカイブ―INA』白水社）
堀部政男編著，2010，「プライバシー・個人情報保護の新課題」『商事法務』
飯島康夫，2004，「水利慣行の規範と継承」飯島康夫・池田哲夫・福田アジオ編『環境・地域・心性―民俗学の可能性―』岩田書院
行形松次良，1979，「料亭物語」『新・県民聞き書き帳』新潟日報事業社
入沢文明，1950，「戦後の觀光映畫について」『觀光』32巻
石川県立郷土資料館編，1975，『海士町・舳倉島　奥能登外浦民俗資料緊急調査報告書』石川県立郷土資料館
磯部定治，1991，『魚沼の明治維新』恒文社
伊藤文吉，1979，「旧地主の生活」『新・県民聞き書き帳』新潟日報事業社
岩佐淳一，2007，「ケーブルテレビに見られるビジネス化」田村紀雄・白水繁彦編『現代地域メディア論』日本評論社
ジョスト，F.，2007，「ジャンルの約束」日本記号学会編『新記号論叢書セミオトポス4　テレビジョン解体』慶應義塾大学出版会
片桐要重，2009，「父，徳重を語る」『魚沼へ』25号，八海醸造
川本彰，1983，『むらの領域と農業』家の光協会
金時鐘，1991，『集成詩集　原野の詩　1955～1988』立風書房

北村順生，2009，「『地域映像アーカイブ』プロジェクトの目的と射程」『にいがた地域映像アーカイブ』第 1 号，新潟大学人文学部，2009 年 2 月
國學院大學研究開発推進機構日本文化研究所編，2008，『写真デジタル化の手引き―保存と研究活用のために―』國學院大學研究開発推進機構日本文化研究所
交通博物館，1968，『交通博物館所蔵―明治の機関車コレクション』機芸出版社.
高等海難審判庁，1997，『海難審判制度百年史』海難審判協会
Krauss, Rosalind, 1985＝1994, "Photography's Discursive Space," *The Originality of the Avant-Garde and Other Modernist Myths*.（小西信之訳『オリジナリティと反復』リブロポート）
宮内庁三の丸尚蔵館，2013，『明治十二年明治天皇御下命「人物写真帖」―四五〇〇余名の肖像』宮内庁三の丸尚蔵館.
桑原春雄，2002，『南魚沼先駆けの群像 1 日本共産党の人々』桑原春雄
Lessig, L., 2004＝2004, *Free Culture*.（山形浩生・守岡桜訳『フリー・カルチャー』翔泳社）
Lessig, L.・林紘一郎・椙山敬士ほか，2005，『クリエイティブ・コモンズ：デジタル時代の知的財産権』NTT 出版
Malraux, André, 1951＝1957, *Les Musée imaginaire*, Paris: Galliard.（小松清訳『空想の美術館』(「東西美術論」1) 新潮社）
Marcoci, Roxanna, 2010, *The Original Copy: Photography of Sculpture from 1839 to Today*, New York: The Museum of Modern Art, New York.
南魚沼郡誌編集委員会，1971a，『南魚沼郡誌 続編 上巻』新潟県南魚沼郡町村会
水越伸編著，2007，『コミュナルなケータイ―モバイル・メディア社会を編みかえる』岩波書店
水島久光，2008，『テレビジョン・クライシス』せりか書房
水島久光，2009a，「放送アーカイブと新しい公共圏論の可能性」『マス・コミュニケーション研究』75 号
水島久光，2010，「アーカイブ時代の地域と放送―地域イメージの還流／コミュニケーションの再生」『放送メディア研究』7 号
水島久光，2012，「『記録』と『記憶』と『約束ごと』―デジタル映像アーカイブをめぐる規範と権利」知的資源イニシアティブ編『アーカイブの作り方』勉誠出版
水島久光，2013，「遍在する残像―パテ・ベビーが映し出す〈小さな歴史〉・研究「序説」―」『大正イマジュリィ』8 号
水島久光・兼古勝史・小河原あや，2012a，「テレビ番組における風景の位相―映像アーカイブと日常の亡失に関する一考察（前編：夕張の場合）」(『東海大学紀要文学部』第 96 輯)
水島久光・兼古勝史・小河原あや，2012b，「テレビ番組における風景の位相―映像アーカイブと日常の亡失に関する一考察（後編：三陸の場合）」『東海大学紀要文学

部』第 97 輯
水島久光・北條芳隆・松本建速・山本和重，2011,「北海道の近・現代史をめぐる人文科学的総合研究―学際的方法としての「景観」論にむけて」『東海大学紀要文学部』第 95 輯
水島久光・桜井均・西兼志，2011,「NHK アーカイブスの構成に関する研究（前・後編）」NHK 放送文化研究所編『放送研究と調査』4，6 号
森山茂樹，1971,「魚沼，八海自由大学の成立と経過」『人文学報　教育学』7 号，都立大学
中俣正義・宮栄三（解説），1956,『雪国の生活―越後―』朝日新聞社
中俣正義，1977,『雪国と暮らし』国書刊行会
中俣正義，1979,『越後路の四季いまむかし』朝日新聞社
中山信弘，1996,『マルチメディアと著作権』岩波書店
中山信弘，2007,『著作権法』有斐閣
Newhall, Beaumont, 1937 = 1982, *The History of Photography: from 1839 to the Present*, The Museum of Modern Art.
日本民俗学会編，1989,『民俗学と学校教育』名著出版
新潟県，1988a,『新潟県史　通史編 5　近世三』新潟県
新潟県，1988b,『新潟県史　通史編 7　近代二』新潟県
新潟県総合開発審議会幹事会，1962,『新潟県観光の現況（資料編）』新潟県総合開発審議会幹事会
丹羽美之，2013,「アーカイブと放送文化」高橋信三記念放送文化振興基金編『テレビの未来と可能性』大阪公立大学共同出版会
野口祐子，2010,『デジタル時代の著作権』筑摩書房
緒川直人，2012,「『写真経験の社会史』考」緒川直人・後藤真編『写真経験の社会史』岩田書院
大倉宏，2009,「平賀洗一制作『ながれ』」『新潟日報』2009 年 11 月 16 日
大山昭一，1989,「県観光課の中俣さん」中俣トシヨ編『中俣正義を偲ぶ会　一九八七・一・三一　御寄稿集』
Putnam, Robert D., 2000 = 2006, *Bowling Alone, The Revival and Collapse of American Community*, Simon & Schuster.（柴内康文訳『孤独なボウリング』柏書房）
桜井均，2005,『テレビは戦争をどう描いてきたか―映像と記憶のアーカイブス』岩波書店
桜井均，2010,「デジタル・テクノロジーに支援されたテレビ研究―タイムラインとアーカイブの利用可能性について」『NHK 放送文化研究所年報』第 54 輯
里見脩，2011,『新聞統合』勁草書房
Stiegler, Bernard, 2001 = 2013, *La Technique et le Temps tome 3*, Galilée.（西兼志訳『技術と時間　3』法政大学出版局）

サンド，ジョルダン，2009，「唯物史観からモノ理論まで」『美術フォーラム21』20号（サンド，佐藤守弘編「特集：物質性／マテリアリティの可能性」）醍醐書房．
佐藤健二，1994，『風景の生産・風景の解放―メディアのアルケオロジー』講談社
佐藤泰治，1981，「八海・魚沼・川口自由大学の展開」新潟県北魚沼郡小出町編『小出町歴史資料集　第1集』小出教育委員会
佐藤守弘，2011a，『トポグラフィの日本近代―江戸泥絵・横浜写真・芸術写真』青弓社
佐藤守弘，2011b，「鉄道写真蒐集の欲望―20世紀初頭の日本における鉄道の視覚文化」『京都精華大学紀要』第39号，京都精華大学
佐藤卓巳，2005，『八月十五日の神話―終戦記念日のメディア学』ちくま新書
Sekula, Allan, 1992, "The Body and the Archive," Richard Bolton, ed., *Contest of Meaning: Critical Histories of Photography*, MIT Press.
Sekula, Allan, 1999, "Reading an Archive: Photography between Labour and Capital," Jessica Evans and Stewart Hall, eds., *Visual Culture: the Reader*, London: Sage.
Solomon-Godeau, Abigail, 1991, *Photography at the Dock: Essays on Photographic History, Institutions and Practices*, Minneapolis, MN: University of Minnesota Press.
Sontag, Susan, 1977＝1979, *On Photography*, New York: Farrar, Straus and Giroux.（近藤耕人訳『写真論』晶文社）
Szarkowski, John, 1966＝2007, *The Photographer's Eye*, The Museum of Modern Art.
鈴木牧之，1837-1841，「雪蟄」岡田武松校訂『北越雪譜』ワイド版岩波文庫
社会科資料研究会，1977，『わたしたちの新潟県―小学校社会科4年用』野島出版
志賀慎一，1989，「中俣さんと私」『中俣正義を偲ぶ会 1987.1.31　御寄稿集』中俣トシヨ
島並良・上野達弘・横山久芳，2009，『著作権法入門』有斐閣
竹内利美，1990，『竹内利美著作集1　村落社会と協同慣行』名著出版
竹内勉，2003，『追分と宿場・港の女たち』本阿弥書店
滝沢繁，1997，「村芝居の隆盛と統制」『新潟県立文書館研究紀要』4号
滝沢繁，1998，「文明開化期における村芝居の統制と展開」『幕末維新と民衆社会』髙志書院
滝沢繁，2009，「村芝居の展開と組織構造（下）」『新潟史学』61号
田辺幹，2002，「メディアとしての絵葉書」『新潟県立歴史博物館研究紀要』第3号，新潟県立歴史博物館
田中純一郎，1979，『日本教育映画発達史』蝸牛社
田中重好，2010，『地域から生まれる公共性』ミネルヴァ書房
戸田昌子，2012，「写真表現と写真史の1970年代」緒川直人・後藤真編『写真経験の社会史』岩田書院，pp. 47-93.
徳山喜雄，2010，「消滅の危機迫る古い記録映像　急がれる国の本格的対策」『Jour-

nalism』朝日新聞社，2010 年 7 月号
十日町市古文書整理ボランティア・十日町情報館編，2011,『山内景行家写真資料目録　基礎データ一覧』(1〜4 巻)　十日町市古文書整理ボランティア
十日町市古文書整理ボランティア・十日町情報館編著，2011,『山内景行家写真資料目録　電子画像データ一覧』(1〜8 巻)　十日町市古文書整理ボランティア
十日町市古文書整理ボランティア・十日町情報館編著，2011,『山内景行家写真資料目録 1　所蔵者セレクト写真一覧』十日町市古文書整理ボランティア
十日町市古文書整理ボランティア・十日町情報館編，2011,『写真整理をとおして心に残った　わたしの 1 枚　Vol. 1』十日町市古文書整理ボランティア・十日町情報館
角田夏夫，1979,『豪農の館』北方文化博物館
鶴見俊輔，1965,「ジャーナリズムの思想」鶴見俊輔編『現代日本思想体系 12　ジャーナリズムの思想』筑摩書房
土屋誠一，2009,「写真史・68 年―『写真 100 年』再考」『Photographer's Gallery Press』第 8 号
山口孝子，2005,「写真画像保存方法の概説」『日本写真学会誌』第 68 巻 3 号，pp. 248-251.
米倉律・伊吹淳，2013,「デジタルアーカイブ時代における公共放送の役割―テレビ 60 年プロジェクト『放送文化アーカイブ』構想を中心に―」『NHK 放送文化研究所年報』57 号
芳井研一，2008,『近代日本の地域と自治』知泉書館
吉見俊哉，2006,「新百学連環―エンサイクロペディアの思想と知のデジタル・シフト」石田英敬編『知のデジタル・シフト』弘文堂
Warburg, Aby，伊藤英明・加藤哲弘・田中純編訳，2012,『ムネモシュネ・アトラス』(「ヴァールブルク著作集」別巻 1) ありな書房
渡辺公三，2003,『司法的同一性の誕生―市民社会における個体識別と登録』言叢社

オンライン記事

榎本千賀子，2011，「From Broiler to RAVEN」https://sites.google.com/site/chikakoenomoto/ home/news/frombroilertoraven (2013 年 3 月 6 日最終アクセス)

著作権法，http://law.e-gov.go.jp/htmldata/S45/S45HO048.html, (2013 年 6 月 10 日最終アクセス)

株式会社タカヨシ，2011，「日本スキー発祥 100 周年キャラクター「レルヒ」さん誕生秘話」http://www.tk-print.jp/lerch/index.html (2013 年 3 月 23 日最終アクセス)

NHK アーカイブス，2013，「学術トライアルⅡ」http://www.nhk.or.jp/archives/academic/result/result1-3.html (2013 年 6 月 10 日最終アクセス)

新潟ハイカラ文庫，2011，「File. 8　齋藤家が新潟に遺したもの」, http://www.actros.sakura.ne.jp/file8.html (2013 年 6 月 10 日最終アクセス)

IT 用語辞典 e-words，1999，「アーカイブ archive」http://e-words.jp/ (2013 年 6 月 10 日最終アクセス)

水島久光，2009b，「科研報告書　テレビジョン映像アーカイブ分析と戦後 60 年の記憶に関する研究」http://kaken.nii.ac.jp/d/p/18330111.ja.html (2013 年 6 月 10 日最終アクセス)

ORICONSTYLE　ニュース，2009，「最近，俺がゆるキャラになってる？──DVD『ゆるキャラ日本一決定戦』発売記念 みうらじゅんインタビュー」http://www.oricon.co.jp/news/special/71089/, 2009.11.27.14:00. (2013 年 3 月 23 日最終アクセス)

「プリント工房──PICTORICO（ピクトリコ）」http://www.pictorico.jp/print/print_kobo/ (2013 年 3 月 7 日最終アクセス)

裁判所・判例検索システム, http://www.courts.go.jp/, (2013 年 6 月 10 日最終アクセス)

「SureColor PX-H1000 特徴 | 製品情報 | エプソン」http://www.epson.jp/products/maxart/pxh10000/feature.htm (2013 年 2 月 26 日最終アクセス)

索　引

あ行

アーキビスト　20
石打関興寺五葉禅師　36
伊藤キイ　37
伊藤文吉　200
伊藤真砂　37, 200
今成家　6
今成新吾　6
今成拓三　59
今成無事平　6
インクジェットプリント　178
インデキシング　130
インデックスづけ　130
ヴァナキュラー　4
魚野川　31
写す，写される，その映像をみる　10
映像アーカイブ　231
NHKアーカイブス　243, 252
NHK新潟局　24
大隈　254
奥只見　102
治山課　10

か行

外部記憶装置　268
和子　46
片桐徳重　36
紙焼き写真　113
加茂青海神社　53
乾板　113
観光　89
観光映画　94, 99
観光課　66
観光客　96
官製葉書　78
乾板　131

乾板写真　31
記憶の共同体　4
北前船　27
木村伊兵衛　209
9.5ミリフィルム　131
行形亭　48
共産党　59
金よう夜きらっと新潟　24
組　9
クリエイティブ・コモンズ　154
栗林羊一　55
消印　85
公民館　14
講　9
コミュナル　233
コレクション　80
コンテンツ　251
今冬のトピックス　上越沿線スキー場　110

さ行

佐渡　90, 94
35ミリフィルム　131
三陸　259
CIE　14
地芝居　8
私製葉書　78
視聴覚教育　14
視聴覚ライブラリー　14
実逓便　83
湿板　131
地主制　27
社会関係資本　9
写真原版　207
ジャン・シャーカフスキー　212
自由大学　33
16ミリフィルム　131

278　索　引

上越沿線スキー場めぐり　95
肖像権　146, 258
水利慣行　15
スキー　90
セクーラ　230
創造の共同体　5
それは＝かつて＝あった　3

た 行

第 16 聯隊　55
高倉輝　33
高橋捨松　29
域映像アーカイブ　232
著作権　146, 258
著作権者　147
著作者　147
著作者人格権　147
著作隣接権　146
土田杏村　33
データベース　126
東京シネマ商会　53
土門拳　208

な 行

中林甚七　53
中俣正義　65, 196
中山晋平　33
新潟地震　74
新潟日報社　23
日露戦争　79
ニューヨーク近代美術館　203
ネガフィルム　113, 131

は 行

パーソナルメディア　17, 79, 80
8 ミリフィルム　131
パブリック・ドメイン　244
ハブ番組　261
バー・モウ　59
春の白馬岳　90

秘境奥只見　99
美術館　205
ビデオテープ　162
平賀洗一　59
平賀錬二　59
フランスの国立視聴覚研究所(INA)　247
プリント　131, 205
細江英公　196
北方文化博物館　83, 200
ボランティア　119

ま 行

マス・メディア　18
守れ満州　55
妙高高原のスキー　96
六日町　31
村山亀一郎　38
メディアシップ　23

や 行

山本宣治　33
八代重　42
夕張市　256
雪国の生活　102, 104, 107
ゆるキャラ　89
四代松次良　48

ら 行

リバーサルフィルム　113
六代喜十郎　44
六代文吉　37
廬溝橋事件　49
ロザリンド・クラウス　213, 230
ロラン・バルト　2

わ 行

渡辺泰亮　33

| 懐かしさは未来とともにやってくる―地域映像アーカイブの理論と実際― |

2013年9月20日　第1版第1刷発行

編著者　原田　健一
　　　　石井　仁志

発行者　田中　千津子

発行所　㈱学文社

〒153-0064　東京都目黒区下目黒3-6-1
電話　03（3715）1501（代）
FAX　03（3715）2012
http://www.gakubunsha.com

印刷　新灯印刷（株）

© K. HARADA, H. ISHII 2013, Printed in Japan
乱丁・落丁の場合は本社でお取替えします。
定価は売上カード，カバーに表示。

ISBN978-4-7620-2401-6